Mertens/Plötzeneder/Bodendorf
Programmierte Einführung in die Betriebswirtschaftslehre

Peter Mertens/Hans D. Plötzeneder/
Freimut Bodendorf

Programmierte Einführung in die Betriebswirtschaftslehre

Institutionenlehre

6., überarbeitete Auflage

GABLER

Prof. Dr. Freimut Bodendorf und Prof. Dr. Peter Mertens lehren an der Universität Erlangen-Nürnberg Betriebswirtschaftslehre und Wirtschaftsinformatik. Zu ihren Arbeitsgebieten zählen neben der betrieblichen Institutionenlehre moderne Formen der Wissensvermittlung, insbesondere auch neuere Varianten des Computerunterstützten Unterrichts.

Dr. Hans Dieter Plötzeneder war früher Mitarbeiter von Prof. Mertens an den Universitäten Linz und Erlangen-Nürnberg. Gegenwärtig arbeitet er als Senior Project Manager in der Produktentwicklung bei IBM in den USA.

CIP-Titelaufnahme der Deutschen Bibliothek

> **Mertens, Peter:**
> Programmierte Einführung in die Betriebswirtschaftslehre /
> Peter Mertens ; Hans D. Plötzeneder ; Freimut Bodendorf. –
> Wiesbaden : Gabler.
>   Teilw. verf. von Peter Mertens ; Hans D. Plötzeneder
> NE: Plötzeneder, Hans D.; Bodendorf, Freimut:

Der Gabler Verlag ist ein Unternehmen der Verlagsgruppe Bertelsmann International.

© Betriebswirtschaftlicher Verlag Dr. Th. Gabler GmbH, Wiesbaden 1990.
Lektorat: Ute Arentzen

Das Werk einschließlich aller seiner Teile ist urheberrechtlich geschützt. Jede Verwertung außerhalb der engen Grenzen des Urheberrechtsgesetzes ist ohne Zustimmung des Verlags unzulässig und strafbar. Das gilt insbesondere für Vervielfältigungen, Übersetzungen, Mikroverfilmungen und die Einspeicherung und Verarbeitung in elektronischen Systemen.

Druck und Bindung: Lengericher Handelsdruckerei, Lengerich/Westf.

Printed in Germany

ISBN 3-409-32080-6

Vorwort zur sechsten Auflage

Beim Übergang von der fünften zur sechsten Auflage wurde zahlreichen neueren Entwicklungen Rechnung getragen. Beispielsweise wird im Rahmen des Produktionsfaktors Betriebsmittel ausführlicher auf die Fertigungsautomation und bei der Behandlung der Aufbauorganisation auf Führungspyramiden und das Wertkettenmodell nach Porter eingegangen. In dem Abschnitt zur Unternehmensbewertung haben wir ein Kapitel eingefügt, das strategische Überlegungen berücksichtigt. Daneben stellen eine Reihe von neuen Beispielen, wie z. B. zur Gemeinschaftswerbung, zu Kartellen und zu Joint Ventures, engere Bezüge zum aktuellen Wirtschaftsgeschehen her. Selbstverständlich sind auch die vielen Zahlenangaben auf den neuesten Stand gebracht worden.

Um den Preis halten zu können, haben wir bei den Ergänzungen darauf geachtet, daß durch Straffung und Komprimierung von Texten an anderer Stelle der Umfang nur unwesentlich zunahm.

Wertvolle Verbesserungsvorschläge verdanken wir den Herren Dipl.-Ing. Kurt Buick (Henkel KGaA) und Volkmar Schardt (Industrie- und Handelskammer Nürnberg) sowie den Herren Dr. Detlev Adam und Dr. Günter Kaindl (Wirtschafts- und Sozialwissenschaftliche Fakultät der Universität Erlangen-Nürnberg). Besonderer Dank gebührt Frau Ina Jakob, deren technische und organisatorische Hilfen sowie kritische Anmerkungen wesentlich zur Verbesserung der bisherigen Auflage beigetragen haben.

Ebenso wie bei den früheren Ausgaben wurde das Manuskript zu dem vorliegenden Buch von Frau Waltraud Rück fotosatzfähig erstellt. Durch ihren besonderen Einsatz war es wiederum möglich, die Programmierte Unterweisung kostengünstig zu produzieren.

Erlangen/Nürnberg im Februar 1990

Die Autoren

Aus dem Vorwort zur ersten Auflage

Aus den folgenden Gründen haben wir uns entschlossen, ein Lernprogramm zur Einführung in die Betriebswirtschaftslehre anzubieten:

1. Wie in vielen Disziplinen nimmt auch in der Betriebswirtschaftslehre der Stoff rasch zu. Es ist jedoch in diesem Fach besonders problematisch, dem wachsenden Stoffumfang nur durch stärkere Spezialisierung zu begegnen, weil sich gerade der gute Betriebswirt, der ja im Unternehmen Spezialisten verschiedenster Disziplinen koordinieren soll, durch ein breites Übersichtswissen auszeichnet. Wenn aber der Ausweg der Spezialisierung nicht ohne weiteres gangbar erscheint, muß versucht werden, mit neueren Methoden die Effizienz der Lehre zu erhöhen.

2. In den meisten wirtschaftswissenschaftlichen Ausbildungsstätten des deutschen Sprachraumes herrschen sehr ungünstige Zahlenverhältnisse zwischen Lehrenden und Lernenden, so daß danach gestrebt werden muß, einen großen Teil des Grundlagenstoffes außerhalb der Vorlesungen und Übungen und ohne direkte Einschaltung der Lehrpersonen zu vermitteln.

3. Möglicherweise können wir mit diesem Programm auch Fachleuten anderer Disziplinen dienen, die sich außerhalb des Studiums, etwa im Rahmen der berufsbegleitenden Weiterbildung, in die Betriebswirtschaftslehre einarbeiten wollen.

Der Rahmenplan für das Grundstudium der Betriebswirtschaftslehre des wirtschaftswissenschaftlichen Fakultätentages, der gegenwärtig an zahlreichen wirtschafts- und sozialwissenschaftlichen Fakultäten eingeführt wird, sieht unter der Rubrik "Grundzüge der Betriebswirtschaftslehre" u. a. auch eine Einführungslehrveranstaltung vor, die wir in erster Linie mit diesem Lernprogramm unterstützen wollen.

Im Mittelpunkt des Bandes steht die Beschreibung der Institution Betrieb bzw. Unternehmung mit ihren Grundelementen, den Produktionsfaktoren, und den ihr zugeordneten Merkmalen Typ, Standort, Rechtsform, Größe, Verbindung zu anderen Unternehmungen und Wert. Hinzu kommen in zwei Kapiteln die Vorgänge bei der Veränderung von Merkmalen, Wachstum und besondere Lebensabschnitte.

Das Programm wurde im Zusammenhang mit Anfänger-Lehrveranstaltungen an der Hochschule für Sozial- und Wirtschaftswissenschaften in Linz und an der Universität Erlangen-Nürnberg getestet. Dabei hat sich herausgestellt, daß in Anbetracht der gegenwärtig an den meisten Hochschulen beim wirtschaftswissenschaftlichen Studium gegebenen Verhältnisse eine kombinierte Lehrveranstaltung empfehlenswert ist: Der Student erwirbt mit Hilfe des Programms in häuslicher Arbeit die stofflichen Grundlagen für Diskussionen, die unter Leitung eines Lehrers (etwa eines Professors, eines Assistenten oder eines Tutors) in einer Plenarveranstaltung oder in kleineren Gruppen stattfinden. Beispielsweise haben wir im Anschluß an das Teilprogramm über Unternehmenszusammenschlüsse Fusionen und andere Konzentrationsvorgänge im aktuellen deutschen Wirtschaftsleben diskutiert.

Die Autoren

LE 1

Anleitung für das Lernprogrammstudium

Sollten Sie schon einmal mit einem Lernprogramm gearbeitet haben, so können Sie sich die nächsten vier Seiten ersparen und gleich zur Inhaltsübersicht auf Seite 13 gehen.

Sind Sie aber noch "Anfänger", beachten Sie bitte die folgenden Anweisungen sehr genau.

Was sind die Kennzeichen des Programmierten Unterrichts (PU)?

Im Mittelpunkt des PU steht das Lehr- oder Lernprogramm, das weitgehend die Funktionen des "Lehrers" übernimmt und sich darüber hinaus durch folgende Merkmale auszeichnet:

- Aufgliederung des Lehrstoffes in Lerneinheiten (LE),

- Verstärkung des Lernprozesses durch eine aktive Stellungnahme von seiten des "Schülers",

- Ständige Kontrolle des Lernfortschrittes durch Überprüfung der Antworten des "Schülers".

Zur Verwirklichung dieser Punkte besteht eine Lerneinheit in der Regel aus drei Teilen:

- einem Textteil, der den zu lehrenden und zu lernenden Stoff enthält,

- einer direkten oder indirekten Abfrage der gebotenen Informationen (aktive Stellungnahme des "Schülers") und

- einer Lösung zu der Abfrage am Beginn der nächsten Lerneinheit.

Wie Sie das vor Ihnen liegende Lernprogramm durcharbeiten müssen, können Sie aus der folgenden "Gebrauchsanweisung" ersehen!

--> LE 2

LE 2

"Gebrauchsanweisung"

1. Lesen Sie den Textteil jeder Lerneinheit *genau* durch. Es spielt keine große Rolle, wie lange Sie dazu brauchen. Beachten Sie Bilder, Anmerkungen und Anweisungen. Sie tragen oft wesentlich zum Verständnis des Stoffes bei.

2. Überlegen Sie sich die Antworten auf die Ihnen gestellten Fragen gründlich, und tragen Sie die entsprechenden Lösungen in die dafür vorgesehenen Lücken ein. Die Informationen für die richtige Antwort werden Ihnen in der Regel entweder in der Lerneinheit selbst, einer vorangegangenen Lerneinheit oder auch in den Abbildungen geboten.

3. Vergleichen Sie Ihre Antwort mit der richtigen Lösung, die am Anfang der nächsten Lerneinheit steht. Ergeben sich Unterschiede zwischen Ihrer und unserer Antwort, so arbeiten Sie die entsprechende Lerneinheit nochmals durch.

4. Der Weg, den Sie durch das Programm gehen, d. h., welche Lerneinheit Sie jeweils als nächste bearbeiten sollten, wird durch einen Pfeil und eine LE-Nummer am Ende jedes Lernschrittes (jeder Lerneinheit) gezeigt.

5. Das Programm besteht aus neun Kapiteln bzw. sechzehn Teilkapiteln. Jedes einzelne Teilkapitel ist viermal zu durchblättern. Sie arbeiten zuerst die jeweils auf der oberen Hälfte der rechten Seiten angeordneten Lerneinheiten durch, anschließend die Lerneinheiten auf der unteren Hälfte der rechten Seiten, dann die auf der oberen Hälfte der linken Seiten und schließlich im vierten Durchgang die auf der unteren Hälfte der linken Seiten.

--> LE 3

LE 3

Das folgende Beispiel soll Ihnen diese Punkte verständlich machen:

Das in LE 2 Gebrachte stellt den Textteil dar, die zu lehrende und zu lernende Information. Ihr Umfang kann zwischen wenigen Sätzen und einer ganzen Seite variieren.

Als nächster Schritt wird von Ihnen eine aktive Stellungnahme verlangt. In unserem Beispiel besteht sie im Ausfüllen der folgenden Textlücken:

Bei der Bearbeitung eines Programms sind folgende Regeln zu beachten:

1. .... Lesen jeder Lerneinheit

2. Ausfüllen von Textlücken bzw. Lösung der gestellten .... im Antwortteil

3. Überprüfen Ihrer .... anhand der richtigen Lösung am Beginn der nächsten Lerneinheit

Vergleichen Sie bitte Ihre Antworten mit der umseitigen Lösung!

--> LE 4

Sinngemäß: genaues (Lesen jeder Lerneinheit)
(Lösung der gestellten) Aufgaben
(Überprüfen Ihrer) Antwort

LE 4

Sollten Sie einen Fehler gemacht haben, so überlegen Sie sich diesen Fehler, und verbessern Sie Ihre Lösungen bzw. Antworten gewissenhaft!

Scheuen Sie sich nicht, eventuell die letzte bzw. die letzten Lerneinheit(en) zu wiederholen. Es beobachtet Sie niemand!

Weiterhin haben wir Ihnen noch folgende Hilfen zur Verfügung gestellt:

1. Ein Überblick über bestimmte Stoffgebiete wird in den Hilfsblättern geboten.

2. Mit Hilfe des Stichwortverzeichnisses können die wichtigsten Begriffe nachgeschlagen werden.

3. Am Ende jedes Teilkapitels befindet sich ein Zwischentest. Dieser enthält jeweils Fragen, die den Lernzielen entsprechen.

4. Der Literaturnachweis bzw. die Literaturempfehlungen sind am Ende eines Kapitels angeordnet. Der Verweis darauf erfolgt in den einzelnen Lerneinheiten durch die Abkürzung "LV" (Literaturverzeichnis) und die entsprechende Nummer.

Aufgrund unserer Erfahrungen beträgt die durchschnittliche Bearbeitungszeit für 50 Lerneinheiten ca. 75 Minuten.

Die im vorliegenden Programm behandelten Problemkreise können der folgenden Inhaltsübersicht entnommen werden.

--> Inhaltsübersicht

Inhaltsübersicht

Seite

K 1 - Produktionsfaktoren 15

    K 1/1 - Einführung, Produktionsfaktor menschliche Arbeitsleistung 15
    K 1/2 - Produktionsfaktor Betriebsmittel, Produktionsfaktor Material
    (Werkstoffe) 45

K 2 - Typen und Größe von Unternehmungen 79

K 3 - Standort der Unternehmung 101

K 4 - Aufbauorganisation der Unternehmung 115

K 5 - Rechtsformen der Unternehmung 137

    K 5/1 - Einzelunternehmung, Personengesellschaften 137
    K 5/2 - Kapitalgesellschaften 157
    K 5/3 - Genossenschaften, Öffentlich-rechtliche Unternehmungen 177

K 6 - Unternehmenszusammenschlüsse 189

    K 6/1 - Kartell und kartellähnliche Kooperationen, Konsortium 189
    K 6/2 - Konzern, Unternehmensverbände 219

K 7 - Sozialpartner 243

K 8 - Lebensabschnitte der Unternehmung, besondere Finanzierungsvorgänge 257

    K 8/1 - Gründung 257
    K 8/2 - Wachstum 271
    K 8/3 - Umwandlung, Kapitalerhöhung, Fusion, Auseinandersetzung 287
    K 8/4 - Sanierung, Vergleich, Konkurs, Liquidation 305

K 9 - Wert und Bewertung der Unternehmung 329

K 1/1 - Produktionsfaktoren Teil 1

Produktionsfaktoren

Teil 1: Einführung
Produktionsfaktor menschliche Arbeitsleistung

	LE/S.
1. System der Produktionsfaktoren in der Betriebswirtschaftslehre	1/17
2. Produktionsfaktor menschliche Arbeitsleistung	8/33
2.1. Arten der menschlichen Arbeitsleistung	8/33
2.2. Produktivität der menschlichen Arbeitsleistung	10/37
2.2.1. Leistungsfähigkeit	11/39
2.2.2. Eignungspotential der Belegschaft	17/27
2.2.3. Mitarbeiterauswahl	19/31
2.2.4. Äußere Arbeitsbedingungen	20/33
2.2.5. Arbeitszeitgestaltung	22/37
2.2.6. Entlohnung	25/18
2.2.6.1. Soziallohn	26/20
2.2.6.2. Leistungslohn	27/22
2.2.6.2.1. Maßstäbe zur Bemessung der Lohnhöhe	27/22
2.2.6.2.2. Zeitabhängige Entlohnung	28/24
2.2.6.2.3. Nicht-zeitabhängige Entlohnung	32/32
2.2.6.2.4. Prämienlohn	38/18
2.2.6.3. Erfolgs- und Vermögensbeteiligung	46/34
Zwischentest	43

LE 1

1. System der Produktionsfaktoren in der Betriebswirtschaftslehre

Eine Möglichkeit, in die Betriebswirtschaftslehre "einzusteigen", besteht darin, von den Bausteinen auszugehen, die bei der Leistungserstellung (Produktion) durch einen Betrieb (eine Unternehmung) kombiniert werden, den Produktionsfaktoren.

Wir haben diesen Weg gewählt, weil wir uns mit der Beschreibung dieser Produktionsfaktoren und der damit zusammenhängenden Probleme gleichzeitig die Voraussetzung für die Behandlung einer Reihe anderer Teilgebiete der betriebswirtschaftlichen Institutionenlehre schaffen, so z. B. der Unternehmenstypen, der Standortwahl und des Wachstums einer Unternehmung.

Es gibt freilich auch andere Ansätze, z. B.:

1. Man geht statt von den Produktionsfaktoren von den Entscheidungen aus, die auf allen Ebenen des Betriebes gefällt werden ("Entscheidungsorientierte Betriebswirtschaftslehre").

2. Man betrachtet vor allem die Beziehungen des Unternehmens zu seiner wirtschaftlichen, gesellschaftlichen, politischen und natürlichen Umwelt.

Nach dem Durcharbeiten dieses Kapitels sollten Sie einen Überblick über die Produktionsfaktoren haben und darüber hinaus einige speziellere Fragen beantworten können, z. B.:

■ Welche Vorteile weist ein Zeitlohnsystem gegenüber einem Akkordlohnsystem auf?

■ Welche wichtigen Probleme sind bei der Planung des Betriebsmitteleinsatzes zu beachten?

■ Was verstehen Sie unter "Wertanalyse", "Normierung", "Typisierung"?

Ferner wollen wir das erste Kapitel gleich dazu benutzen, Sie in die betriebswirtschaftliche Denkweise einzuführen.

--> **LE 2**

Wir denken etwa an ein Hotel in einem Skigebiet mit angeschlossenen Liften, Animateuren, Animateusen und den Stauberatern auf den Zufahrtsstraßen.

LE 25

2.2.6. Entlohnung

Der Lohn ist der Preis für die Überlassung menschlicher Arbeitskraft. Er ist für den Arbeitnehmer *Einkommen* und für den Arbeitgeber *Kostenbestandteil*.

In Theorie und Praxis sind zahlreiche *Lohnsysteme* entwickelt worden. Die Lohnsysteme können unterschieden werden in *Soziallohn*systeme und *Leistungslohn*systeme.

Der Leistungslohn kann weiter unterteilt werden in *zeitabhängige* und *nicht-zeitabhängige* Entlohnung.

Ergänzen Sie untenstehendes Schema!

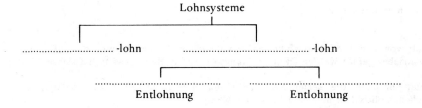

--> LE 26

Akkordlohn

LE 38

2.2.6.2.4. Prämienlohn

Als Entlohnungsform für besondere qualitative Leistungen eignet sich ein Prämienlohnsystem.

Besondere qualitative Leistungen sind z. B.

- Einhaltung von Terminen,
- sorgsame Pflege von Maschinen und Werkzeugen,
- Einsparung von Material und Energie,
- gute Maschinenausnutzung.

Der Prämienlohn kann aber auch zur Vergütung von quantitativen Mehrleistungen dienen. Wir zählen den Prämienlohn zur *nicht-zeitabhängigen* Entlohnung, da die konkrete Lohnhöhe letztendlich von den o. g. Leistungen abhängt.

--> LE 39

LE 2

Tag für Tag wird in Betrieben eine große Zahl von Produkten hergestellt. Es handelt sich nicht nur um Sachgüter. Der Begriff "Produkt" ist weiter zu fassen. Die von den Banken, Handels- und Transportunternehmungen, Versicherungen usw. erbrachten Dienstleistungen sind ebenfalls Produkte.

Wir können die verschiedensten betrieblichen Leistungen in zwei Gruppen gliedern:

- Herstellung von .... -gütern in den Produktionsbetrieben,
- Bereitstellung von .... -leistungen in den Handels- und Transportunternehmungen, den Versicherungen, Banken usw.

--> LE 3

Wir meinen: die Ausbildung

LE 13

Wir haben festgehalten, daß das Leistungspotential nicht bei jeder Tätigkeit voll eingesetzt wird. Der Grad der Ausnutzung des Leistungspotentials hängt wiederum von vielen Einflüssen ab. Beispielsweise ist Ihnen sicher schon aufgefallen, daß Sie zu verschiedenen Tageszeiten unterschiedlich hohe Leistungen erbringen.

Zeichnen Sie bitte die Kurve, die *Ihre* Leistungsspitzen und -tiefpunkte während eines Tages zeigt, in das untenstehende Feld ein. Setzen Sie dabei den Durchschnitt = 100 %.

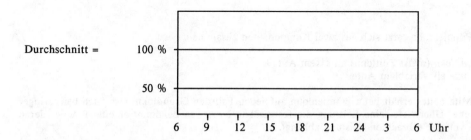

Vergleichen Sie Ihre Kurve mit jener in LE 14. Die beiden Kurven müssen sich selbstverständlich nicht decken.

--> LE 14

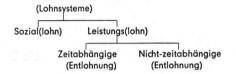

LE 26

2.2.6.1. Soziallohn

Bei einem Soziallohnsystem werden vor allem das Lebensalter und der Familienstand berücksichtigt, also soziale Gesichtspunkte. Zwei Mitarbeiter an Arbeitsplätzen mit gleicher Funktionsbeschreibung, die die gleiche Leistung bringen, können dann also ein unterschiedliches Entgelt beziehen.

Nach herrschender Meinung sollen diese Aspekte beim Aufbau eines betrieblichen Lohnsystems jedoch zumindest nicht die entscheidende Rolle spielen.

Soziale Gesichtspunkte werden aber z. B. bei der Besteuerung, d. h. beim Übergang vom betrieblichen Bruttolohn zum Nettolohn als verfügbarem Einkommen, berücksichtigt.

Welche Gefahr bestünde, wenn alle Unternehmungen bei der Entlohnung soziale Verhältnisse berücksichtigen müßten, wenn also z. B. Väter von sechs Kindern für die gleiche Leistung einen erheblich höheren Bruttolohn als Junggesellen erhielten?

....

--> LE 27

LE 39

Der Prämienlohn setzt sich aus zwei Komponenten zusammen:

- *Grundlohn* (meist Zeitlohn) als fixem Anteil,
- *Prämie* als variablem Anteil.

Der Mitarbeiter erhält beim Prämienlohn auf jeden Fall den Grundlohn, also auch bei geringer Leistung. Übertrifft seine Leistung die festgesetzte Norm, so bekommt er eine Prämie, deren Höhe von der erbrachten Leistung abhängt.

Welchen wichtigen betriebswirtschaftlichen Vorteil bietet der Prämienlohn damit?

....

--> LE 40

Sach(gütern)
Dienst(leistungen)

LE 3

Dieser Produktionsprozeß kann als Kombination von Produktionsfaktoren angesehen werden.

In der Betriebswirtschaftslehre werden in Anlehnung an Gutenberg[1] meist folgende Produktionsfaktoren unterschieden:

- menschliche Arbeitsleistung,
- Betriebsmittel,
- Material (Werkstoffe).

Es lassen sich natürlich auch andere Systematisierungen denken, etwa die Einteilung der Produktionsfaktoren in "Materie, Energie und Information" oder eine Ergänzung der obigen Dreiteilung um immaterielle Faktoren wie das unternehmerische Fachwissen (Know-how) oder den guten Ruf (Geschäftswert oder Goodwill) der Unternehmung. Im Zusammenhang mit der Beurteilung ganzer Volkswirtschaften im Hinblick auf ihre Eignung als Standort internationaler Unternehmungen ist zuweilen die Rede von einem Produktionsfaktor "Sozialer Frieden".

Die Volkswirtschaftslehre unterscheidet oft die Produktionsfaktoren Arbeit, Boden und Kapital.

---
1 Vgl. Gutenberg, E., LV 8.

--> LE 4
Seite 25

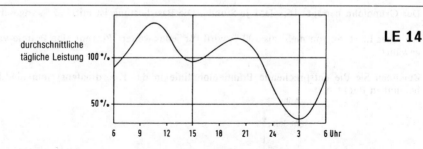

LE 14

Die dargestellte Kurve resultiert aus Untersuchungen der *Arbeitsphysiologie* und wird daher *arbeitsphysiologische Leistungskurve* genannt.

Leistungsspitzen werden in der Regel am Vormittag und nach einem Abfall am frühen Abend erreicht. Der Tiefpunkt liegt im allgemeinen etwa um 3 Uhr morgens.

Die durchschnittliche tägliche Leistungsbereitschaft muß natürlich nicht jeden Tag gleich hoch sein; vielleicht sieht Ihre Kurve am Montag nach einem durchzechten Wochenende anders als am Mittwoch aus.

--> LE 15

Kinderreiche Väter hätten am Arbeitsmarkt schlechtere
Chancen, weil sie für die Unternehmungen "zu teuer" wären.

LE 27

2.2.6.2. Leistungslohn

2.2.6.2.1. Maßstäbe zur Bemessung der Lohnhöhe

Beim Leistungslohn ist die Grundlage für die Bemessung der Lohnhöhe die *Leistung*.

Ist der Leistungsmaßstab die *aufgewendete Arbeitszeit* (Stunde, Tag, Woche, Monat), so handelt es sich um *zeitabhängige Entlohnung*.

Bei der *nicht-zeitabhängigen Entlohnung* werden als Maßstäbe entweder die *mengenmäßige Ausbringung* (gemessen zum Beispiel in Metern, Stück, Kilogramm) oder *besondere qualitative Leistungen* verwendet.

--> LE 28

Sinngemäß: Es besteht ein Leistungsanreiz

LE 40

Beispiel:

Der Grundlohn beträgt 16,- DM je Stunde. Die Basisleistung ist mit 100 % angesetzt.

Ab einer Leistung von mehr als 100 % wird für jedes weitere Prozent eine Prämie von 0,40 DM gewährt.

Zeichnen Sie die entsprechende Prämienlohnlinie in das Koordinatensystem ein. Diese Linie beginnt in Punkt A.

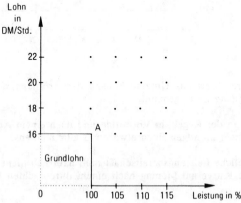

--> LE 41

LE 15

Die Ausnutzung des Leistungspotentials ist auch sehr stark vom *Leistungswillen* abhängig. Diesen kann man durch materielle oder immaterielle Leistungsanreize verstärken.

Mit Leistungsanreizen beschäftigen sich insbesondere die *Motivationstheorien*. Eine bekannte, wenn auch nicht unumstrittene Motivationstheorie ist Maslows Lehre von den Bedürfnisschichten[1]. Danach werden fünf Bedürfnisklassen unterschieden, die man in der Regel in Form einer Pyramide darstellt.

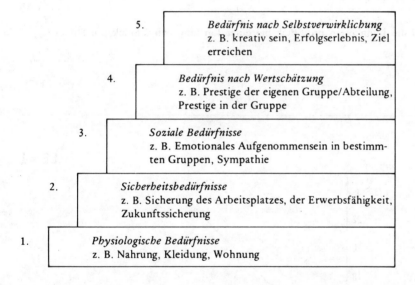

Höhere Bedürfnisse werden erst dann wichtig, wenn die niedrigeren befriedigt sind. Beispielsweise wird der Wunsch nach Prestige erst dann relevant, wenn die physiologischen, Sicherheits- und sozialen Bedürfnisse befriedigt sind. Umgekehrt bedeutet dies: Wenn aufgrund der wirtschaftlichen Entwicklung der Arbeitsplatz in Gefahr gerät, treten die höheren Bedürfnisse in den Hintergrund.

---

1 Vgl. z. B. Pfeiffer, W. u. a., LV 14, S. 45 ff.

--> LE 16

LE 28

2.2.6.2.2. Zeitabhängige Entlohnung

Es sei angenommen:

Ein Arbeiter mit einem Stundenlohn von 20,- DM fertigt in einer Stunde 4 Stück.

Die Lohnkosten pro Stück betragen daher 5,- DM (= 20 : 4).

Beantworten Sie bitte folgende Fragen:

1. Erhält der Arbeiter   - zeitabhängigen Lohn?   ....
                                  - nicht-zeitabhängigen Lohn?   ....

2. Wie hoch ist sein Stundenlohn bei einer Leistung von 2 Stück pro Stunde?
                                                                       .... DM

3. Wie hoch sind die Lohnkosten pro Stück bei einer Leistung von 2 Stück pro Stunde?
                                                                       .... DM

--> LE 29

LE 41

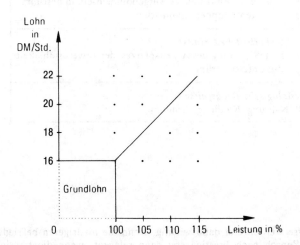

Diese Prämienlohnlinie verläuft linear.

Andere mögliche Prämienverläufe sind in der nächsten Lerneinheit dargestellt.

--> LE 42

LE 4

Die *menschliche Arbeitsleistung* wird in zwei verschiedene Erscheinungsformen aufgeteilt:

a) ausführende Arbeitsleistung,
b) dispositive Arbeitsleistung.

Zu a): Die ausführende Arbeitsleistung steht *unmittelbar* mit der Leistungserstellung im Zusammenhang und erfolgt aufgrund von Anweisungen. Ausführende Arbeitsleistungen sind z. B. Arbeiten an der Drehbank oder am Postschalter.

Zu b): Die dispositive Arbeitsleistung ist die planende, organisierende, anordnende und kontrollierende Tätigkeit, durch welche der Kombinationsprozeß *gesteuert* wird.

--> LE 5

LE 16

Beim Setzen von Leistungsanreizen kommt es darauf an abzuschätzen, in welchen Schichten sich die Mitarbeiter in etwa befinden.

Es macht wenig Sinn, einem neuen Gastarbeiter, der sich erst einmal eine Wohnung einrichten will, statt einer Prämie für gute Leistungen einen Betriebsorden oder einen Titel in Aussicht zu stellen.

Hingegen wird man einen Abteilungsleiter oft stärker motivieren können, wenn man ihm die Aufnahme in die Gruppe der mit besonderen Vollmachten ausgestatteten Prokuristen in Aussicht stellt als wenn man eine Gehaltserhöhung ankündigt.

--> LE 17

zeitabhängigen Lohn
20,- DM
10,- DM

LE 29

Bei der zeitabhängigen Entlohnung ändert sich die Lohnhöhe trotz Mehrausbringung in der Zeiteinheit nicht, während sich die Lohnkosten pro Stück ändern.

Bei einer geringeren Ausbringung des Mitarbeiters steigen die Lohnkosten je Stück für das Unternehmen. Das Risiko einer schlechten Leistung trägt daher allein der
.... (Mitarbeiter/Betrieb).

Beim *Zeitlohn* ändert sich die Lohnhöhe bei einer Änderung der Ausbringungsmenge nicht.

Deshalb ist die Lohnabrechnung relativ .... (schwierig/einfach).

Der Mitarbeiter kann seinen Lohn .... (leicht/schwer) im voraus berechnen.

--> LE 30

LE 42

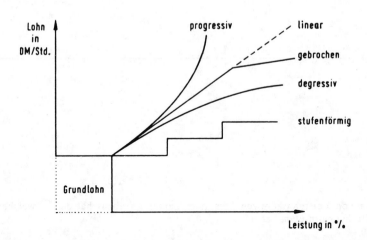

Im folgenden wollen wir auf die *progressive* und *degressive* Prämie ein wenig eingehen.

--> LE 43

LE 5

Sie wissen, die Arbeiten an einer Drehbank oder am Postschalter sind ausführende Arbeitsleistungen.

Sind die Arbeiten eines Buchhalters, eines Konstrukteurs, eines Programmierers oder einer Sekretärin ebenfalls ausführende Arbeitsleistungen?

$$\begin{aligned}&- \text{ja} \longrightarrow \text{LE 7}\\&\qquad\qquad\text{Seite 31}\\&- \text{nein} \longrightarrow \text{LE 6}\end{aligned}$$

LE 17

2.2.2. Eignungspotential der Belegschaft

Das *Eignungspotential* der Belegschaft setzt sich aus den einzelnen Eignungen zusammen; es ist also die Gesamtheit der Eignungen der Mitarbeiter.

Das Eignungspotential einer gesamten Belegschaft läßt sich sehr schwer *messen*. Bei kleineren oder mittleren Unternehmungen - beispielsweise in Architekturbüros oder im Fall von Software-Häusern - ist jedoch zumindest Fachleuten der gleichen Branche oft bekannt, ob sich die Belegschaft zum größeren Teil aus besseren oder nicht so guten Mitarbeitern zusammensetzt.

Das Wissen um das Eignungspotential der Mitarbeiterschaft spielt zum Beispiel dann eine große Rolle, wenn ein Unternehmen erwägt, ein anderes aufzukaufen.

--> LE 18

Betrieb
einfach
leicht

LE 30

Ist beim Zeitlohn die Gefahr der Qualitätsminderung besonders groß?

- Ja ....
- Nein ....

--> LE 31

LE 43

Bei der *progressiven Prämie* besteht ein großer Leistungsanreiz, weil die Prämie mit steigender Leistung progressiv zunimmt.

Aber: Es kann zu Überanstrengungen der Mitarbeiter und so zu Schädigungen des menschlichen Organismus kommen. Ferner besteht die Gefahr, daß der zu starke Leistungsanreiz Rivalitäten der Mitarbeiter untereinander auslöst.

Die *degressive Prämie* hingegen bietet Schutz vor Überanstrengungen der Mitarbeiter, weil der Anreiz mit steigender Leistung abnimmt.

--> LE 44

LE 6

Warum nicht?

Die Arbeiten einer Buchhalterin, eines Konstrukteurs, eines Programmierers oder einer Sekretärin beziehen sich doch unmittelbar auf die betriebliche Leistung und erfolgen aufgrund von Anweisungen. Sie sind daher ebenfalls ausführende Arbeitsleistungen.

Ausführende Arbeitsleistungen müssen nicht identisch sein mit körperlicher Arbeit.

Gehen Sie zurück zu LE 5, und wählen Sie die andere Alternative!

--> LE 5
Seite 27

LE 18

In modernen Volkswirtschaften sind gut ausgebildete Mitarbeiter zuweilen eher unterfordert als überfordert, wie beispielsweise der Diplomkaufmann, der als Buchhalter arbeitet. Viele Betriebe zögern auch, den Platz eines Auszubildenden mit einem Abiturienten zu besetzen. Die negativen Folgen der Unterforderung versucht man durch Arbeitsbereicherung (*Job Enrichment*) bzw. Arbeitserweiterung (*Job Enlargement*) zu mildern.

Im Produktionsbereich strebt man oft an, von Fließbandarbeit, bei der Mitarbeiter in extremen Fällen nur einzelne Handgriffe verrichten, auf Gruppenarbeit umzustellen. In Modellversuchen ist man dabei so weit gegangen, daß jeder Mitarbeiter bzw. eine Gruppe ein Aggregat komplett montiert und selbst kontrolliert oder einen Kundenauftrag von der Entgegennahme der Bestellung bis zur Auslieferung und Bezahlung des Produktes bearbeitet.

Die Bemühungen um ein Job Enrichment und ein Job Enlargement haben viele Verbesserungsmöglichkeiten, aber auch Probleme aufgezeigt, auf deren nähere Erörterung wir aber in dieser Einführung verzichten müssen.

--> LE 19

Nein

LE 31

Die Gefahr, daß schlechte Qualität ausgebracht wird, ist um so größer, je mehr der Mitarbeiter versucht, pro Zeiteinheit eine große Zahl von Stücken abzuliefern. Beim Zeitlohn ist er aber an einer großen Ausbringungsmenge weniger interessiert, er wird deshalb in der Regel genauer und sorgfältiger arbeiten.

Vorteile des Zeitlohnes sind somit:

- relativ einfache Lohnabrechnung,
- der Mitarbeiter kann seinen Lohn im voraus berechnen,
- die Gefahr der Qualitätsminderung wird eingeschränkt.

--> LE 32

LE 44

In einer gewissen Verwandtschaft mit dem Prämienlohn können die verschiedensten Sonderzulagen gesehen werden. Mit derartigen Zulagen strebt man vor allem an, ungleichen Arbeitsbedingungen bzw. Umgebungseinflüssen Rechnung zu tragen.

Beispiele sind Gefahrenzulagen, Lärmzulagen, Staubzulagen.

--> LE 45

LE 7

Richtig!

Gutenberg weist die *dispositive* Arbeitsleistung einem vierten Faktor, dem dispositiven Faktor, zu.

Man gelangt damit zu einer Einteilung nach vier Faktoren:

- ausführende Arbeitsleistung,
- Betriebsmittel,
- Material (Werkstoffe) und
- dispositive Arbeitsleistung.

--> **LE 8**

LE 19

2.2.3. Mitarbeiterauswahl

Damit die geeigneten Mitarbeiter ausgewählt werden können, ist es notwendig, deren Eigenschaften (Kenntnisse, Fähigkeiten) vorher zu bewerten und in eine Rangskala einzustufen.

In der Praxis ist die Bewertung der Eigenschaften der Arbeitskräfte schwierig. Dazu bedarf es möglichst *objektiver Verfahren*, auf die wir hier nicht eingehen können.

Dennoch sollten wir versuchen, beispielhaft einige Beurteilungskriterien für Mitarbeiter aufzuzählen. Führen Sie bitte einige Ihnen besonders wichtig erscheinende Kriterien an:

- ....
- ....
- ....
- ....
- ....

--> **LE 20**

LE 32

2.2.6.2.3. Nicht-zeitabhängige Entlohnung

Eine bekannte Lohnform, die zu der nicht-zeitabhängigen Entlohnung gerechnet wird, ist der *Akkordlohn*.

Ein Akkordarbeiter erhalte für jedes gefertigte Stück 4,- DM.

Ist seine Ausbringungsmenge je Stunde 5 Stück, so beträgt sein Stundenverdienst 20,- DM.

Wie hoch sind die Lohnkosten pro Stück bei einer Ausbringungsmenge von 4 bzw. 6 Stück?

.... DM bzw. .... DM

--> LE 33

LE 45

Aus der Sicht der deutschen Arbeitgeber verlieren die Kostendifferenzen, die durch unterschiedliche Gestaltung des Akkord- und/oder Prämienlohnes entstehen, deshalb an Bedeutung, weil zu dem eigentlichen Lohn inzwischen ein sogenannter zweiter Lohn hinzukommt. Dieser besteht u. a. aus Entgeltzahlungen während Urlaub und Krankheit, Weihnachtsgeld und Sozialversicherungsabgaben und erreicht allmählich die gleiche Höhe wie der erste Lohn.

--> LE 46

LE 8

2. Produktionsfaktor menschliche Arbeitsleistung

2.1. Arten der menschlichen Arbeitsleistung

Menschliche Arbeit im betriebswirtschaftlichen Sinn ist die *körperliche* und *geistige* Tätigkeit des Menschen zum Zweck der Leistungserstellung.

In der modernen Wirtschaft verliert die körperliche Arbeit durch Mechanisierung und Automatisierung immer mehr an Bedeutung. Aber auch geistige Arbeit kann durch Einsatz elektronischer Datenverarbeitungsanlagen teilweise substituiert, d. h. ersetzt werden.

So kreisen viele Diskussionen um die Frage, in welchem Ausmaß in Zukunft die Tätigkeit von Sachbearbeitern und Sekretärinnen durch Büroautomation erübrigt werden kann. Die in den vergangenen Jahren stattgefundenen Entwicklungen auf dem Gebiet der Künstlichen Intelligenz (z. B. in Gestalt der sogenannten Expertensysteme) haben die Diskussion wieder angeheizt, inwieweit Computer künftig auch komplizierte Dispositionsarbeiten im Betrieb übernehmen können.

--> LE 9

Z. B.: - Fachkenntnisse
- Geschick im Umgang mit Kollegen, Mitarbeitern, Kunden usw.
- Verhandlungsgeschick
- Lernfähigkeit
- Zuverlässigkeit
- Physische und psychische Belastbarkeit
- Mobilität
- Fähigkeit, auch unter Zeitdruck sorgfältig zu arbeiten

LE 20

2.2.4. Äußere Arbeitsbedingungen

Im Zuge der technischen Entwicklung ist in vielen Fällen die Arbeitsumgebung im Betrieb stark vom natürlichen Milieu des Menschen abgewichen. Denken Sie zum Beispiel an extreme Temperaturbedingungen am Arbeitsplatz, an Lärm, an Staub usw.

Oft lassen sich nachteilige Einflüsse überhaupt nicht oder nur mit großen Kosten verhindern.

Trotzdem muß es im sozialen und ökonomischen Interesse des Betriebes liegen, solche nachteiligen Einflüsse auszuschalten und sich um die Gesunderhaltung der Arbeitskräfte zu bemühen.

--> LE 21

Die Lohnkosten betragen jeweils 4,- DM pro Stück.

LE 33

Zeichnen Sie bitte in untenstehendes Koordinatensystem den für ein *Akkordlohnsystem* zutreffenden Verlauf der *Lohnkosten pro Stück* ein!

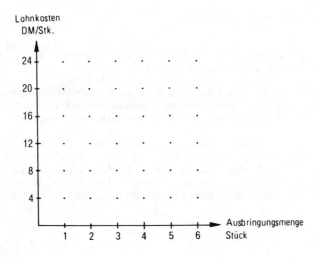

Vergleichen Sie bitte mit LE 34!

--> LE 34

LE 46

2.2.6.3. Erfolgs- und Vermögensbeteiligung

Bei Erfolgsbeteiligungssystemen werden die Arbeitskräfte zusätzlich am *Erfolg der Unternehmung*, zum Beispiel am Gewinn, beteiligt.

Welche Ziele, glauben Sie, werden mit der Erfolgsbeteiligung angestrebt?

Führen Sie wenigstens zwei mögliche Ziele an:

- ....

- ....

--> LE 47

LE 9

Wir haben in LE 4 schon erfahren, daß man bei menschlicher Arbeit ausführende und dispositive Arbeit unterscheiden kann.

Die *dispositive Arbeit* wird von der Betriebs- bzw. Unternehmensführung vollzogen. Die Tätigkeit der *Unternehmensführung* können wir unter Verwendung von Begriffen, die aus dem Militärwesen stammen, unterteilen in:

a) *Strategische Führung:* Ihre Aufgabe ist es, die grundsätzlichen Ziele der Unternehmung festzulegen und die für die Zielerreichung notwendigen Maßnahmen zu planen und zu kontrollieren.

b) *Taktische Führung:* Auf der Grundlage der von der strategischen Führung vorgegebenen Ziele und Pläne werden Handlungsanweisungen entwickelt und die Durchführung überwacht.

Eine Aufgabe der strategischen Führung ist es z. B., einem stahlerzeugenden Unternehmen weiterverarbeitende Betriebe, z. B. des Maschinenbaus, anzugliedern. Zur taktischen Unternehmensführung würde es gehören, die Organisation des neuen Gliedbetriebes an die vorhandene anzupassen.

--> LE 10

LE 21

Die Gestaltung der Bedingungen am Arbeitsplatz bringt vielfältige Probleme mit sich. Mit diesen befaßt sich insbesondere die *Arbeitswissenschaft* in Zusammenarbeit mit der Werkstoffwissenschaft, Medizin, Pädagogik, Psychologie und Soziologie.

Anmerkung: Die Arbeitswissenschaft wurde früher oft "Betriebswissenschaft" genannt. Beachten Sie: "Betriebswissenschaft" ist *keineswegs* eine andere Bezeichnung für "Betriebswirtschaftslehre"!

--> LE 22

LE 34

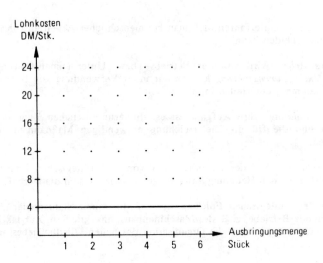

Ein reiner Akkordlohn ist allerdings relativ selten anzutreffen. In der Regel wird auch in Akkordlohnsystemen ein zeitabhängiger Mindestlohn garantiert.

--> LE 35

Die mit der Erfolgsbeteiligung verfolgten Ziele können sein[1]:
Überwindung der Gegensätze zwischen Unternehmern und Arbeitnehmern,
Verbesserung der sozialen Beziehungen im Betrieb,
Förderung der Arbeitsleistung und Produktivität,
Entschärfung des Kampfes um höhere Löhne.

LE 47

Insbesondere im Vertriebsbereich führen die Unternehmen gerne zeitlich begrenzte Wettbewerbe, sogenannte Incentive-Aktionen, durch. Beispielsweise gilt es, im nächsten Halbjahr den meisten Umsatz mit Neukunden zu machen. Dem/der siegreichen Außendienstmitarbeiter/-in wird ein Preis ausgesetzt, der einen hohen Erinnerungswert haben soll, wie etwa eine Japanreise oder der Besuch des Wiener Opernballs mit einer Partnerin/einem Partner seiner/ihrer Wahl.

---

[1] Vgl. Goossens, F., LV 7, S. 498 ff.

--> LE 48

LE 10

2.2. Produktivität der menschlichen Arbeitsleistung

Die Produktivität der menschlichen Arbeitsleistung ist bedingt durch

- die individuelle Leistungsfähigkeit der Arbeitskräfte,
- das Eignungspotential der Belegschaft,
- die äußeren Arbeitsbedingungen,
- die Arbeitszeitgestaltung
- die Entlohnung und nichtmonetäre Anreize.

Beginnen wir mit der Leistungs- .... der Arbeitskräfte.

--> LE 11

LE 22

2.2.5. Arbeitszeitgestaltung

Mit die heftigsten und am meisten diskutierten Veränderungen im Bereich des Produktionsfaktors "Menschliche Arbeitskraft" gibt es bei den Arbeitszeitregelungen.

Viele Tarifauseinandersetzungen der jüngeren Vergangenheit endeten damit, daß die Arbeitgeberseite der Arbeitnehmerseite kürzere regelmäßige wöchentliche Arbeitszeiten einräumte, während die Arbeitnehmer Konzessionen bei der Flexibilität der Arbeitszeit machten. Letztere sind in vielen Branchen wichtig, weil die hochautomatisierten und teuren Maschinen und Anlagen möglichst wenig stillstehen sollen.

Die Arbeitgeber drängen infolgedessen auf mehr Nachtschichten, Samstags-, Sonntags- und Feiertagsarbeit.

--> LE 23

LE 35

In der beschriebenen einfachen Version handelt es sich um einen sogenannten *Geld-* oder *Stückakkord*: Dem Arbeiter wird für jedes abgelieferte Werkstück ein bestimmter Geldbetrag gezahlt.

In der Industrie stärker verbreitet ist der sogenannte *Zeitakkord*. Hierbei wird pro Arbeitsgang an einem Werkstück eine Vorgabezeit angegeben und dem Arbeiter mitgeteilt. Bei der Ablieferung des Produktes erhält er die Vorgabezeit gutgeschrieben. Der Arbeiter bekommt für jede gutgeschriebene Minute einen bestimmten Geldbetrag. Am Ende der Abrechnungsperiode werden alle gutgeschriebenen Minuten mit diesem Geldfaktor multipliziert; so ergibt sich der Bruttolohn.

Versuchen Sie, den Unterschied zwischen Stückakkord und Zeitakkord mit Hilfe einfacher Formeln zu beschreiben, und benutzen Sie dazu folgende Symbole:

Akkordvorgabe pro Werkstück:	m (Min./Stück)
Entgeltbetrag pro Werkstück:	e (DM/Stück)
Entgeltbetrag pro gutgeschriebener Minute:	g (DM/Min.)
Zahl der im Abrechnungszeitraum abgelieferten Werkstücke:	z (Stück)
Bruttolohn im Abrechnungszeitraum bei Stückakkord:	BS (DM)
Bruttolohn im Abrechnungszeitraum bei Zeitakkord:	BZ (DM)

BS = ... DM

BZ = ... DM

--> LE 36

LE 48

Für die *Berechnung* der Erfolgsbeteiligung können verschiedene Grundlagen verwendet werden:

- *Leistung* (z. B. Mengenausbringung),
- *Ertrag* (z. B. Umsatz),
- *Gewinn* (z. B. Unternehmensgewinn abzüglich des Gewinnes aus betriebsfremden Aktivitäten).

Erfolgsbeteiligungssysteme, die entsprechend den Berechnungsgrundlagen in vielen Varianten auftreten, kann man in drei Grundformen gliedern. Ergänzen Sie das Schema!

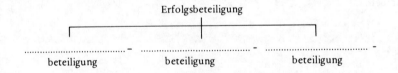

--> LE 49

(Leistungs)fähigkeit

LE 11

2.2.1. Leistungsfähigkeit

Die individuelle Leistungsfähigkeit eines Mitarbeiters ist sein *Potential* an Kenntnissen, Fähigkeiten und Fertigkeiten.

Setzt der Mensch sein Leistungspotential voll ein, so erbringt er Höchstleistungen. Auch bei großer Willensanstrengung kann er dies nur selten und nur für relativ kurze Zeit tun.

Das Extrembeispiel stellt jener Grieche dar, der von Marathon nach Athen lief, um die Kunde von einem Sieg zu überbringen, und danach als Folge seiner enormen Anstrengung tot zusammenbrach.

--> LE 12

LE 23

Wege dazu, die zum Teil gegensätzlichen Vorstellungen der Sozialpartner verträglich zu machen, sind vor allem die Differenzierung und Variierung der individuellen Arbeitszeit. Beides sind wiederum Erscheinungsformen einer *flexiblen Arbeitszeit*.

Bei der *differenzierten Arbeitszeit* haben unterschiedliche Mitarbeitergruppen eine jeweils spezifische IRWAZ.

Sind Sie stark im Logeln? Dann deuten Sie bitte diese Abkürzung:

IRWAZ = ...

--> LE 24

BS = z · e
BZ = z · m · g

LE 36

Der Zeitakkord wird in der Praxis dem Stückakkord vor allem deswegen vorgezogen, weil man bei Änderungen der Lohntarife nicht für jedes Werkstück den Faktor e, sondern nur die Größe g für die gesamte Lohngruppe modifizieren muß.

Bei der Bemessung der Lohnhöhe nach der Ausbringungsmenge besteht die Gefahr, daß qualitativ schlechte Arbeit geleistet wird, weshalb der Betrieb für eine Verstärkung der Qualitätskontrollen sorgen muß. Ein weiterer Nachteil ergibt sich daraus, daß die Lohnabrechnung oft aufwendig ist.

Nachteile der nicht-zeitabhängigen Entlohnung:

- ....

- ....

--> LE 37

(Erfolgsbeteiligung)

Leistungs-   Ertrags-   Gewinn-
(beteiligung)   (beteiligung)   (beteiligung)

LE 49

Innerhalb der einzelnen Formen gibt es wieder eine nur schwer überschaubare Vielfalt von Gestaltungsvarianten.

Die reine *Mengenausbringung* ist als Basis der Erfolgsbeteiligung gefährlich, weil sie zur sogenannten *Tonnenideologie* führen kann: Beispielsweise versucht man in einem Blechwalzwerk, die Ausbringung mit Gewalt zu steigern, wobei wegen überhöhter Arbeitsgeschwindigkeit zuviel Schrott anfällt und unnötig viel Energie verbraucht wird. Besser geeignet wäre hier ein Produktivitätsmaßstab, bei dem die Ausbringung in Relation zum Material- und Energieeinsatz gebracht wird.

Mitarbeiter im Vertrieb beteiligt man oft am Umsatz. Auch dieser Anreiz kann gefährlich sein, wenn die Verkäufer ihre Bemühungen zu sehr auf jene Artikel konzentrieren, die im Verhältnis zu den Produkten der Konkurrenz knapp kalkuliert und damit preisgünstig sind (diese Artikel lassen sich gerade deshalb leicht verkaufen), aber zuwenig Gewinn bringen. Besser wäre hier eine am Gewinn oder an einer verwandten Größe orientierte Erfolgsbeteiligung.

--> LE 50

LE 12

Das *Leistungspotential* eines Mitarbeiters hängt u. a. ab von

- dem Alter,
- der körperlichen und geistigen Veranlagung,
- der Erfahrung,
- der Ausbildung.

Angenommen, die Unternehmensführung möchte die Produktivität weiter erhöhen. Welches der oben angeführten Kriterien stellt einen besonders guten Ansatzpunkt dar?

....

--> LE 13
Seite 19

---

individuelle regelmäßige wöchentliche Arbeitszeit

LE 24

Ein Beispiel: Mitarbeiter, die über 55 Jahre alt sind, arbeiten 36 Stunden, jüngere jedoch 37,5 Stunden pro Woche.

Variierte Arbeitszeit bedeutet, daß die Wochenarbeitszeit der gesamten Belegschaft im Laufe des Jahres schwankt.

Fällt Ihnen ein branchenspezifisches Beispiel dazu ein?

....
....
....

--> LE 25
Seite 18

- Gefahr der Qualitätsminderung und dadurch Erfordernis zusätzlicher Qualitätskontrollen
- Oft aufwendige Lohnabrechnung

LE 37

Nun wollen wir der Frage nachgehen, unter welchen Voraussetzungen ein *Zeit-* bzw. *Akkordlohnsystem* für einen Betrieb geeignet ist.

Gegeben sei ein Betrieb, für den folgendes gilt:

- Der Arbeiter kann *unabhängig von der Maschine* selbst sein Arbeitstempo bestimmen.
- Die *quantitative Leistung* ist wichtiger als die Qualität der Produkte.
- Die Arbeitsleistung ist *leicht meßbar*.

Welches Lohnsystem eignet sich für diesen Betrieb im allgemeinen?

      - Akkordlohn   ....
      - Zeitlohn   ....

--> LE 38
Seite 18

LE 50

Zahlt die Unternehmung die Erfolgsbeteiligung oder Teile davon nicht aus, sondern schreibt sie einem Kapitalkonto des Mitarbeiters gut, so wird der Mitarbeiter zwangsläufig allmählich am Kapital der Unternehmung beteiligt. Damit ist der Übergang von der Erfolgs- zur Vermögensbeteiligung vollzogen. Man spricht in diesem Zusammenhang auch von "Investivlohn", denn die so verteilten Beträge sind nicht für den Konsum durch den Mitarbeiter bestimmt, sondern zur Finanzierung von Investitionen.

Wie Erfolgsbeteiligungssysteme, so treten auch Systeme der Vermögensbeteiligung in Theorie und Praxis in vielfältigen Erscheinungsformen auf.

--> Zwischentest
Seite 43

Zwischentest

1. Nennen Sie einige der Faktoren, von denen das Leistungspotential eines Mitarbeiters abhängt!

   - ....

   - ....

   - ....

   - ....

2. Führen Sie je einen Vor- und Nachteil der zeitabhängigen und der nicht-zeitabhängigen Entlohnung an.

   - Vorteil der zeitabhängigen Entlohnung:

   ....

   - Vorteil der nicht-zeitabhängigen Entlohnung:

   ....

   - Nachteil der zeitabhängigen Entlohnung:

   ....

   - Nachteil der nicht-zeitabhängigen Entlohnung:

   ....

3. Zeichnen Sie bitte den für ein Akkordlohnsystem zutreffenden Verlauf der Lohnkosten/Stück in das folgende Koordinatensystem ein!

   Lohnkosten DM/Stück ↑

   0 → Ausbringungsmenge/Stück

4. Beschreiben Sie den Unterschied zwischen einem Stückakkord- und einem Zeitakkordlohn!

5. Welche Prämienverläufe kennen Sie? Zeichnen Sie sie in das untenstehende Koordinatensystem ein!

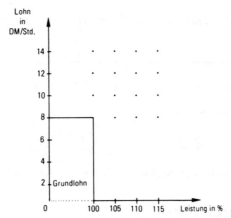

6. Skizzieren Sie kurz die Theorie der Bedürfnisschichten nach Maslow und erörtern Sie, welche Folgerungen daraus für betriebliche Anreizsysteme zu ziehen sind!

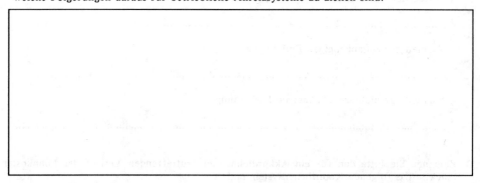

7. Welche Gefahren bringt eine Erfolgsbeteiligung mit sich, die sich allein am mengenmäßigen Produktionsausstoß orientiert?

8. Was versteht man unter einem "Investivlohn"?

ID # K 1/2 – Produktionsfaktoren Teil 2

Produktionsfaktoren

Teil 2: Produktionsfaktor Betriebsmittel
Produktionsfaktor Material (Werkstoffe)

	LE/S.
3. Produktionsfaktor Betriebsmittel	51/47
3.1. Definition	51/47
3.2. Planung des Betriebsmitteleinsatzes	54/53
3.2.1. Planung der Industriebauten	56/57
3.2.2. Planung des innerbetrieblichen Transportsystems	57/59
3.2.3. Planung des Maschinenparks	62/69
3.2.3.1. Größenauslegung der Maschinen	63/71
3.2.3.1.1. Kapazität	63/71
3.2.3.1.2. Größendegression	65/47
3.2.3.2. Betriebstechnische Elastizität	69/55
3.2.3.3. Automationsgrad	71/59
3.2.3.4. Kapazitätspolitik	76/69
3.2.4. Nutzungsdauer und Instandhaltung der Betriebsmittel	77/71
3.2.4.1. Nutzungsdauer der Betriebsmittel	77/71
3.2.4.2. Instandhaltung der Betriebsmittel	80/50
3.2.5. Anpassung an Beschäftigungsschwankungen	86/62
3.2.5.1. Intensitätsmäßige Anpassung	87/64
3.2.5.2. Quantitative Anpassung	88/66
3.2.5.3. Zeitliche Anpassung	90/70
4. Produktionsfaktor Material (Werkstoffe)	92/74
4.1. Definition	92/74
4.2. Minimierung der Materialverluste	94/50
4.2.1. Vermeidbare Materialverluste	94/50
4.2.2. Unvermeidbare Materialverluste	95/52
4.3. Normierung und Typisierung	96/54
4.4. Wertanalyse	100/62
Zwischentest	75
Literaturverzeichnis	77

LE 51

3. Produktionsfaktor Betriebsmittel

3.1. Definition

Unter den Betriebsmitteln versteht man alle Einrichtungen und Anlagen, welche die technischen Voraussetzungen der betrieblichen Leistungserstellung bilden.

Dazu zählen die Maschinen, Werkzeuge, Transport- und Büroeinrichtungen, aber auch Grund und Boden sowie Gebäude der Unternehmung. Häufig werden auch nicht-materielle Güter, wie z. B. Patente und Lizenzen, zu den Betriebsmitteln gezählt.

In der modernen industriellen Produktion gewinnt der Produktionsfaktor Betriebsmittel, vor allem durch den Einsatz stark automatisierter Maschinen und Anlagen, zunehmend an Bedeutung. Ein Indikator ist, daß sich der Kapitaleinsatz je Erwerbstätigen von 1970 bis 1988 ungefähr verdoppelte.

Es kommt also in verstärktem Maß zu einer Ersetzung des Produktionsfaktors ....-................ .... durch den Produktionsfaktor ....

--> LE 52

LE 65

3.2.3.1.2. Größendegression

Unter der Größendegression versteht man das Phänomen, daß bei voller Kapazitätsauslastung größere Kapazitätseinheiten (z. B. Maschinen) im allgemeinen mit niedrigeren Kosten je Leistungseinheit arbeiten als mehrere kleine mit gleicher Gesamtkapazität.

Unter der Voraussetzung der vollen Kapazitätsauslastung gilt, daß *kleine* Maschinen mit .... Stückkosten arbeiten als große Maschinen.

--> LE 66

LE 79

Neben dem Abnutzungsgrad und der Modernität einer Maschine können für die Bestimmung des *optimalen Ersatzzeitpunktes* noch folgende Faktoren von Bedeutung sein:

- die finanzielle Lage des Betriebes,
- bessere Kapitalanlagemöglichkeiten (es kann eventuell zweckmäßig sein, die alte, stark abgenutzte Maschine weiterhin zu verwenden und das freigehaltene Kapital anderswo günstig einzusetzen, statt eine neue Maschine anzuschaffen),
- die Produktplanung (wenn man erwägt, das mit der Maschine hergestellte Erzeugnis aus dem Produktionsprogramm zu nehmen, wird man die Ersatzinvestition zunächst hinauszögern),
- steuerliche Überlegungen sowie Subventionen.

--> LE 80

LE 93

Damit das betriebliche Optimum erreicht wird, genügt es nicht, möglichst wenig Material zu verbrauchen. Es sind hier auch andere Faktoren zu berücksichtigen.

Z. B. wäre es unökonomisch, wenn ein Zuschneider in der Textilindustrie lange probieren würde, nur um wenige Quadratzentimeter Stoff zu sparen, da die aufgewendete Zeit wahrscheinlich mehr kosten würde als das eingesparte Material.

Auch ist es natürlich nicht immer sinnvoll, das billigste Material zu wählen. Denken Sie etwa daran, daß eine billige, aber ungeeignete Stahlqualität zu unnötig niedriger Geschwindigkeit einer Drehbank zwingt.

--> LE 94

menschliche Arbeitsleistung
Betriebsmittel

LE 52

Die Substitution der menschlichen Arbeit durch Betriebsmittel, die durch Weiter- und Neuentwicklungen immer leistungsfähiger werden, bringt entscheidende Vorteile, wie vor allem die Steigerung der Produktivität des Betriebes, aber in Einzelfällen auch große soziale Probleme mit sich. So finden z. B. arbeitsfähige und -willige Menschen in ihren erlernten Berufen oft keine Arbeit mehr.

Ein jüngeres Beispiel sind die grundlegenden Veränderungen im Berufsbild von Druckern und Setzern in Zeitungsverlagen mit computergesteuerten Herstellungsverfahren. Zahlreiche Mitarbeiter mußten dort auf neue Arbeitsinhalte umgeschult werden.

In der Automobil- und Flugzeugindustrie gibt es inzwischen erste Fertigungshallen, die schon fast menschenleer sind und in denen Robotern viele Aufgaben übertragen werden. In der Bundesrepublik entwickelte sich die Halle 54 von VW zum Mekka der Automatisierer.

--> LE 53

---

höheren

LE 66

Durch das Phänomen der *Größendegression* ist also die Großmaschine gegenüber der Kleinmaschine ausgezeichnet.

Nehmen wir nun folgendes an:

Ein mittlerer Betrieb steht vor der Anschaffung einer neuen Maschine. Zur Auswahl stehen eine Großmaschine sowie eine Reihe kleinerer Maschinen. Die kleinen Maschinen haben die gleiche Gesamtkapazität wie die Großmaschine. Der Betrieb bearbeitet viele kleinere Kundenaufträge, die hinsichtlich der Art und der Qualität unterschiedlich sind.

Würden Sie die kleinen Maschinen oder die Großmaschine kaufen?

- Kleine Maschinen   --> LE 67

- Großmaschine   --> LE 68
                      Seite 53

LE 80

3.2.4.2. Instandhaltung der Betriebsmittel

"Zu Großvaters Zeiten" genügte es, die Maschinen in Gang zu setzen, ein bißchen zu warten und zu pflegen und nach einem zufälligen Ausfall zu reparieren und wieder in Gang zu setzen usw.

Bei einer Produktion mit stark automatisierten und integrierten Anlagen kann der Ausfall eines Teiles viel nachteiligere Folgen für den Betrieb haben als bei einer Produktion mit isoliert arbeitenden Maschinen.

Deshalb sind vor allem bei automatisierten Anlagen vorbeugende, geplante Instandhaltungsmaßnahmen vorteilhaft, wenn nicht gar notwendig.

--> LE 81

LE 94

4.2. Minimierung der Materialverluste

Materialverluste sind teilweise vermeidbar und teilweise unvermeidbar.

4.2.1. Vermeidbare Materialverluste

Materialverluste lassen sich insbesondere durch die Verwendung von qualitativ besserem Material sowie durch die Verringerung von Bearbeitungsfehlern reduzieren.

Welches der beiden Lohnsysteme eignet sich für eine Verminderung der Bearbeitungsfehler besonders gut?

- Prämienlohn   ....

- Akkordlohn   ....

(In LE 38, S. 18 haben wir festgestellt, welches Lohnsystem sich bei besonderen qualitativen Leistungen eignet.)

--> LE 95

LE 53

In anderen Bereichen haben Maschinen es ermöglicht, daß der arbeitende Mensch von schweren oder gefährlichen bzw. monotonen Aufgaben entlastet wurde.

Denken Sie beispielsweise an Roboter, die Reparaturarbeiten im Innern von Kernkraftwerken übernehmen oder in der Automobilindustrie Lackierarbeiten ausführen. (Diese Arbeiten waren für die früher damit beschäftigten Menschen mit erheblichen gesundheitlichen Gefahren verbunden.) Oder im Verwaltungsbereich: Welche Sekretärin würde noch gerne Abschriften anstelle von Fotokopien anfertigen?

In vielen Betrieben übersteigen heute die Kosten für Betriebsmittel jene für menschliche Arbeitsleistung und Material schon beträchtlich.

Deshalb muß die Unternehmensführung der *Planung des Betriebsmitteleinsatzes* besondere Aufmerksamkeit schenken.

--> LE 54

LE 67

Sie haben recht! Bei der Art der beschriebenen Aufträge muß für eine Großmaschine das Verhältnis von Arbeitszeit zu Umrüstzeit (das ist jene Zeit, in der die Maschine von der Bearbeitung eines Stückes für die Bearbeitung des nachfolgenden umgerüstet wird) ungünstiger sein als für kleine Maschinen, da während der Umrüstzeit der Großmaschine jedesmal die gesamte Kapazität ungenutzt bleibt, während bei mehreren kleinen Maschinen jeweils nur ein Teil ausfällt.

Moderne fertigungstechnische Methoden führen allerdings dazu, daß die Rüstzeiten vermindert werden. Beispielsweise ist es vielfach schon möglich, moderne Maschinen für das nächste Werkstück zu rüsten, während sie noch ein anderes bearbeiten.

Die Folgen eines Maschinenschadens bei einer Reihe von kleineren Aggregaten sind nicht so gravierend, wie dies bei der Großmaschine der Fall ist.

--> LE 69
Seite 55

LE 81

Die Instandhaltungsplanung hat u. a. die Aufgabe, die richtige Zahl der geplanten Maßnahmen innerhalb eines Zeitraumes oder, mit anderen Worten, die optimalen *Instandhaltungsintervalle* zu bestimmen. Diese Intervalle werden unter Berücksichtigung der Kosten für die geplanten Maßnahmen und der Kosten für die ungeplanten Reparaturen (Zufallsreparaturen) bemessen.

Sieht man wenige Planmaßnahmen vor (bzw. macht die Intervalle groß), so kann man die Gesamtkosten der Vorbeugung senken.

Was wird jedoch wahrscheinlich eintreffen?

....

....

--> LE 82

Prämienlohn

LE 95

4.2.2. Unvermeidbare Materialverluste

Bei den *Materialabfällen* handelt es sich um Reste, die in speziellen Produktionsbetrieben unvermeidlich entstehen, z. B. Stanzstreifen, Stangenabfälle, Lederreste. Um diese Abfälle möglichst gering zu halten, setzt man mathematische Planungsverfahren zur Verschnittminimierung ein, die zum Teil mit sehr komplizierten Algorithmen arbeiten.

Weitere Methoden zur *Minimierung der Materialkosten* behandeln wir im folgenden Abschnitt "Normierung und Typisierung".

--> LE 96

LE 54

3.2. Planung des Betriebsmitteleinsatzes

Bei der Planung, die den optimalen Betriebsmitteleinsatz zum Ziel hat, muß die Unternehmensführung zahlreiche *Entscheidungen* treffen, z. B. über die zweckmäßigste Architektur der Werkshallen, über die optimale Zusammenstellung des Maschinenparks, über den kostengünstigsten Einsatz der Transportmittel.

Nehmen wir an, in einer Unternehmung wurde für die Lösung der einzelnen Probleme je ein Arbeitsteam eingesetzt. Enttäuscht stellt man fest, daß eine optimale Produktivität nicht erreicht wird, obwohl jedes Team seine Aufgabe bestens lösen konnte.

Worauf könnte dies Ihrer Meinung nach zurückzuführen sein?

....

....

--> LE 55

LE 68

Wir können nicht mit Ihnen übereinstimmen!

Bei der Art der beschriebenen Aufträge muß für eine Großmaschine das Verhältnis von Arbeitszeit zu Umrüstzeit (das ist jene Zeit, in der die Maschine von der Bearbeitung eines Stückes für die Bearbeitung des nachfolgenden umgerüstet wird) ungünstiger sein als für kleine Maschinen, da während der Umrüstzeit der Großmaschine jedesmal die gesamte Kapazität ungenutzt bleibt, während bei mehreren kleinen Maschinen jeweils nur ein Teil ausfällt.

Moderne fertigungstechnische Methoden führen allerdings dazu, daß die Rüstzeiten vermindert werden. Beispielsweise ist es vielfach schon möglich, moderne Maschinen für das nächste Werkstück zu rüsten, während sie noch ein anderes bearbeiten.

Die Folgen eines Maschinenschadens bei einer Reihe von kleineren Aggregaten sind nicht so gravierend, wie dies bei der Großmaschine der Fall ist.

--> LE 69

Sinngemäß: Man wird häufig durch Zufallsausfälle überrascht und hat Kosten zu deren Behebung aufzuwenden.

LE 82

Sieht man andererseits zuviel Planmaßnahmen vor (bzw. macht die Intervalle zu klein), so werden deren Kosten hoch, dafür wird man aber Zufallsreparaturen und deren Kosten weitgehend vermeiden können.

Die Kosten der Planmaßnahmen zuzüglich der Kosten der nicht geplanten, zufälligen Reparaturen ergeben die *gesamten Instandhaltungskosten*.

Das *optimale Instandhaltungsintervall* ist erreicht, wenn die gesamten Instandhaltungskosten ein .... annehmen.

--> LE 83

LE 96

4.3. Normierung und Typisierung

Der Produktionsprozeß kann durch Verwendung von genormtem Material stark *rationalisiert* werden.

So ist fast alles kleine Fertigungsmaterial, das in der Industrie täglich gebraucht wird, hinsichtlich der *Abmessungen* und *Qualitäten vereinheitlicht*, d. h. *genormt*. Beispiele dafür sind: Nieten, Schrauben, Muttern, Ventile.

Genormt sind ferner auch Zusammensetzungen von Rohstoffen wie Kupferlegierungen, Weißmetall usw.

Warum ist es vorteilhaft, wenn man es in der Materialwirtschaft mit weniger Teilen zu tun hat?

....

....

--> LE 97

Sinngemäß: Es wurde nicht beachtet, daß die Entscheidungsprobleme in Beziehung zueinander stehen und daher nicht isoliert (jedes Problem für sich) gelöst werden dürfen.

LE 55

Löst man nämlich die Probleme *isoliert*, können wohl einzelne Suboptima erreicht (d. h., jedes Teilproblem wird für sich allein optimal gelöst), das Gesamtoptimum kann dabei allerdings verfehlt werden.

Beispiel: Um Grundstückskosten einzusparen, wird ein höherer Bau vorgezogen, der aber erhöhte Kosten für den vertikalen Transport verlangt.

In der Folge wollen wir aus der Vielzahl der Probleme einige herausgreifen.

--> LE 56

LE 69

3.2.3.2. Betriebstechnische Elastizität

Elastizität weist eine Maschine dann auf, wenn ihr quantitatives und qualitatives Leistungsvermögen an Änderungen der Absatz- und Produktionsverhältnisse des Betriebes angepaßt werden kann.

Elastizität ist daher vorteilhaft in bezug auf:

- die Kapazitätserweiterung oder -einschränkung,
- das Qualitätsspektrum (Produkte mit verschiedenen Qualitätsgraden),
- die Möglichkeit der Herstellung heterogener Produkte.

Meinen Sie, daß automatisierte Anlagen einen hohen Grad an betriebstechnischer Elastizität aufweisen?

....

Vergleichen Sie bitte mit der nächsten Lerneinheit!

--> LE 70

Minimum

LE 83

Die Bestimmung eines günstigen Wartungsintervalles ist nicht die einzige Aufgabe bei der Ausarbeitung einer Instandhaltungsplanung. Beispielsweise ist auch festzulegen, welche Teile vorbeugend *miteinander* ausgewechselt werden sollen. Tauscht man beispielsweise nach einer bestimmten Fahrleistung die Lager eines Motors aus, so kann es sich empfehlen, bei der gleichen Instandhaltungsmaßnahme auch die Kolbenringe zu wechseln und die Zylinder zu schleifen. Man ergreift die Gelegenheit (opportunity), daß der Motor ohnehin aus dem Fahrzeug ausgebaut und auseinandergenommen werden muß, um mehrere Vorbeugungsmaßnahmen miteinander durchzuführen, und spricht deshalb von einer opportunistischen Strategie.

--> **LE 84**

Sinngemäß: Es müssen weniger Teilebestände überwacht und verbucht werden; man kann in größeren Mengen bestellen; man hat weniger Verhandlungen mit Lieferanten.

LE 97

Eine Rationalisierung strebt man auch durch die *Typisierung* an.

Unter *Typisierung* versteht man die Rückführung der *Vielzahl* von Ausführungsformen auf .... Endprodukte.

--> **LE 98**

LE 56

3.2.1. Planung der Industriebauten

Die wichtigsten Einteilungen von Industriebauten trifft man danach, ob

- die Bauten ein- oder mehrgeschossig sind,
- die Bauten vorwiegend aus Holz, Stein oder Stahlbeton konstruiert sind ("Konstruktionstypen"),
- der Gesamtbetrieb aus einem oder mehreren Gebäuden besteht.

Verknappungserscheinungen und Preiserhöhungen bei Grundstücken in industriellen Ballungsräumen haben dazu geführt, daß immer mehr "in die Höhe" gebaut wurde. Charakteristisch hierfür sind Hochregallager, riesige quaderförmige Gebäude, in denen in zahlreichen Stockwerken fast jeder Kubikmeter für die eigentlichen Lagerzwecke ausgenutzt wird.

Diese Entwicklungen wurden durch hochautomatisierte, elektronisch gesteuerte Fördermittel bzw. durch neue Werkstoffe, die den Bau von leichten und schwingungsarmen Maschinen erlauben, möglich.

--> LE 57

LE 70

Die Frage ist nicht einfach zu beantworten.

Im allgemeinen sind hochautomatisierte Maschinen weniger elastisch. Eine solche Anlage kann oft nur durch kostspielige Umbauten veränderten Verhältnissen angepaßt werden.

Andererseits beobachtet man einen Trend dahin, Maschinen unter Zuhilfenahme flexibel programmierbarer Kleinrechner besonders anpassungsfähig zu machen. Hierher gehören insbesondere die Flexiblen Fertigungssysteme (vgl. LE 74, S. 65). Die Umstellung auf ein neues Produkt beschränkt sich dabei im wesentlichen darauf, daß man den Automaten mit einem anderen Programm oder gar nur mit anderen Daten versieht. Die Flexibilität geht soweit, daß Fachleute für die Zukunft Konzepte sehen, bei denen der Produktionssektor aus einem Industrieunternehmen ausgegliedert wird. Die Produktion ganz unterschiedlicher Betriebe findet dann in Gemeinschaftseinrichtungen, vergleichbar einem Dienstleistungsrechenzentrum, statt.

--> LE 71

LE 84

Eine mehr grundsätzliche Frage: Welche der folgenden Voraussetzungen müssen Ihrer Meinung nach gegeben sein, damit man sich überhaupt zu Vorbeugungsmaßnahmen entscheidet?

A) Die Vorbeugungsaktionen müssen im Durchschnitt kostengünstiger sein als die Zufallsreparaturen.

B) Die Wahrscheinlichkeit, daß ein neu eingebautes Teil bei seiner ersten Inbetriebnahme zerstört wird (z. B. Kurzschluß bei einem elektrischen Teilaggregat), muß hoch sein.

C) Das Betriebsmittel wird mit zunehmender Nutzungsdauer ausfallanfälliger.

D) Die Vorbeugungsmaßnahme muß mit hoher Wahrscheinlichkeit zu einer Verbesserung des Anlagenzustandes führen.

Voraussetzungen: ....

--> LE 85

---

wenige (Endprodukte)

LE 98

Die Bestimmungen über die *Normen* und *Typen* werden in Gemeinschaftsarbeit der beteiligten Unternehmungen festgelegt. Außer Normen, die auf offiziellen Wegen verabschiedet werden, bilden sich oft sogenannte De-facto-Normen, auch Industriestandards genannt, heraus.

Beispielsweise unterliegen Softwarehersteller einem starken Zwang, ihre Produkte so zu schreiben, daß sie auf den Computern des Marktführers verarbeitet werden können. Andere Gerätehersteller müssen dann wieder ihre Maschinen so konstruieren, daß die meisten Programme darauf ablaufen können, wodurch sie sich automatisch an die Hardware des Marktführers annähern.

Wenn mehrere Hersteller von Elektrogeräten übereinkommen, Kühlschränke nur noch mit einheitlichen technischen Daten zu produzieren, handelt es sich um

- Normierung   ....
- Typisierung   ....

--> LE 99

LE 57

3.2.2. Planung des innerbetrieblichen Transportsystems

Heute stehen für die Transporte innerhalb des Betriebes die vielfältigsten Transportmittel zur Verfügung, z. B. Gabelstapler, Elektrokarren, Rollenbahnen, Krane. Interessante Rationalisierungserfolge erreicht man mit "Fahrerlosen Transportsystemen" (FTS). Die Fahrzeuge werden mit Hilfe von in den Boden eingelassenen Induktionsschleifen oder mit automatisch erzeugten Funksignalen zum Ziel gelenkt.

Der Unternehmensführung stellt sich die Aufgabe, die in technischer und wirtschaftlicher Hinsicht geeigneten Transportmittel auszuwählen und die Transportwege günstig zu führen.

--> LE 58

LE 71

3.2.3.3. Automationsgrad

Bisher klassifizierte man sehr grob. So wurden auf dem Weg von unseren Urvätern, die alles mit bloßen Händen erarbeiteten, zur vollautomatischen Fabrik die folgenden Zwischenstufen unterschieden:

- Mensch mit Werkzeug,
- Mechanisch bediente Maschine, die *ein* Bearbeitungsverfahren unterstützt.

Wenn die "klassische" Maschine für einen neuen Arbeitsgang bzw. ein neues Werkstück vorbereitet (gerüstet) wird, steht sie still.

Das Zusammenwachsen von Maschinenbau und Informationstechnik läßt eine weitere begriffliche Differenzierung geraten erscheinen.

--> LE 72

A, C und D

LE 85

Die Bedingung A ist in der Industrie sehr oft erfüllt, weil der Ausfall eines Aggregates vielfache Auswirkungen auf andere Anlagen haben kann, z. B. wenn dadurch Stauungen von Aufträgen entstehen, die später zu Überlastungserscheinungen an anderen Anlagen führen.

Um die Bedingung D steht es schon schlechter. Denken Sie etwa an den zuweilen gehörten Rat, man solle vor einer großen Urlaubsreise sein Auto nicht zur Inspektion fahren, weil man sonst wegen der in der Werkstatt begangenen Fehler im Urlaub liegenbleibe.

Gilt Voraussetzung B, so verbietet sich eine Vorbeugungsaktion geradezu. Oder würden Sie eine funktionierende Leuchtstoffröhre auswechseln, wenn die Wahrscheinlichkeit hoch ist, daß die neue im Augenblick der Inbetriebnahme explodiert?

Leider kann man gerade Teile mit solchen "Lebensdauercharakteristiken" vorher nicht testen. Ein besonders vorsichtiger Zeitgenosse pflegte stets vor dem Fotografieren seine Blitzlichtbirnchen auf Funktionsfähigkeit zu prüfen.

--> LE 86

Typisierung

LE 99

Durch entsprechende Vereinbarungen können sich Konkurrenten zu Normierungs- und Typisierungskartellen[1] zusammenschließen.

Normierung und *Typisierung* bezwecken eine rationellere Produktion, wirken sich aber dann nachteilig aus, wenn an den Normen und Typen festgehalten wird, obwohl die technische Entwicklung schon fortgeschritten ist, oder wenn zu einem Zeitpunkt genormt und typisiert wird, an dem die Werkstoffe und Produkte noch nicht genügend ausgereift sind. Es ergibt sich daher das Problem des optimalen Normierungs- bzw. Typisierungszeitpunktes.

---

1 Kartelle werden im Kapitel "Unternehmenszusammenschlüsse" behandelt.

--> LE 100

LE 58

Mit der Minimierung der gesamten Transportkosten ist das optimale innerbetriebliche Transportsystem gegeben.

Ist diese Feststellung richtig?

- Ja   --> LE 59

- Nein --> LE 60
        Seite 65

LE 72

Wir skizzieren Ihnen nun einige Beispiele von modernen Betriebsmitteln:

1. *NC-Maschine*: Sie wird durch ein Programm gesteuert, das im wesentlichen Koordinatenwerte (z. B. den Mittelpunkt und den Durchmesser einer Bohrung) in Form von Zahlenfolgen vorgibt (NC = numerical control). Sehr häufig sind Werkzeug- und Werkstückspeicher integriert, so daß teilweise automatisch Werkstücke zugeführt und Werkzeuge gewechselt werden können, ohne daß die Maschine stillsteht.

2. *DNC-Maschine*: Während bei der gewöhnlichen NC-Maschine das Programm auf einem physischen Datenträger (z. B. Lochstreifen, Magnetband) zur Maschine gebracht wird, ist die DNC-Maschine - evtl. zusammen mit mehreren gleichartigen Geräten - mit einem Rechner verbunden, der die benötigten Programme bei Bedarf über die Leitung in die Maschine lädt (DNC = direct numerical control).

--> LE 73

LE 86

3.2.5. Anpassung an Beschäftigungsschwankungen

Die Absatzverhältnisse des Betriebes können sich dahingehend ändern, daß die mengenmäßige Ausbringung erhöht oder vermindert werden muß.

Dies hat Änderungen des Beschäftigungsstandes, der Kapazitätsausnutzung zur Folge. Der Betrieb kann sich an diese Beschäftigungsschwankungen anpassen. Gutenberg unterscheidet im Hinblick auf die Betriebsmittel folgende Anpassungsformen[1]:

- intensitätsmäßige Anpassung,
- quantitative Anpassung,
- selektive Anpassung,
- zeitliche Anpassung.

---

[1] Vgl. Gutenberg, LV 8.

--> LE 87

LE 100

4.4. Wertanalyse

Bei der Durchführung der Wertanalyse wird *planmäßig* versucht, die *Kosten* von Erzeugnissen zu *senken*, wobei die Materialkosten meist im Zentrum der Bemühungen stehen.

Vielfach gelingt eine Kostensenkung dadurch, daß ein Werkstoff durch einen anderen ersetzt, z. B. Kunststoff statt Stahl verwendet wird.

Wesentlich ist aber, daß die Funktionsfähigkeit des Produktes nicht beeinträchtigt wird, mit anderen Worten: Der *Gebrauchswert* darf *nicht absinken*. Oft wird auch verlangt, daß der *Prestigewert* des Produktes nicht leiden darf. Aus der Wertanalyse hat man eine Gemeinkostenwertanalyse (GWA) abgeleitet. Sie hat die Kostensenkung in der Verwaltung zum Ziel und daher kaum Bezug zum Produktionsfaktor Material.

Versuchen Sie, die drei Merkmale der Wertanalyse anzuführen!

- ....

- ....

- ....

--> LE 101

LE 59

Sie haben sich nicht richtig "eingeordnet"!

Die folgenden beiden Beispiele sollen Ihnen zeigen, daß es im Sinne eines Gesamtoptimums nicht genügt, nur die Transportkosten zu minimieren.

- Schnellere, aber teurere Krane verhindern Leerzeiten von Fertigungsaggregaten. Den höheren Transportkosten stehen in diesem Fall niedrigere Fertigungskosten gegenüber.

- Oftmals kann man durch höhere Transportkosten Baukosten sparen.

--> **LE 62**
Seite 69

LE 73

3. *CNC-Maschine*: Während die "reinrassige" DNC-Maschine von der "Intelligenz" eines separaten Computers abhängig ist, verfügt die CNC-Maschine über einen eigenen Prozessor; sie ist daher "selbständig" (CNC = computerized numerical control).

4. *Bearbeitungszentrum*: Im Gegensatz zu den auf spezielle Funktionen angelegten NC-, DNC- und CNC-Maschinen werden in einem Bearbeitungszentrum mehrere unterschiedliche Bearbeitungsvorgänge (z. B. Bohren, Drehen, Fräsen, Gewindeschneiden) integriert. Der Werkzeug- und Werkstückwechsel geschehen automatisch, so daß die Rüstzeiten minimal werden.

--> **LE 74**

LE 87

3.2.5.1. Intensitätsmäßige Anpassung

Bei der intensitätsmäßigen Anpassung wird die Prozeßgeschwindigkeit variiert.

Diese Art der Anpassung findet sich vor allem in Industriezweigen, deren Produktion ein geschlossenes System stark verbundener technischer Anlagen erfordert.

Beispiel:

Die intensitätsmäßige Anpassung spielt vor allem in der Prozeßindustrie (z. B. Stahl, Glas, Chemie) eine Rolle. In den für die dortige Fertigung charakteristischen großen und leistungsstarken Schmelzöfen treten nach völliger Abkühlung ebenso wie nach der Erhitzung "von Null beginnend" beispielsweise Risse an den Ausmauerungen und andere unerwünschte Folgen der starken Temperaturdifferenzen auf. Das "Hochfahren" des Ofens nach völliger Stillegung dauert oft Tage und verursacht sehr hohe Energiekosten.

Folglich läßt man das Aggregat auch bei schlechter Auftragslage in Betrieb und regelt den Durchsatz über die Veränderung der Zeit, in der sich die Produkte im Ofen befinden (z. B. Garungszeit), oder über die Variation der Brennstoffmenge.

Ähnliches gilt für die Fraktionierkolonnen der Mineralölindustrie.

--> **LE 88**

- Planmäßige Vorgehensweise
- Kostensenkung
- Kein Absinken des Gebrauchswertes (und Prestigewertes)

LE 101

Das Ziel der Wertanalyse kann vor allem, wie erwähnt, durch Verwendung anderer Materialien erreicht werden, ferner durch Änderung der Konstruktion (etwa indem man großzügigere Toleranzen zuläßt, schwer herzustellende Formen vereinfacht oder Funktionen mehrerer Bauteile auf ein Teil vereinigt) oder auch durch Änderung des Produktionsprozesses.

--> **LE 102**

LE 60

Ihre Antwort ist richtig!

Führen Sie ein Beispiel für den Fall an, daß zwar ein Suboptimum (Transportkostenoptimum) erreicht wird, nicht aber ein Gesamtoptimum!

....

....

Gehen Sie bitte weiter zu LE 61, und durchdenken Sie auch unsere Beispiele!

--> LE 61

LE 74

5. *Flexible Fertigungszelle (FFZ)*: Wir können sie uns als Kombination eines Bearbeitungszentrums mit Handhabungselementen (z. B. Einsatz eines Roboters) vorstellen, wobei letztere die automatische Zu- und Abführung unterschiedlicher Werkstücke besorgen. Das Adjektiv "flexibel" soll zum Ausdruck bringen, daß ganz verschiedene Aufträge "durcheinander" gefertigt werden können, wobei hierzu lediglich die entsprechenden Programme in den Maschinen bzw. Handhabungsgeräten "umgeladen" werden.

6. *Flexibles Fertigungssystem*: ein Flexibles Fertigungssystem (FFS) hat man sich als Kombination flexibler Fertigungszellen vorzustellen, wobei ein zentrales Steuerungssystem für den automatischen Transport zwischen den Bearbeitungsstationen sorgt.

--> LE 75

LE 88

3.2.5.2. Quantitative Anpassung

Diese Form der Anpassung kommt bei einer Produktion mit mehreren gleichartigen, isoliert arbeitenden Maschinen am ehesten in Frage. Je nach Beschäftigungslage können einzelne Maschinen stillgelegt oder wieder in Betrieb genommen werden.

Eine Sonderform der quantitativen Anpassung ist die selektive Anpassung. Geht die Beschäftigung des Betriebes zurück und paßt sich der Betrieb an, dann werden zuerst die stark abgenutzten und unmodernen Maschinen stillgelegt.

--> LE 89

LE 102

Ein Beispiel soll das Wesen der Wertanalyse verdeutlichen:

Produkt: Pkw
Teil: Frontziergitter
Funktion: Motor abdecken, Lüftung ermöglichen, Aussehen verbessern

Maßnahmen:

Das Frontziergitter des Wagens konnte aus technischen Gründen in Länge und Breite nicht geändert werden. Auch war - aus Verkaufsgründen - eine optische Änderung nicht erwünscht. Durch Reduktion der Blechstärke von 1,5 mm auf 1,2 mm konnte man allen Anforderungen gerecht werden.

Diese Maßnahme ergab Einsparungen von jährlich rund 300.000,- DM.

--> LE 103

LE 61

Die folgenden beiden Beispiele sollen zeigen, warum mit der Minimierung der gesamten Transportkosten meist noch kein optimales innerbetriebliches Transportsystem gegeben ist:

- Schnellere, aber teurere Krane verhindern Leerzeiten von Fertigungsaggregaten. Den höheren Transportkosten stehen in diesem Fall niedrigere Fertigungskosten gegenüber.

- Oftmals kann man durch höhere Transportkosten Baukosten sparen.

--> LE 62

LE 75

Es ist oft nicht leicht, das Optimum bezüglich Anzahl und Leistungsvermögen der Betriebsmittel zu finden. Die in Zeiten der Hochkonjunktur unter Aspekten der Größendegression angeschafften Großanlagen sind in absatzschwächeren Zeiten eine Last. Der größte Hochofen der Welt, die größte Warmbreitbandstraße der Welt - der einstige Stolz ist dem Risikobewußtsein gewichen. Dies gilt z. B. auch für die Werften, die einst für den Bau von Mammut-Tankern umgerüstet wurden. Die Weser AG in Bremen soll an dieser Problematik zugrunde gegangen sein. Heute nimmt man vielerorts Abschied von der "Gigantomanie" und gewisse Kostennachteile in Kauf, um sich die notwendige Beweglichkeit zu erhalten.

--> LE 76

LE 89

Eine Folge dieser Vorgehensweise kann sein, daß sich die Anzahl der in Betrieb befindlichen Maschinen z. B. um 20 % reduziert, während die Produktion vielleicht nur um 5 % sinkt.

Selektive Anpassung gibt es übrigens auch im Bereich der *Personalpolitik*: In Krisenzeiten wird man versuchen, die fähigsten Mitarbeiter auf alle Fälle zu behalten und die weniger qualifizierten zuerst zu entlassen. Eine Verminderung der Personalstärke um einen bestimmten Prozentsatz führt deshalb oft zu einem wesentlich geringeren Prozentsatz an Leistungsminderung, zumal sich viele Mitarbeiter in Krisenzeiten überdurchschnittlich anstrengen.

--> LE 90

LE 103

Methodisch hat man bei der Wertanalyse ein Dilemma zu lösen: Einerseits haben wesentliche Erfolge der Wertanalyse ihren Ursprung in unkonventionellen Ideen, auf die oft die- oder derjenige nicht kommt, die oder der schon lange im Betrieb arbeitet und sich so an die vorhandene Lösung gewöhnt hat, daß sie/er sich kaum noch etwas anderes vorstellen kann ("Betriebsblindheit"). Ausgangspunkt solcher unkonventioneller Ideen ist manchmal gerade die sprichwörtliche "dumme Frage".

So erzählt man sich, daß man in einem großen deutschen Unternehmen des Fahrzeugbaus hohe Kosten aufwandte, um bei bestimmten Maschinen regelmäßig die Metallsiebe zu reinigen, die als Ölfilter dienten. Eines Tages kommentierte ein Schulmädchen bei einer Betriebsbesichtigung, daß dies doch mit Muttis Kaffeefilter viel bequemer sei. Das war die Geburtsstunde der Idee, die Metallsiebe durch Papierfilter zu ersetzen, die man wegwerfen konnte und nicht mühsam zu reinigen brauchte.

Andererseits kann man in der Praxis auch nicht beliebig warten, bis irgend jemand durch Zufall kreativ wird. Man kann daher nicht auf jede Systematik bei der Wertanalyse verzichten, auch wenn man Gefahr läuft, durch zuviel Systematik die Kreativität zu töten.

--> LE 104

LE 62

3.2.3. Planung des Maschinenparks

Ein interessierter Besucher von Industriebetrieben wird in den Werkshallen verschiedenste Maschinen vorfinden: Maschinen mit kleiner und großer Leistung, vielseitig anwendbare Universalmaschinen, Spezialmaschinen, die sich nur für einen oder ganz wenige Arbeitsgänge verwenden lassen, hoch automatisierte und weitgehend manuell gesteuerte Anlagen, aber auch Maschinen, die zeitweilig nicht in Betrieb sind.

Fragt man sich, welche betriebswirtschaftlichen Probleme sich bei der Zusammensetzung des Maschinenparks ergeben, so sind es hauptsächlich folgende:

- Größenauslegung der Maschinen,
- betriebstechnische Elastizität,
- Automationsgrad,
- Kapazitätspolitik.

--> LE 63

LE 76

3.2.3.4. Kapazitätspolitik

Sie fragen sich vielleicht, welches Ziel mit den im laufenden Produktionsprozeß nicht eingesetzten Maschinen verfolgt wird.

Solche Maschinen stehen als *Reservekapazität* des Betriebes in Bereitschaft. Reservekapazität besitzen auch eingesetzte, aber nicht mit Vollast laufende Maschinen.

Durch große Reservekapazitäten wird gewährleistet, daß der Betrieb Kundenaufträge innerhalb kurzer Fristen erledigen kann, also kurze Lieferzeiten hat.

Ferner ergibt sich eine erhöhte Betriebsbereitschaft, da im Falle eines plötzlichen Maschinenausfalles sofort Reservemaschinen eingesetzt werden können.

Worin besteht jedoch der Nachteil einer großen Reservekapazität?

....

--> LE 77

LE 90

3.2.5.3. Zeitliche Anpassung

In vielen Betrieben besteht die Möglichkeit, sich an Änderungen der Beschäftigung durch Variation der Beschäftigungszeit anzupassen.

Führen Sie einige dieser Möglichkeiten an!

- ....
- ....
- ....

--> LE 91

LE 104

Ein wichtiges Hilfsmittel zur systematischen Vorgehensweise im Rahmen der Wertanalyse stellen *Checklisten* dar. Dabei handelt es sich um Sammlungen von Prüffragen, bei deren Beantwortung man weitgehend frei ist. Das Durcharbeiten des gesamten Kataloges führt jedoch zu einem gewissen planmäßigen Vorgehen.

Hier einige ausgewählte Fragen aus einer Checkliste für Wertanalytiker:

1. Wie alt ist das zu analysierende Teil?
2. Bietet die Konkurrenz das Teil billiger an?
3. Aus wievielen Einzelteilen besteht die Baugruppe bzw. das Erzeugnis?
4. Kann man die Dimensionen reduzieren?
5. Kann ein anderer Rohstoff verwendet werden, z. B. Kunststoff statt Stahl?
6. Können die Fertigungstoleranzen erweitert werden?
7. Können komplizierte Formen durch einfachere ersetzt werden?

Die Fragen 1 bis 3 dienen vorwiegend zur Auswahl der zuerst zu analysierenden Teile. Hingegen zielen die Fragen 4 bis 7 auf die Suche nach Kostensenkungsmaßnahmen, also auf die wertanalytische Arbeit im engeren Sinn.

Bitte versuchen Sie, die Fragen 1 bis 3 näher zu begründen!

Frage 1: ....

Frage 2: ....

Frage 3: ....

Vergleichen Sie bitte Ihre Antworten mit LE 105!

--> LE 105

LE 63

3.2.3.1. Größenauslegung der Maschinen

3.2.3.1.1. Kapazität

Jede Maschine ist aufgrund ihrer technischen Eigenschaften geeignet, in einer Zeitspanne eine bestimmte Menge von Leistungen mit einer bestimmten Qualität abzugeben. Dieses Leistungsvermögen bezeichnet man als *Kapazität*.

Kurz ausgedrückt steht der Begriff Kapazität für:

....

--> LE 64

Hohe Kosten, da auch stillstehende Maschinen eine entsprechende Wartung benötigen, Kapital binden, Raum belegen und der Wertminderung unterliegen.

LE 77

3.2.4. Nutzungsdauer und Instandhaltung der Betriebsmittel

3.2.4.1. Nutzungsdauer der Betriebsmittel

Eine Maschine kann nur über einen begrenzten Zeitraum genutzt werden. Am Ende der Nutzungszeit steigen die Reparaturkosten immer mehr an, weshalb es ab einem bestimmten Zeitpunkt wirtschaftlich von Nachteil ist, die Maschine weiterhin zu nutzen, obwohl dies technisch möglich wäre. Es wird notwendig, die Maschine zu ersetzen.

Man unterscheidet:

- .... Nutzungsdauer: Sie ist die Zeitspanne, in der es wirtschaftlich sinnvoll ist, eine Maschine zu nutzen.

- .... Nutzungsdauer: Sie ist die Zeitspanne, in der die Maschine aufgrund ihrer technischen Eigenschaften nutzbar ist.

--> LE 78

Z. B.: - Kurzarbeit
- zusätzliche Schichten
- Überstunden

LE 91

Kurzarbeit ist für den Arbeitnehmer insofern vorteilhaft, als ihm die dadurch entstehende Lohn- bzw. Gehaltsminderung teilweise von der Bundesanstalt für Arbeit erstattet wird. Für den Arbeitgeber hat Kurzarbeit den Vorteil, daß es ihm bei vorübergehenden Beschäftigungsschwierigkeiten erspart bleibt, Mitarbeiter entlassen zu müssen, die er später in einer günstigeren Konjunkturlage dringend braucht. Allerdings kann Kurzarbeit nur aus zwingenden Gründen und auch dann nur vorübergehend eingeführt werden.

Überstunden können auf den Widerstand der Arbeitnehmerorganisationen stoßen, wenn Arbeitslosigkeit herrscht und der Unternehmer durch eine große Zahl von Überstunden die Neueinstellung von Personal vermeiden will.

--> LE 92

LE 105

Wenn ein Teil schon alt ist, besteht eine große Wahrscheinlichkeit, daß es inzwischen Möglichkeiten gibt, es kostengünstiger zu gestalten, als es bei seiner Konstruktion der Fall war (Frage 1).

Bietet ein Konkurrenzunternehmen ein Erzeugnis zu einem niedrigen Preis an, so ist die Vermutung naheliegend, daß es über wirtschaftlichere Herstellungsmethoden verfügt, die es aufzufinden und eventuell nachzuahmen gilt (Frage 2).

Die Frage 3 trägt der Erfahrung Rechnung, daß Produkte und Baugruppen, die aus besonders vielen Teilen bestehen, überdurchschnittlich viele Chancen zur Verbesserung bieten. Man muß nur konsequent nach Wegen zur Verminderung der Teilezahl suchen.

Kommentieren Sie nun noch die Prüffrage 6 aus LE 104:

....

....

Vergleichen Sie bitte Ihre Antwort mit LE 106!

--> LE 106

das quantitative und qualitative Leistungsvermögen je Zeiteinheit

LE 64

Für den Betriebswirt ist weniger die Kapazität der einzelnen Maschinen als vielmehr die des Betriebes als Ganzem interessant.

Die im Produktionsprozeß zusammengehörenden Maschinen müssen hinsichtlich ihrer Kapazität aufeinander *abgestimmt* werden, da Maschinen mit kleiner Kapazität zu Engpässen werden und hohe Kapazitäten an anderen Stellen wertlos machen können.

--> **LE 65**
Seite 47

---

wirtschaftliche
technische

LE 78

Durch neue Entwicklungen "veralten" selbst wenig abgenutzte Maschinen, weil *moderne* im allgemeinen kostengünstiger arbeiten.

Am Ende der wirtschaftlichen Nutzungsdauer sollte die Maschine ersetzt werden. Es kann aber vorteilhaft sein, den Ersatzzeitpunkt hinauszuschieben, z. B. wenn in absehbarer Zukunft mit einem bedeutenden technischen Fortschritt gerechnet wird. Derartige Überlegungen spielen beispielsweise bei Computern eine große Rolle, weil in diesem Bereich der technische Fortschritt besonders ausgeprägt ist.

--> **LE 79**
Seite 48

LE 92

4. Produktionsfaktor Material (Werkstoffe)

4.1. Definition

Zum Material im Sinne der Betriebswirtschaftslehre zählen:

Rohstoffe, Halb- und Fertigfabrikate: Sie gehen nach Substanz- oder Formänderung oder nach Einbau als wesentliche Bestandteile in die neuen Produkte ein. Beispiele für Fertigfabrikate eines Betriebes, die Material eines anderen Betriebes darstellen, sind etwa die Armaturen und die Reifen bei der Automobilproduktion.

Hilfsstoffe: Sie treten im Herstellungsprozeß nur ergänzend hinzu und spielen mengen- oder wertmäßig eine untergeordnete Rolle, z. B. Nägel, Schrauben, Leim, Farbe.

Betriebsstoffe: Sie gehen nicht in die Produkte ein, sondern werden bei der Produktion verbraucht, z. B. Schmierstoffe, Kohle[1].

---

[1] Manche betriebswirtschaftliche Autoren zählen die Betriebsstoffe zum Produktionsfaktor Betriebsmittel.

--> LE 93
Seite 48

LE 106

Konstrukteure neigen oft aus zu großer Vorsicht heraus dazu, kleinere Fertigungstoleranzen vorzugeben, als es für das ordnungsgemäße Funktionieren eines Erzeugnisses erforderlich ist. Enge Toleranzen sind aber nicht einfach einzuhalten, die Produktion wird wegen der Genauigkeitsanforderungen teuer, und ein zu großer Teil der Erzeugnisse kann wegen Toleranzüberschreitungen die Qualitätskontrolle nicht passieren. Der Wertanalytiker wird daher enge Toleranzen auf ihre Berechtigung hin überprüfen. Gegen welches Definitionsmerkmal der Wertanalyse wäre aber verstoßen, wenn die Toleranz beim Innendurchmesser eines Radlagers so großzügig bemessen würde, daß viele Räder "schlackern"?

--> Zwischentest

Zwischentest

1. Die Größendegression ist das Phänomen, daß große Maschinen mit

   ....-kosten

   arbeiten als kleine Maschinen, volle ....
   -auslastung vorausgesetzt.

2. Nennen Sie Einflußfaktoren, die das Ende der wirtschaftlichen Nutzungsdauer einer Maschine bestimmen!

   - ....

   - ....

   - ....

   - ....

3. Welche Einflußgrößen determinieren das optimale Instandhaltungsintervall? Weshalb ist eine exakte Berechnung nicht möglich?

4. Welche Bedingungen müssen erfüllt sein, ehe man sich mit der Frage befaßt, vorbeugende Instandhaltungsmaßnahmen für Fertigungsaggregate vorzusehen?

5. Angenommen, ein Unternehmen muß sich in einer Periode mit voraussichtlich vorübergehender schlechter Kapazitätsauslastung zwischen der Kurzarbeit und der Entlassung von Mitarbeitern entscheiden. Was spricht in einer solchen Situation für die Kurzarbeit?

6. Worin liegt das methodische Dilemma bei der Wertanalyse?

7. Gegen welches Definitionsmerkmal der Wertanalyse wäre verstoßen, wenn die Toleranz beim Innendurchmasser eines Radlagers so großzügig bemessen würde, daß viele Räder "schlakkern"?

--> **Literaturverzeichnis**

Literaturverzeichnis

LV 1 - Adam, D., Produktionspolitik, 5. Aufl., Wiesbaden 1988.

LV 2 - Bensinger, G., Kurzarbeit, in: Gaugler, E. (Hrsg.), Handwörterbuch des Personalwesens, Stuttgart 1975, Sp. 794 ff.

LV 3 - Bestmann, U. (Hrsg.), Kompendium der Betriebswirtschaftslehre, München-Wien 1988.

LV 4 - Bohr, K., Produktionsfaktorsysteme, in: Kern, W. (Hrsg.), Handwörterbuch der Produktionswirtschaft, Stuttgart 1979, Sp. 1481 ff.

LV 5 - Fallon, C., Produktivitätssteigerung durch Wertanalyse, Frankfurt 1973.

LV 6 - Gaugler, E., Erfolgsbeteiligung, in: Gaugler, E. (Hrsg.), Handwörterbuch des Personalwesens, Stuttgart 1975, Sp. 794 ff.

LV 7 - Goossens, F., Personalleiter-Handbuch, 6. Aufl., München 1974.

LV 8 - Gutenberg, E., Grundlagen der Betriebswirtschaftslehre, Band 1, 24. Aufl., Berlin-Heidelberg-New York 1983.

LV 9 - Heinen, E., Industriebetriebslehre, 8. Aufl., Wiesbaden 1985.

LV10 - Hentze, J., Personalwirtschaftslehre 1, 3. Aufl., Bern-Stuttgart 1986.

LV11 - Hentze, J., Personalwirtschaftslehre 2, 3. Aufl., Bern-Stuttgart 1986.

LV12 - Kilger, W., Produktionsfaktoren, in: Grochla, E. und Wittmann, W. (Hrsg.), Handwörterbuch der Betriebswirtschaft, 4. Aufl., Stuttgart 1974, Sp. 3097 ff.

LV13 - Lücke, W., Arbeitsleistung, Arbeitsbewertung, Arbeitsentlohnung, in: Jacob, H. (Hrsg.), Industriebetriebslehre in programmierter Form, Band 1, 3. Aufl., Wiesbaden 1986, S. 207 ff.

LV14 - Pfeiffer, W., Dörrie, U. und Stoll, W., Menschliche Arbeit in der industriellen Produktion, Göttingen 1977.

LV15 - Scholz, Ch., Personalmanagement, München 1989.

K 2 – Typen und Größe von Unternehmungen

Typen und Größe von Unternehmungen

	LE/S.
1. Begriffe	1/81
2. Betriebs- bzw. Unternehmenstypen	2/83
2.1. Gliederung nach wirtschaftlichen Hauptsektoren	3/85
2.1.1. Primärer Sektor	3/85
2.1.2. Sekundärer Sektor	4/87
2.1.3. Tertiärer Sektor	5/91
2.2. Gliederung nach Wirtschaftszweigen	7/95
2.3. Gliederung nach dem vorherrschenden Produktionsfaktor	9/81
2.3.1. Arbeitsintensive Betriebe	9/81
2.3.2. Anlagenintensive Betriebe	10/83
2.3.3. Materialintensive Betriebe	11/85
2.4. Gliederung nach der Betriebsgröße	12/87
3. Größe von Unternehmungen	13/89
3.1. Einführung in die Problematik	13/89
3.2. Maßeinheiten	15/93
3.2.1. Einsatzmengen elementarer Produktionsfaktoren als Maßgrößen	16/95
3.2.1.1. Betriebsmittel	16/95
3.2.1.2. Material (Werkstoffe)	18/82
3.2.1.3. Menschliche Arbeitsleistung	20/86
3.2.2. Kapitaleinsatz als Maßgröße	23/96
3.2.3. Leistungsmengen als Maßgrößen	24/82
3.2.4. Leistungswerte als Maßgrößen	25/84
3.2.4.1. Umsatz je Zeiteinheit	25/84
3.2.4.2. Wertschöpfung je Zeiteinheit	28/90
4. Unternehmensgröße in Zahlen	29/92
4.1. Die zehn größten Industrieunternehmungen der Bundesrepublik Deutschland	29/92
4.2. Die zehn größten Industrieunternehmungen der Welt	30/94
Zwischentest	98
Literaturverzeichnis	99

LE 1

1. Begriffe

In der betriebswirtschaftlichen Theorie wird zuweilen sorgfältig zwischen den Begriffen "Betrieb" und "Unternehmung" unterschieden. Wir wollen uns jedoch in der Folge um diese Feinheiten nicht kümmern und die beiden gleichsetzen.

Neben den Begriffen "Betrieb" und "Unternehmung" tauchen im betriebswirtschaftlichen Zusammenhang noch die Bezeichnungen "Firma", "Fabrik", "Werk" und "Geschäft" auf. *Firma* ist ein juristischer Begriff und stellt den Namen dar, unter dem ein Kaufmann seinen Betrieb führt. Die Bezeichnungen *Werk* und *Fabrik* sind mehr technischer Natur, man hat sich darunter bauliche und organisatorische Produktionseinheiten vorzustellen. So haben Sie vielleicht schon ein Schild mit der Beschriftung "Siemens AG, Nürnberger Maschinen- und Apparatewerk" oder "Diehl, Werk IV" gesehen. Das Wort *Geschäft* wird vorwiegend mit einem Handelsbetrieb verbunden, denken Sie auch an die Bezeichnung "Geschäftsstraße".

--> LE 2

Z. B. Groß-, Einzel- und Versandhandel, Binnen- und Außenhandel

LE 9

2.3. Gliederung nach dem vorherrschenden Produktionsfaktor

2.3.1. Arbeitsintensive Betriebe

Für diese Betriebe spielt der Faktor *menschliche Arbeitsleistung* eine überragende Rolle.

Beispiele sind u. a. optische Industrie, Spielwarenerzeugung, Malereibetriebe usw.

Halten Sie ein Hochschulinstitut für einen arbeitsintensiven Betrieb?

--> LE 10

Z. B.: Bettenzahl in Hotels, Verkaufsfläche in Einzelhandelsgeschäften (in qm)

LE 18

3.2.1.2. Material (Werkstoffe)

Hier wird die Größe eines Erzeugungsbetriebes an der Materialeinsatzmenge (Rohstoffe, halbfertige und fertige Teile, soweit sie Input sind) gemessen. Um einen objektiven Betriebsgrößenvergleich zu ermöglichen, muß allerdings eine Reihe von Bedingungen erfüllt sein:

a) Das Material muß für die Unternehmung typisch sein (z. B. Stoffe bei einer Kleiderfabrik).

b) Es muß bei allen betrachteten Unternehmungen gleichartig sein.

c) Übereinstimmende Produktionstiefe, d. h. gleiches Reifestadium des Produktes (Möbel aus ungehobelten Brettern können z. B. nicht mit Kisten aus ungehobelten Brettern verglichen werden).

d) Gleicher Ausnutzungsgrad der Werkstoffe (z. B. bei Erdöl: Wie weit werden die Nebenprodukte aus der Erdölraffination weiterverwendet?).

--> LE 19

LE 24

3.2.3. Leistungsmengen als Maßgrößen

Ein gutes Maß für die Betriebsgrößenbestimmung - vor allem für Produktionsbetriebe - stellt die Ausstoßkapazität dar.

Unter Ausstoßkapazität einer Unternehmung ist die *technische Kapazität* zu verstehen. Das ist die *höchstmögliche Produktmenge je Zeiteinheit*, die, auf Dauer gesehen, erzeugt werden kann.

Beispielsweise gibt man die Betriebsgröße eines Kraftwerkes gerne in Megawatt an. So betrug im Jahr 1985 die potentielle Leistung des Kraftwerks Arzberg der Energieversorgung Oberfranken AG 457 Megawatt.

Es ist also nicht die von einer Unternehmung tatsächlich hergestellte Gütermenge gemeint, sondern die Kapazität oder das Leistungspotential eines Betriebes, somit die Menge, die überhaupt erzeugt werden kann.

--> LE 25

LE 2

2. Betriebs- bzw. Unternehmenstypen

Die Betriebswirtschaftslehre soll dazu beitragen, die Probleme einzelner Betriebe bzw. Unternehmungen zu lösen. Da aber nicht jede Unternehmung einzeln untersucht werden kann, ist es zweckmäßig, gleichartige Unternehmungen nach Typen zusammenzufassen.

Es gibt zahlreiche Möglichkeiten, Unternehmungen einzuteilen und Unternehmenstypen zu bilden. Die wichtigsten *Gliederungsmöglichkeiten* sind:

- nach wirtschaftlichen Hauptsektoren,
- nach Wirtschaftszweigen,
- nach dem vorherrschenden Produktionsfaktor,
- nach der Größe.

Weitere Unterteilungsmöglichkeiten werden in diesem Kapitel nur kurz erwähnt.

Bei der Bildung von .... werden gemeinsame Merkmale verschiedener Unternehmungen herausgearbeitet.

--> LE 3

Aber ja doch! Oder haben Sie schlechte Erfahrungen gemacht?

LE 10

2.3.2. Anlagenintensive Betriebe

Der Produktionsfaktor *Betriebsmittel* herrscht in diesen Betrieben vor. Solche anlagenintensive Betriebe sind durch eine hohe Fixkostenbelastung gekennzeichnet, wie beispielsweise ein Elektrizitätswerk, ein Stahlwerk, eine Raffinerie oder ein Betrieb der Elektronikindustrie.

In welchem Sektor der Wirtschaft sind anlagenintensive Betriebe besonders stark vertreten?

- Primärer Sektor ....
- Sekundärer Sektor ....
- Tertiärer Sektor ....

--> LE 11

LE 19

Vor- und Nachteile einer Verwendung der Einsatzmenge an Material als Maßgröße

Der *Nachteil* dieser Maßgröße liegt vor allem in der großen Anzahl der schon erwähnten Bedingungen, die bei einem Betriebsgrößenvergleich erfüllt sein müssen.

Der *Hauptvorteil* dieses Maßes liegt darin, daß es auch zum Größenvergleich von Unternehmungen verwendet werden kann, die aus einer Materialart verschiedene Produkte erzeugen, z. B. Milchverbrauch in Litern beim Vergleich von Betrieben, die Fruchtjoghurt, Fruchtquark und Dickmilch herstellen.

Welche der in LE 18 genannten Bedingungen sind bei diesem Beispiel erfüllt, welche müßten erst geprüft werden?

                   - Schon erfüllt   a   b   c   d
                   - Noch zu prüfen a   b   c   d

Unterstreichen Sie bitte die entsprechenden Buchstaben!

                                                                                                                   --> LE 20

LE 25

3.2.4. Leistungswerte als Maßgrößen

3.2.4.1. Umsatz je Zeiteinheit

Der Umsatz wird in der Praxis oft als Maß für die Größe einer Unternehmung gewählt, genauer gesagt: der *Umsatz je Zeiteinheit*.

Der große Vorteil liegt vor allem in der einfachen Ermittlung dieser Größe und darin, daß damit auch solche Unternehmungen verglichen werden können, deren Leistungen nicht homogen sind oder die verschiedenen .... angehören.

                                                                                                                   --> LE 26

Typen/Betriebs- bzw. Unternehmenstypen

LE 3

2.1. Gliederung nach wirtschaftlichen Hauptsektoren

Diese Aufgliederung führt zu drei Bereichen:

- primärer Sektor,
- sekundärer Sektor,
- tertiärer Sektor.

2.1.1. Primärer Sektor

In diesen Bereich fallen alle Betriebe der Urproduktion, also z. B. die Landwirtschaft, die Fischerei und der Bergbau.

Im primären Sektor wächst die Produktion nur langsam, die Zahl der Beschäftigten ist rückläufig. In der Bundesrepublik Deutschland sank innerhalb der letzten 100 Jahre der Anteil der in der Landwirtschaft Beschäftigten von ca. 50 % auf 5 % aller Erwerbstätigen.

Welche der angeführten Betriebe gehören zum primären Sektor?

        - Rinderzucht ....   - Kohlengrube ....
        - Stahlwerk ....   - Baugewerbe ....

--> LE 4

Primärer und sekundärer Sektor

LE 11

2.3.3. Materialintensive Betriebe

Diese sind dadurch charakterisiert, daß Arbeitskraft und Betriebsmittel nur eine untergeordnete Rolle spielen, während das *Material* von großer Bedeutung ist.

Beispiel: Nahrungsmittelindustrie

--> LE 12

Schon erfüllt: a b
Noch zu prüfen: c d

LE 20

3.2.1.3. Menschliche Arbeitsleistung

Der Faktor Arbeit wird in Form der *Anzahl der beschäftigten Personen* häufig als Maßstab für die Größe einer Unternehmung verwendet. Besonders amtliche Statistiken teilen oft danach ein.

So kennt z. B. das deutsche Statistische Bundesamt in seiner Statistik "Unternehmen und Arbeitsstätten" folgende acht Größenklassen: 1-4, 5- 9, 10-19, 20-49, 50-99, 100-199, 200-499, 500 und mehr Beschäftigte. Auch das Wirtschaftsrecht orientiert sich oft an der Zahl der Beschäftigten, z. B. bei der Grenzziehung zwischen Kapitalgesellschaften, für die bestimmte Mitbestimmungsregelungen gelten (vgl. Kapitel "Rechtsformen", LE 38-39, S. 171 f.).

Welche offensichtlichen Vorteile bietet dieses Maß?

....

....

Vergleichen Sie bitte dazu LE 21!

--> LE 21

Wirtschaftszweigen/Branchen

LE 26

Wird der Umsatz pro Zeiteinheit für Betriebsgrößenvergleiche herangezogen, so muß man sich folgender *Ungenauigkeiten* bewußt sein:

- Eine unterschiedliche Produktionstiefe kann das Maß verfälschen: Unternehmen, die fast fertige Produkte zukaufen und diese nur noch veredeln, wirken danach genauso groß wie solche, die nur Rohstoffe beziehen und diese in vielen Fertigungsstufen bearbeiten (vgl. LE 28, S. 90).
- Die Betriebsgröße wird von Konjunkturschwankungen abhängig.
- Änderungen des Preisniveaus haben einen bedeutenden Einfluß.

Worin besteht Ihrer Meinung nach der Einfluß des Preisniveaus auf den Umsatz als Maßgröße?

....

--> LE 27

LE 4

2.1.2. Sekundärer Sektor

Dieser Sektor umfaßt die Industrie und das produzierende Gewerbe. Die Produktion steigt hier noch an.

Von den ungefähr 27 Millionen Erwerbstätigen in der Bundesrepublik Deutschland arbeiteten 1988 ca. 11 Millionen in der Industrie.

Die Gliederung der Betriebe nach ....

.... ergibt drei Bereiche:

- .... Sektor,

- sekundärer Sektor,

- tertiärer Sektor.

--> LE 5
Seite 91

LE 12

2.4. Gliederung nach der Betriebsgröße

Die Betriebsgröße kann nach verschiedenen Kriterien beurteilt werden, so z. B. nach dem erzielten Umsatz oder nach der Anzahl der Beschäftigten.

Die Gliederung der Betriebe nach ihrer Größe führt zu einer Einteilung in

- Großbetriebe,
- Mittelbetriebe,
- Kleinbetriebe.

Spricht man beispielsweise von einem Großbetrieb, muß immer angegeben werden, nach welchem .... diese Qualifikation erfolgt (z. B. erzielter Umsatz).

--> LE 13

LE 21

Vor- und Nachteile einer Verwendung der menschlichen Arbeitsleistung als Maßgröße

Die *Vorteile* einer Verwendung der Beschäftigtenzahl als Maßstab zur Betriebsgrößenbestimmung sind offensichtlich:

- leichte statistische Erfassung der Zahlen,
- Vergleiche auch mit Unternehmungen anderer Branchen, selbst verschiedener Länder, sind leichter möglich,
- Teilbetriebe lassen sich gut zusammenfassen,
- die bei den Betriebsmitteln und Material angeführten .... fallen hier weitgehend weg.

--> LE 22

Sinngemäß: Steigen die Preise für ein Produkt, erhöht sich der Umsatz bei gleichen Absatzmengen, und die Unternehmung wird "größer".

LE 27

Ein besonderes Maß stellt der *Marktanteil* einer Unternehmung dar, d.h. der Anteil, mit dem eine Unternehmung am gesamten Marktvolumen eines bestimmten Produktes beteiligt ist.

Die Bestimmung der Unternehmensgröße über dieses Maß ist sehr schwierig. Dies beginnt schon bei der Abgrenzung des Marktes. Wenn etwa ein Hersteller von PKWs der sogenannten Mittelklasse seinen Marktanteil messen will, so stellt sich die Frage, welche anderen Fabrikate dieser Klasse zuzurechnen sind.

--> LE 28

Merkmal/Kriterium

LE 13

3. Größe von Unternehmungen

3.1. Einführung in die Problematik

"Großunternehmung der metallverarbeitenden Industrie sucht Akademiker mit entsprechender Erfahrung, der die Leitung der Organisationsabteilung übernehmen soll. Bewerbungen erbeten an ..."

Annoncen solchen und ähnlichen Inhalts kann man oft im Anzeigenteil führender Tageszeitungen lesen. In das Blickfeld gerückt wird dabei meist das Wort *Großunternehmung*, von dem man sich nicht zu Unrecht eine gewisse Werbewirksamkeit verspricht. Es verheißt Image, Gediegenheit und Sicherheit.

Es ist für viele Zwecke wichtig, sich auf Maßstäbe zur Messung der Betriebsgröße zu einigen, so zum Beispiel, wenn Betriebe innerhalb bestimmter Kategorien verglichen werden sollen oder wenn eine Gesetzesbestimmung nur für Betriebe ab einer bestimmten Größe gelten soll. Solche gesetzlichen Regelungen gibt es beispielsweise bezüglich der Mitbestimmung der Arbeitnehmer (vgl. Kapitel "Rechtsformen", LE 38 - 39, S. 171 ff.) oder der Publizitätspflicht (vgl. Kapitel "Rechtsformen", LE 45, S. 167 bzw. LE 51, S. 168).

Glauben Sie, Sie können bereits eine Unternehmung bezüglich Ihrer Größe beurteilen?

Lassen wir es auf einen Versuch ankommen: Würden Sie eine Unternehmung mit 500 Beschäftigten als Groß-, Mittel- oder Kleinbetrieb bezeichnen, oder glauben Sie, daß die Angabe der Beschäftigtenzahl allein für die Beurteilung nicht ausreichend ist?

- Großbetrieb   ....   - Kleinbetrieb   ....

- Mittelbetrieb   ....   - Diese Angabe allein
                                  ist nicht ausreichend.   ....

--> **LE 14**

Einschränkungen/Voraussetzungen

LE 22

Ein bedeutender *Nachteil* dieses Maßes liegt jedoch darin, daß der Grad der Mechanisierung/Automatisierung unberücksichtigt bleibt.

Ein stark automatisierter Betrieb wäre, mit diesem Maß gemessen, ...
(kleiner/größer) als ein weniger automatisierter Betrieb mit sonst gleich großer Leistung.

Begründung: ....

--> LE 23
Seite 96

LE 28

3.2.4.2. Wertschöpfung je Zeiteinheit

Die Wertschöpfung ist der Umsatz (oder die zu Verkaufspreisen bewertete Produktion) minus dem Wert der entsprechenden Vorleistungen. Vorleistungen sind die schon von vorgelagerten Unternehmungen zur Erstellung eines Produktes erbrachten Leistungen.

Unter Wertschöpfung ist also der Wertzuwachs zu verstehen, den ein Produkt beim Durchlauf durch einen Betrieb zu verzeichnen hat.

Dieses Maß bietet vor allem den Vorteil, daß auch die Produktionstiefe einer Unternehmung zum Ausdruck kommt.

Ein Uhrenfabrikant, der das ganze Produkt herstellt, ist bei gleichem Umsatz größer als ein Konkurrent, der nur das Gehäuse produziert und das Werk zukauft. Der Rennwagenhersteller Ferrari, der sowohl Karrosserie als auch Motor baut, ist bei gleichem Umsatz größer als sein Konkurrent McLaren, der die teuren Motoren von Honda bezieht.

--> LE 29

wirtschaftlichen Hauptsektoren
primärer (Sektor)

LE 5

2.1.3. Tertiärer Sektor

Dieser Sektor umfaßt die

- Handelsbetriebe,
- Bankbetriebe,
- Versicherungsbetriebe,
- alle sonstigen Dienstleistungsbetriebe (einschließlich Öffentlicher Dienst).

In diesem Bereich nehmen - insgesamt gesehen - die Beschäftigtenzahlen noch zu. In der Bundesrepublik Deutschland arbeiten beispielsweise bereits heute mehr als 54 % aller Beschäftigten im tertiären Sektor.

Es gibt Prognosen, wonach der tertiäre Sektor noch in starkem Maße Arbeitskräfte aufnehmen könnte, die im primären bzw. sekundären Sektor freigesetzt werden[1]. Andererseits werden Stimmen laut, daß dieser Austauschprozeß nur begrenzt vor sich gehen könne und daß man deshalb große Anstrengungen unternehmen müsse, in der Bundesrepublik leistungsfähige Industrien (also Betriebe des sekundären Sektors) zu erhalten bzw. aufzubauen[2].

---
1 Vgl. z. B. Bundesanstalt für Arbeit, LV 2, S. 76 ff.
2 Vgl. z. B. Friedrichs, G., LV 7, S. 40 f.

--> LE 6

Diese Angabe allein ist nicht ausreichend.

LE 14

Wenn Sie richtig gewählt haben, gratulieren wir Ihnen zu der gut durchdachten Antwort!

Es ist zu bedenken, daß die Angabe der Beschäftigtenzahl zur Bestimmung der Unternehmensgröße nicht ausreichen kann, weil Größenangaben eine Einstufung innerhalb gleichartiger Unternehmungen ermöglichen sollen. Wie verschieden aber die Größenverhältnisse bei Zugrundelegung der Beschäftigtenzahl sind, zeigen folgende Beispiele:

Ein Automobilwerk mit 500 Beschäftigten wäre ein Kleinbetrieb, eine Unternehmung des Spezialmaschinenbaus mit der gleichen Beschäftigtenzahl müßte höchstwahrscheinlich zu den Mittelbetrieben gezählt werden, während eine Unternehmensberatungsgesellschaft mit 500 Beschäftigten schon ein Großbetrieb wäre.

--> LE 15

LE 29

4. Unternehmensgröße in Zahlen

Um Ihnen nun eine Vorstellung von Unternehmensgrößen in der Praxis zu geben, präsentieren wir Ihnen in der Folge zwei Übersichten.

4.1. Die zehn größten Industrieunternehmungen der Bundesrepublik Deutschland[1]

Als Maßgröße wurde der Jahresumsatz 1988 in Milliarden DM gewählt.

Rang	Unternehmung	Branche	Umsatz in Mrd.DM	Beschäftigte in 1000
1	Daimler-Benz	Auto/ Elektro/ Luftfahrt/ Rüstung	73,5	338,7
2	Siemens	Elektro	59,4	353,0
3	Volkswagen	Auto	59,2	252,1
4	VEBA	Energie/ Öl/Chemie	44,4	84,7
5	BASF	Chemie	43,9	134,8
6	Hoechst	Chemie	41,0	164,5
7	Bayer	Chemie	40,5	165,7
8	Thyssen	Stahl/ Maschinen/ Handel	29,2	128,7
9	Bosch	Elektro	27,7	165,7
10	RWE	Energie	26,9	72,1

Daimler-Benz steht mit einem Umsatz von 73,5 Mrd. DM zum dritten Mal in Folge an der Spitze der größten Industrieunternehmungen Deutschlands. Durch die Übernahme von Messerschmitt-Bölkow-Blohm, die erst 1989 vollzogen und deshalb in der Tabelle noch nicht berücksichtigt wurde, wird sich der Umsatz um etwa 7 Mrd. DM erhöhen.

---
[1] Aus: Frankfurter Allgemeine Zeitung Nr. 167 vom 22.7.1989, S. 13.

--> LE 30

LE 6

Es wurde bereits gesagt, daß die Zahl der Beschäftigten im primären Sektor rückläufig ist (Abwanderung aus der Landwirtschaft und aus dem Bergbau), während sie im tertiären Sektor steigt. Die nachfolgende Übersicht zeigt das Verhältnis der Beschäftigtenzahlen der einzelnen Bereiche in Prozent (aufgerundet)[1].

	Primärer Sektor %	Sekundärer Sektor %	Tertiärer Sektor %
1950	25	42	33
1960	14	48	38
1970	9	49	42
1988	5	41	54

---

[1] Vgl. Statistisches Bundesamt (Hrsg.), Statistisches Jahrbuch 1989 der Bundesrepublik Deutschland, LV 12, sowie frühere Jahrgänge.

--> LE 7

LE 15

3.2. Maßeinheiten

Die folgenden Lerneinheiten sollen Ihnen eine kleine Übersicht über die verschiedenen Maßeinheiten für die Betriebsgrößenbestimmung geben.

Busse von Colbe[1] teilt die Merkmale, die zur Unternehmensgrößenbestimmung verwendet werden, in *drei* große *Gruppen* ein:

- *Einsatzmengen bzw. -werte elementarer Produktionsfaktoren (Input),*
- *Kapitaleinsatz,*
- *Leistungsmengen bzw. -werte (Output).*

In diesen Gruppen ist festgelegt, was gemessen werden kann.

---

[1] Busse von Colbe, W., LV 3.

--> LE 16

LE 30

4.2. Die zehn größten Industrieunternehmungen der Welt[1]

Als Maßgröße wurde der Jahresumsatz 1988 in Milliarden DM gewählt. (Umrechnung in DM zu den mittleren amtlichen Frankfurter Devisenkursen 1988, 1 US $ = 1,76 DM.)

Rang	Unternehmung	Land	Branche	Umsatz in Mrd.DM
1	General Motors	USA	Auto	212,9
2	Ford	USA	Auto	162,6
3	Exxon	USA	Öl	139,9
4	Royal Dutch/Shell	GB/NL	Öl	137,5
5	IBM	USA	Computer	104,9
6	Toyota Motor	Japan	Auto	98,9
7	General Electric	USA	Elektro	86,9
8	Mobil	USA	Öl	84,8
9	British Petroleum	GB	Öl	81,2
10	Matsushita	Japan	Auto	75,4
Zum Vergleich:				
11	Daimler-Benz	BRD	Auto/ Elektro/ Luftfahrt/ Rüstung	73,5
.	.		.	
16	Siemens	BRD	Elektro	59,4
17	Volkswagen	BRD	Auto	59,2

Durch die Übernahme von Messerschmitt-Bölkow-Blohm dürfte die Daimler-Benz AG um mindestens einen Rang vorrücken, so daß sich auch ein deutsches Unternehmen unter den zehn größten Industrieunternehmungen der Welt befindet.

---
1 Aus: Süddeutsche Zeitung Nr. 181 vom 9.8.1989, S. 26

--> Seite 96

LE 7

2.2. Gliederung nach Wirtschaftszweigen

Neben der Gliederung in wirtschaftliche Hauptsektoren unterteilt man die Betriebe oft nach Wirtschaftszweigen. Insbesondere findet diese Einteilung in der Betriebswirtschaftslehre (z. B. bei der Abgrenzung der Aufgaben von Lehrstühlen an Hochschulen) Anwendung.

Danach können z. B. folgende Typen unterschieden werden:

- Industriebetriebe,
- Handelsbetriebe,
- Bankbetriebe,
- Handwerksbetriebe,
- Verkehrsbetriebe,
- Beratungs-, Revisions- und Treuhandbetriebe,
- Versicherungsbetriebe.

Mit der Gliederung nach Wirtschaftszweigen überdeckt sich teilweise die nach *Branchen*, die aber stärker an Produktgruppen orientiert ist. So spricht man beispielsweise von der "Textilbranche" und vereint damit u. a. Textilindustrie, Textilhandel und Textilhandwerk.

Welchen wirtschaftlichen Hauptsektoren gehören die oben angeführten Unternehmenstypen an?

- Primärer Sektor   .....
- Sekundärer Sektor   .....
- Tertiärer Sektor   .....

--> LE 8

LE 16

3.2.1. Einsatzmengen elementarer Produktionsfaktoren als Maßgrößen

3.2.1.1. Betriebsmittel

Verwendet man die Menge der eingesetzten Betriebsmittel als Maßstab für die Bestimmung der Unternehmensgröße, so gilt folgender Zusammenhang:

Je mehr Betriebsmittel eingesetzt werden, desto mehr kann erzeugt werden und desto größer ist die Unternehmung.

Die Betriebsmittel müssen in den zu vergleichenden Unternehmungen weitgehend *homogen* sein. Es können z. B. nicht Spezialmaschinen mit Universalmaschinen gleichgesetzt werden, selbst wenn sie die gleiche Kapazität aufweisen.

Die zum Vergleich herangezogenen Betriebsmittel müssen aber auch für den Leistungsprozeß *typisch* sein. Will man etwa Eisenbahngesellschaften nach ihrer Größe einstufen, ist z. B. die Anzahl der eingesetzten Waggons, nicht jedoch die Anzahl der Reparaturwerkstätten eine geeignete Maßgröße.

--> LE 17

kleiner

Begründung (sinngemäß): Mit zunehmender Automation sinkt die Beschäftigtenzahl.

LE 23

3.2.2. Kapitaleinsatz als Maßgröße

Nach diesem Maß werden zwei Unternehmungen, die über ein gleich hohes Kapital verfügen, ohne Rücksicht auf Beschäftigtenzahl und Umsatzleistung als gleich groß bezeichnet.

Das Heranziehen der Kapitalhöhe als Maßgröße ist also sehr problematisch und nur für Unternehmungen bestimmter Wirtschaftszweige sinnvoll. So mißt man die Größe einer Bank gerne an der Bilanzsumme, die als Summe von Eigen- und Fremdkapital dem Gesamtkapital entspricht.

--> LE 24
Seite 82

Was halten Sie von dem folgenden Spruch?

The more you learn
The more you know
The more you know
The more you forget
The more you forget
The less you know -
Why to learn?

Wir wollen dem Vergessen überhaupt keine Chance lassen und zum Zwischentest übergehen.

--> **Zwischentest**

LE 8

Natürlich sind weitere Untergliederungen möglich. Beispielsweise läßt sich die Industrie in Konsumgüter- und Investitionsgüterindustrie teilen. In der ersteren werden Produkte für den privaten Endverbraucher hergestellt, in der zweiten Gruppe Erzeugnisse, die als Betriebsmittel oder Material in anderen Unternehmungen der Leistungserstellung dienen. Ein Werkzeugmaschinenhersteller ist ein typischer Vertreter der Investitionsgüterindustrie, ein Süßwarenproduzent gehört zur Konsumgüterindustrie.

Fallen Ihnen auch gängige Untergliederungen der Handelsbetriebe ein?

....

--> LE 9
Seite 81

LE 17

Beispiele für Betriebsmittel als Maßgröße:

- Spindeln in Spinnereien,
- installierte Leistung von Generatoren (in Megawatt),
- Laderaum bei Reedereien (in Bruttoregistertonnen - BRT).

Versuchen Sie, mindestens noch ein Maß zu finden, das die Einsatzmenge eines Betriebsmittels zur Grundlage hat.

....

--> LE 18
Seite 82

Zwischentest

1. Ordnen Sie folgende Betriebe einem wirtschaftlichen Hauptsektor zu:

	primärer Sektor	sekundärer Sektor	tertiärer Sektor
Bank	....	....	....
Bergbau-Betrieb	....	....	....
Krankenhaus	....	....	....
Versicherung	....	....	....
Maschinenfabrik	....	....	....
Großhandlung	....	....	....

2. Ordnen Sie folgende Industrien bzw. Betriebe ein!

	arbeitsintensiv	anlagenintensiv	materialintensiv
Stahlindustrie	....	....	....
Optische Industrie	....	....	....
Spielzeugindustrie	....	....	....
Müllereibetrieb	....	....	....
Elektrizitätswerk	....	....	....
Brauerei	....	....	....

3. Die Einsatzmenge welches der drei Produktionsfaktoren wird am häufigsten als Maßgröße herangezogen? (Vor allem in amtlichen Statistiken.)

   ....

4. Welches sind die beiden wichtigsten Maßstäbe zur Betriebsgrößenbestimmung unter Zugrundelegung des Wertes der betrieblichen Leistung?

   - ....

   - ....

5. Wie hoch war ungefähr der Umsatz der größten Industrieunternehmung der Welt im Jahre 1988? .... Mrd. DM

   An welcher Stelle in der Weltrangliste stand 1988 ungefähr die nach dem Umsatz größte Industrieunternehmung der Bundesrepublik Deutschland?
   An .... Stelle

--> Literaturverzeichnis

Literaturverzeichnis

LV 1 - Berger, K.H., Unternehmensgröße und Leitungsaufbau, Berlin 1968.

LV 2 - Bundesanstalt für Arbeit (J. Kühl, A.G. Paul, D. Blunk), Überlegungen II zu einer vorausschauenden Arbeitsmarktpolitik, Nürnberg 1978.

LV 3 - Busse von Colbe, W., Betriebsgröße und Unternehmensgröße, in: Grochla, E. und Wittmann, W. (Hrsg.), Handwörterbuch der Betriebswirtschaft, 4. Aufl., Stuttgart 1974, Sp. 566 ff.

LV 4 - Busse von Colbe, W., Die Planung der Betriebsgröße, Wiesbaden 1964.

LV 5 - Castan, E., Typologie der Betriebe, Stuttgart 1986.

LV 6 - Drucker, P.F., Neue Management-Praxis, 2. Band, Düsseldorf-Wien 1974.

LV 7 - Friedrichs, G., Rationalisierung durch den Einsatz von Mikroprozessoren - Auswirkungen auf Produktion und Beschäftigung, in: Arbeitsgemeinschaft für Rationalisierung des Landes Nordrhein-Westfalen (Hrsg.), Rationalisierung durch den Einsatz von Mikroprozessoren - Auswirkungen auf Produktion und Beschäftigung, Heft 191, Dortmund 1978.

LV 8 - Institut der Deutschen Wirtschaft (Hrsg.), Zahlen zur wirtschaftlichen Entwicklung der Bundesrepublik Deutschland, Essen 1988.

LV 9 - Koch, H., Betriebsgröße, in: Beckerath, E. u. a. (Hrsg.), Handwörterbuch der Sozialwissenschaften, Stuttgart-Tübingen-Göttingen 1959, S. 82 ff.

LV10 - Lücke, W., Betriebs- und Unternehmensgröße, Stuttgart 1967.

LV11 - Schierenbeck, H., Grundzüge der Betriebswirtschaftslehre, 9. Aufl., München-Wien 1987.

LV12 - Statistisches Bundesamt (Hrsg.), Statistisches Jahrbuch 1989 für die Bundesrepublik Deutschland, Stuttgart-Mainz 1989.

LV13 - Wahl, S. von, Die optimale Betriebsgröße, Essen 1970.

K 3 – Standort der Unternehmung

Standort der Unternehmung

	LE/S.
1. Bedeutung der Standortwahl	1/103
2. Bestimmungsfaktoren der Standortwahl	2/105
2.1. Rohstoffvorkommen	3/107
2.2. Arbeitskräfte	5/103
2.3. Abgaben	7/107
2.4. Subventionen	8/109
2.5. Energieversorgung	9/104
2.6. Verkehrslage	10/106
2.7. Dienstleistungsangebot	11/108
2.8. Absatzgebiet	12/110
2.9. Rechtsvorschriften	13/104
3. Besonderheiten in Ballungsräumen	15/108
4. Internationale Standortwahl	17/111
Zwischentest	112
Literaturverzeichnis	113

LE 1

1. Bedeutung der Standortwahl

Der Standort spielt als kostenverursachender Faktor eine wichtige Rolle. Man ist daher bestrebt, den *kostenoptimalen* Standort zu finden. Für manche Zwecke muß genaugenommen der *gewinnoptimale* Standort gesucht werden; aus Gründen, die hier nicht erörtert werden können, beschränkt man sich aber meist auf den kostenoptimalen Standort. Man unterscheidet internationale (Wahl des Landes), nationale (Wahl der Gemeinde) und lokale (Wahl des Grundstücks) Standortentscheidungen.

Der optimale Standort einer Unternehmung hängt meist *nicht nur von einem* Faktor ab, sondern er unterliegt vielen Einflüssen. Die Standortwahl stellt daher oft einen Kompromiß dar.

--> LE 2

LE 5

2.2. Arbeitskräfte

Arbeitsintensive Betriebe müssen sich vor allem an der Verfügbarkeit von *Arbeitskräften* sowie an geringen *Lohnkosten* orientieren.

Solche arbeitsintensiven Betriebe, wie beispielsweise die optische Industrie, Musikinstrumente- und Spielzeugindustrie, suchen vielfach ihren Standort in Gebieten, wo wegen fehlender Industrialisierung das Arbeitskräftepotential noch weitgehend unausgeschöpft ist und daher die Lohnkosten niedriger sind. Wie wir später bei der internationalen Standortwahl sehen werden, kann ein niedriges Lohnkostenniveau Anlaß zur Verlagerung eines Betriebes in das Ausland sein.

Welches andere Erfordernis bezüglich Arbeitskräften kann neben der ausreichenden Anzahl und den niedrigen Lohnkosten dazu führen, daß sich die Standortwahl danach richtet?

....

Vergleichen Sie bitte mit LE 6!

--> LE 6

LE 9

2.5. Energieversorgung

Seit die Elektrizität die Möglichkeit bietet, Energie relativ einfach über weite Strecken zu übertragen, spielt die Energieorientierung eine geringere Rolle.

Einige Industriezweige allerdings verbrauchen so viel Energie, daß sich die entsprechenden Unternehmungen nach wie vor an günstigen Energiepreisen orientieren (beispielsweise Aluminiumwerke) und hierzu auch bereit sind, ins Ausland zu gehen.

Freilich wirkt zum Teil die Subventionenorientierung mit. Z. B. hatte der Stadtstaat Hamburg die örtlichen Strompreise "heruntersubventioniert", um einen US-amerikanischen Aluminiumhersteller zur Ansiedlung zu bewegen. Die lokalen Elektrizitätserzeuger boten den Strom unter den Erzeugungskosten an, und die Kommune trat für den dadurch entstandenen Verlust ein.

--> LE 10

Z. B. Handwerksbetriebe,
Servicestationen,
Baugewerbe.

LE 13

2.9. Rechtsvorschriften

In jüngster Zeit gewinnen Gesetzgebung, Verordnungen und sonstige Rechtsvorschriften, wie beispielsweise Gerichtsurteile (u. a. im Zusammenhang mit Bürgerinitiativen), als Standortfaktor an Bedeutung.

Insbesondere ist hier das Risiko zu nennen, das sich aus der Umweltschutz-Gesetzgebung und aus dem Bauplanungsrecht ergibt. So ist z. B. zu prüfen, ob und wie sich der Betrieb am angestammten Standort weiterentwickeln kann bzw. welche diesbezüglichen Möglichkeiten an einem neuen Standort bestehen. Ebenso von Bedeutung ist die Frage, ob mit langwierigen Genehmigungs- oder sogar mit Gerichtsverfahren zu rechnen ist.

So wird es ein Standortvorteil sein, wenn die lokalen Behörden bei der Bewältigung der Formalien behilflich sind, und umgekehrt ein Nachteil, wenn die zuständigen Behörden besonders .... operieren.

--> LE 14

LE 2

2. Bestimmungsfaktoren der Standortwahl

In diesem Abschnitt sollen nun die wichtigsten Standortfaktoren systematisch dargestellt werden.

Wir unterscheiden dabei:

- Rohstoffvorkommen,
- Arbeitskräfte,
- Abgaben,
- Subventionen bzw. Investitionshilfen,
- Energieversorgung,
- Verkehrslage,
- Dienstleistungsangebot,
- Absatzgebiet,
- Rechtsvorschriften.

Wir beginnen mit dem Standortfaktor Rohstoffvorkommen.

--> LE 3

LE 6

Neben dem mengenmäßigen Angebot an Arbeitskräften und den niedrigen Lohnkosten kann auch eine *Spezialisierung* der Arbeitskräfte eine bedeutende Rolle spielen. Vielfach sind die Bewohner kleinerer Gemeinden schon traditionsgemäß auf die Herstellung ganz bestimmter Produkte eingestellt. Beispiele: Uhrenerzeugung im Schwarzwald, Gablonzer Schmuck, Geigenbauer in Bubenreuth u.a.m.

Für viele Unternehmungen spielt die Verfügbarkeit von Wissenschaftlern und Führungskräften eine besondere Rolle. Forschungsintensive Unternehmungen siedeln sich gern in der Nähe von Universitäten an. Sehr deutlich ist das in den USA in Kalifornien und im Raum Boston-Cambridge (US-Staat Massachusetts) zu erkennen, wo ehemalige Wissenschaftler, z. B. der Stanford University und des Massachusetts Institute of Technology (MIT), forschungs- und entwicklungsorientierte Unternehmungen gründeten.

Mit kürzerer Arbeitszeit spielt auch das Freizeitangebot einer Region eine wichtige Rolle für die Gewinnung von Arbeitskräften.

In der Bundesrepublik registrieren wir einen Trend in die Großräume München und Stuttgart, wo viele der angeführten günstigen Faktoren zusammentreffen.

--> LE 7

LE 10

2.6. Verkehrslage

Verkehrsorientierte Betriebe bevorzugen die großen Umschlagplätze, z. B. Hafenstädte und Verkehrsknotenpunkte. Beispiele hierfür sind Tabakwarenversandgeschäfte, Getreidehandel, Kaffeeröstereien. Auch der Flugverkehr sowie die Parkplatzfrage (z. B. Supermärkte am Rande der Großstädte) sind von Bedeutung.

--> LE 11

Sinngemäß: bürokratisch-schwerfällig

LE 14

Zum Abschluß des Teilkapitels über die Bestimmungsfaktoren der Standortwahl sei darauf hingewiesen, daß die Standortentscheidung nicht immer völlig rational erfolgt. In sehr vielen Fällen gibt schlicht die Tatsache den Ausschlag, daß ein Unternehmer sich an seinem Heimatort selbständig macht und das dort begonnene Unternehmen auch am Ort wächst. So läßt sich die Frage, warum das Versandhaus Quelle, der Elektrokonzern Grundig oder die DATEV (Datenverarbeitungsorganisation des steuerberatenden Berufs) in Nürnberg/Fürth ansässig sind, damit beantworten, daß dort eben die Gründer dieser Unternehmen aufwuchsen. Man könnte das in Fortführung dieser Liste der Standortfaktoren die "Heimatorientierung" nennen.

--> LE 15

LE 3

2.1. Rohstoffvorkommen

Von Rohstoff- bzw. Materialorientierung spricht man, wenn sich der Standort einer Unternehmung hauptsächlich nach den Kosten des Materialeinsatzes richtet.

Besondere Bedeutung kommt dabei den Transportkosten zu, wenn die Produktion bedeutend mehr Material erfordert, als im Endprodukt enthalten ist. In einem solchen Fall handelt es sich um *Gewichtsverlustmaterial*. Der Transport der Einsatzstoffe zur Fertigungsstätte ist dann pro Entfernungseinheit viel teurer als der Transport der Fertigerzeugnisse zum Abnehmer.

(Im Gegensatz zum Gewichtsverlustmaterial steht das *Reingewichtsmaterial*, das voll in das Endprodukt eingeht. Beispiel: Silber für die Schmuckindustrie.)

--> LE 4

LE 7

2.3. Abgaben

Selbstverständlich sind auch die *Steuern*, die Unternehmungen entrichten müssen, ein wichtiger Faktor der Standortwahl.

Steuern sind nicht nur international verschieden, auch innerhalb eines Landes bestehen oft beträchtliche Unterschiede.

So kann der Staat mittels der Steuerpolitik bestimmte "Entwicklungsgebiete", wie z. B. Berlin, begünstigen, um dort das Wirtschaftswachstum zu fördern. Einzelne Gemeinden können vor allem über die Höhe der Gewerbesteuer Unternehmungen anlocken oder auch fernhalten.

Von Abgabenorientierung spricht man, wenn für die Wahl des Standortes einer Unternehmung die zu zahlenden .... der ausschlaggebende Faktor sind.

--> LE 8

LE 11

2.7. Dienstleistungsangebot

Von Dienstleistungsorientierung spricht man, wenn bei der Standortwahl vor allem das Dienstleistungsangebot ausschlaggebend ist.

Die Dienstleistungsorientierung spielt insbesondere bei der *internationalen Standortwahl* eine wichtige Rolle. So wird z. B. häufig die Schweiz wegen ihres *ausgebauten Finanzwesens* und der hohen *Qualität der Bankdienstleistungen* als Standort gewählt. Im asiatischen Raum gilt ähnliches für Hongkong oder Singapur.

Das Dienstleistungsangebot ist jedoch nicht nur für die internationale Standortwahl von Bedeutung. In welcher bundesdeutschen Stadt sind besonders viele Unternehmen der Bankwirtschaft zu finden ("Finanzmetropole")?

....

--> LE 12

LE 15

3. Besonderheiten in Ballungsräumen

Selbstverständlich gibt es neben den angeführten noch eine Reihe weiterer Faktoren, die maßgeblichen Einfluß auf die Wahl des Standortes einer Unternehmung ausüben können.

So haben zum Beispiel fehlende räumliche Ausdehnungsmöglichkeiten bzw. hohe Grundstückspreise in Ballungsräumen häufig zur Verlagerung von Betrieben in ländliche Gebiete geführt.

--> LE 16

LE 4

Gewichtsverlustmaterial wird also meist nicht zu einem Produktionsort transportiert. Die Stahlerzeugung fand früher nach Möglichkeit am Fundort des Gewichtsverlustmaterials statt.

Da sich der Standort des Hüttenwerks zur Stahlgewinnung am Fundort der Kohle orientierte, genauso das Walzwerk nach dem Hüttenwerk usw., entstanden in den Kohlerevieren große Industriegebiete.

In jüngerer Zeit haben sich die Verhältnisse allerdings verschoben:

Heute sucht die Stahlindustrie Standorte, zu denen die Einsatzstoffe mit niedrigen Verkehrskosten transportiert werden können. So entstanden mehrere Hüttenwerke an den Küsten Europas. Auch in Japan und Korea wurden neue Stahlwerke an den Küsten gebaut. Der Grund dafür liegt vor allem darin, daß der Einsatz der in Übersee im Tagebau gewonnenen Erze und der ausländischen Kohle trotz langer Transportwege billiger ist als die Ausbeutung der nähergelegenen Vorkommen in 1000 und mehr Metern Tiefe.

--> LE 5
Seite 103

Steuern/Abgaben

LE 8

2.4. Subventionen

Wir haben schon angedeutet, daß der Staat ein Interesse an der Förderung der Wirtschaft in einem bestimmten Gebiet haben kann. Ganz besonders bewerben sich Gemeinden um zukunftsträchtige und auch "saubere" Industrien, also solche, die weder Luft noch Wasser verpesten. Üblich ist eine Subventionierung dadurch, daß die Gemeinde Grundstücke zu einem Preis, der unter dem Marktniveau liegt, überläßt. Ein bekanntes Beispiel hierfür ist die Ansiedlung einer größeren Fabrikationsstätte der BMW AG für PKW in Regensburg. Die Stadt kaufte die Grundstücke zu ca. 70,- DM/qm von Landwirten und verkaufte sie für 15,- DM/qm an BMW weiter. Dieser Fall löste ähnlich wie die Subventionierung eines Daimler-Benz-Werkes in Rastatt heftige öffentliche Diskussionen aus.

Sind derartige Finanzhilfen der ausschlaggebende Faktor einer Standortwahl, so kann man von einer Orientierung in bezug auf Subventionen sprechen.

--> LE 9
Seite 104

Frankfurt/Main

LE 12

2.8. Absatzgebiet

Bestimmte Wirtschaftszweige brauchen sehr engen Kontakt mit den Absatzgebieten. So sind beispielsweise der Einzelhandel und Nahrungsmittelbetriebe meist absatzorientiert.

Können Sie noch weitere Beispiele für eine Absatzorientierung aufzählen?

- ....
- ....
- ....

--> LE 13
Seite 104

LE 16

Im Wirtschaftsraum Stuttgart sind in den siebziger Jahren viele Industriebetriebe, darunter weltbekannte wie die Robert Bosch GmbH, aus dem Stadtkern abgewandert. Ähnliche Verlagerungen sind auch in anderen Ballungsgebieten zu beobachten. In Nürnberg hat man festgestellt, daß vor allem junge, zukunftsträchtige Betriebe in Umlandgemeinden zogen. Interessanterweise waren dafür auch Initiativen ehrgeiziger Bürgermeister ausschlaggebend, die flexibler operieren konnten als die Großstadtbürokratie. In New York war es u. a. die Kriminalität, die Unternehmungen bewog, ins Umland zu "fliehen".

--> LE 17
Seite 111

LE 17

4. Internationale Standortwahl

Bei der internationalen Standortwahl spielen zusätzlich Überlegungen eine Rolle, die sich bei der Wahl eines Standortes im Inland erübrigen, z. B.:

1. Kann man durch Ansiedlung in dem Gastland Zollbarrieren vermeiden? Die Produktion in dem Land, in dem der Absatzmarkt liegt, ist unter Umständen günstiger als die Produktion im Heimatland zuzüglich der Zölle. Außerdem sind keine Einfuhrbegrenzungen zu beachten.

2. Welche steuerlichen Bedingungen gelten im Gastland für ausländische Unternehmungen? (Dies ist eine besonders komplizierte Materie!)

3. Welche sonstigen rechtlichen Rahmenbedingungen sind zu beachten? Wird z. B. die Ansiedlung eines Pharmabetriebes durch ungewöhnliche Vorschriften zur Abfallbeseitigung oder zu Tierversuchen beeinträchtigt? Die indische Regierung hatte verlangt, daß die Tochtergesellschaften internationaler Konzerne indische Beteiligungen einräumen mußten. Großunternehmungen wie Coca-Cola oder IBM lösten daraufhin ihre indischen Tochtergesellschaften auf.

4. Welche Macht haben die Gewerkschaften im Gastland und wie groß ist die Wahrscheinlichkeit überdurchschnittlich häufiger bzw. schärfer Arbeitskämpfe? Henry Ford II hatte z. B. in den siebziger Jahren den britischen Gewerkschaften angedroht, nicht mehr in die britischen Ford-Werke zu investieren, wenn dort die Zahl der Streiktage nicht wesentlich zurückginge.

5. Welche Möglichkeiten einer Zusammenarbeit mit lokalen Einrichtungen ergeben sich? Z. B. haben internationale Mineralölkonzerne in arabischen Ländern vielfach gemeinsam mit Staatsgesellschaften Unternehmungen zur Ausbeutung von Ölvorkommen gegründet. In der Diskussion um Aktivitäten bundesdeutscher Betriebe in der DDR spielen "Joint Ventures" eine große Rolle (vgl. K 6/1, LE 11).

Es ist fashionable, von Kybernetik zu reden. Ein Kennzeichen der Kybernetik ist das Feedback (auch dieses ist fashionable), die Rückmeldung und Überprüfung von Ergebnissen. Eines Ihrer Feedbacks ist der folgende Zwischentest!

--> Zwischentest
Seite 112

Zwischentest

1. Von welcher Standortorientierung spricht man, wenn für die Standortwahl vor allem ein ausgebautes Finanzwesen oder besondere Bankdienstleistungen von Bedeutung waren?

   ....

2. Worauf kommt es bei der Arbeitsorientierung an?

   - ....
   - ....
   - ....

3. Welche Steuer kann und wird eine Gemeinde vorwiegend senken, wenn sie an der Ansiedlung neuer Betriebe interessiert ist?

   ....

4. Nennen Sie zwei Beispiele für die im Zusammenhang mit dem Bestimmungsfaktor "Rechtsvorschriften" entstehenden Standortrisiken!

   - ....
   - ....

--> Literaturverzeichnis

Literaturverzeichnis

LV1 - Behrens, K.C., Allgemeine Standortbestimmungslehre, 2. Aufl., Opladen 1971.

LV2 - Bloech, J., Optimale Industriestandorte, Würzburg-Wien 1970.

LV3 - Kaiser, K.-H., Industrielle Standortfaktoren und Betriebstypenbildung, Berlin 1979.

LV4 - Liebmann, H.-P., Die Standortwahl als Entscheidungsproblem, Würzburg-Wien 1971.

LV5 - Lüder, K., Standortwahl, in: Jacob, H. (Hrsg.), Industriebetriebslehre in programmierter Form, Band 1, Wiesbaden 1972, S. 41 ff.

LV6 - Wöhe, G., Einführung in die Allgemeine Betriebswirtschaftslehre, 16. Aufl., München 1986.

K 4 – Aufbauorganisation der Unternehmung

Aufbauorganisation der Unternehmung

LE/S.

1. Regional orientierte Organisation	2/119
2. Funktionsorientierte Organisation	3/121
2.1. Forschung und Entwicklung	4/123
2.2. Vertrieb	5/125
2.3. Materialwirtschaft	6/127
2.4. Produktion	7/129
2.5. Personalwesen	8/131
2.6. Finanzen und Rechnungswesen	9/133
3. Produktorientierte Organisation	11/119
3.1. Vor- und Nachteile der produktorientierten Organisation	13/123
3.1.1. Vorteile	13/123
3.1.2. Nachteil	14/125
3.2. Spartenorganisation	15/127
3.2.1. Vorteil	16/129
3.2.2. Nachteile	17/131
3.3. Independent Business Units	23/126
4. Zentralisierung und Dezentralisierung	24/128
4.1. Vorteile der Dezentralisierung	25/130
4.2. Vorteile der Zentralisierung	26/134
5. Führungspyramide	27/118
6. Matrixorganisation und Strategische Geschäftseinheiten	29/122
7. Wertkette (Value Chain)	32/128
8. Räumliche Organisation	34/132
Zwischentest	135
Literaturverzeichnis	136

LE 1

Die verschiedenen Möglichkeiten der Aufbauorganisation teilt man danach ein, nach welchen Kriterien die einzelnen Führungsebenen gegliedert sind. Wie der folgende Würfel zeigt, gibt es dabei drei prinzipielle Dimensionen:

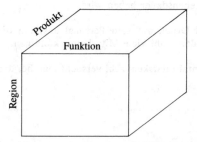

Würde man noch die Alternative hinzunehmen, die Organisation nach den wichtigsten Kundengruppen auszurichten, so wären es schon vier. Die Organisation als solche kann aber in der Regel nicht alle möglichen Dimensionen gleichzeitig berücksichtigen.

Um einen Überblick über die einzelnen Organisationsformen zu erhalten, befassen wir uns im folgenden nur mit den *oberen* Führungsebenen.

--> LE 2

Denkbar ist z. B. folgende Gestaltung:
Buchhaltung: Haupt-, Kreditoren-, Debitoren-, Anlagenbuchhaltung.
Kostenrechnung: Betriebsabrechnung und Kalkulation.

LE 10

Aufgabe des *Controllers* ist es - in sehr allgemeiner Umschreibung -, in jeder Hinsicht auf den ökonomischen Einsatz der finanziellen Ressourcen der Unternehmung zu achten.

Daher führt er Kostensenkungsprogramme durch oder wirkt bei Investitionsentscheidungen mit. Andererseits hilft er auch, die Ordnungsmäßigkeit des Rechnungswesens und anderer Abläufe in der Unternehmung zu gewährleisten.

--> LE 11

LE 19

Eine Unternehmung vernachlässigt die Forschung und Entwicklung und spart daher kurzfristig Kosten, langfristig fehlen ihr aber dann moderne Produkte.

Ein Werksleiter reduziert die vorbeugende Maschinenwartung, nimmt dafür jedoch in Kauf, daß die Maschine eine kürzere Lebensdauer haben wird.

Ein Spartenleiter übt zuviel Druck auf sein Personal aus, um dieses zu höheren Leistungen anzutreiben. Langfristig werden wohl viele Mitarbeiter kündigen.

Welche Einflußgröße der Rentabilitätskennzahl versucht man bei diesen Beispielen zu beeinflussen?

....

--> LE 20

LE 27

5. Führungspyramide

Wenn man eine bestimmte Anzahl von Mitarbeitern in einer Organisation beschäftigt, stellt sich die Frage, ob man flache oder steile Pyramiden "baut".

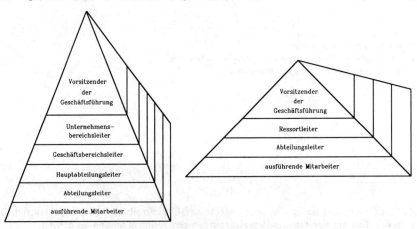

Welcher Vorteil wird sich bei der flacheren Pyramide ergeben?

....

Mit welchem Nachteil ist zu rechnen?

....

--> LE 28

LE 2

1. Regional orientierte Organisation

Bei der regional orientierten Aufbauorganisation weist man den einzelnen Führungskräften auf der obersten Hierarchieebene der Unternehmung ("Top Management") die Verantwortung für ortsgebundene Tätigkeiten, wie insbesondere die Produktion und den Vertrieb der Erzeugnisse in Bundesländern, Staaten, Kontinenten oder anderen regionalen Einheiten, zu. Eine solche Gliederungsform dominiert nur bei Unternehmungen, die weiträumig bestimmte, weitgehend standardisierte Produkte oder Dienstleistungen herstellen und vertreiben.

Stellen wir uns den Hersteller eines international bekannten Getränkes vor. Bei ihm kommt es auf die gute Abstimmung von Produktion, lokalen Verkaufsförderungsaktionen, Lagerhaltung und Transport an. Man faßt diese Begriffe auch unter dem Schlagwort *"Logistik"* zusammen.

Können Sie sich weitere Branchen vorstellen, deren Betriebe eine regionale Orientierung bevorzugen könnten?

--> LE 3

LE 11

3. Produktorientierte Organisation

Im Gegensatz zu einer Funktionsgliederung, bei der z. B. die Produktion oder der Vertrieb jeweils für das gesamte Produktspektrum zuständig ist, werden bei einer produktorientierten Organisation wesentliche funktionale Aufgaben in einem separaten Bereich für ein Produkt oder eine Produktgruppe zusammengefaßt.

Die folgende Abbildung zeigt ein Beispiel aus der Chemieindustrie:

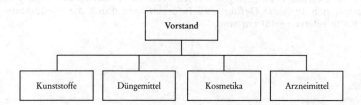

--> LE 12

Den Gewinn

LE 20

Meinen Sie, daß man die Rentabilitätskennzahl "Gewinn : Kapital" auch durch Verkleinerung des Nenners, d. h. durch Reduzierung des eingesetzten Kapitals, verbessern kann?

- nein --> **LE 21**

- ja --> **LE 22**
Seite 124

Vorteil: Kürzere Instanzenwege
Nachteil: Relative große Kontrollspannen (span of control):
der einzelne Vorgesetzte muß eine erheblich größere Zahl von Mitarbeitern betreuen, weil er hierzu keine "Unter-Vorgesetzten" hat.

LE 28

Der Vorteil scheint zu dominieren:

Es ist eine immer stärkere Tendenz zum Aufbau von flacheren Pyramiden festzustellen. Ein wesentlicher Grund hierfür ist, daß die Unternehmensleitung sehr rasch auf Marktänderungen und Kundenwünsche reagieren möchte. Wenn ein Vorgang über die kurze Kette der Vorgesetzten an die Geschäftsleitung herangetragen werden muß, ist er dort relativ schnell angekommen. Dadurch reduziert sich auch die Gefahr, daß Informationen durch die wiederholte Weitergabe am Ende der Kette relativ verfälscht sind.

--> **LE 29**

Wir dachten z. B. an international tätige Restaurantketten. Auch Anbieter von Finanz-, Versicherungs- und Beratungsleistungen wählen oft eine regional orientierte Aufbauorganisation.

LE 3

2. Funktionsorientierte Organisation

Bei der Orientierung der Aufbauorganisation an den im Rahmen einer innerbetrieblichen Arbeitsteilung abgegrenzten Aufgabengebieten (Funktionen) entstehen z. B. die in den folgenden Abschnitten skizzierten *Funktionalbereiche*.

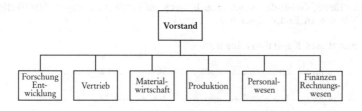

--> LE 4

LE 12

Nicht selten findet man in Unternehmen sowohl Elemente einer funktionsorientierten als auch einer produktorientierten Organisation. Ein Beispiel hierfür ist der Aufbau der Siemens AG. Dort sind die sogenannten "Geschäftsführenden Einheiten" auf bestimmte Produkte bzw. Produktbereiche ausgerichtet, während man wichtige Funktionen in den Zentralbereichen zusammengefaßt hat.

Produktorientierte Organisation der Siemens AG

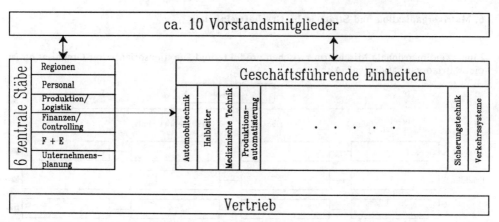

--> LE 13

LE 21

Warum nicht?

Denken Sie daran, daß das eingesetzte Kapital nicht nur in langfristig gebundenem Anlagevermögen (Grundstücke, Gebäude), sondern z. B. auch im Umlaufvermögen (Halbfertigteile in der Produktion, Vorräte an Endprodukten usw.) steckt.

Wie könnte man dieses Kapital verringern?

....

....

Vergleichen Sie Ihre Antwort mit LE 22!

--> LE 22

LE 29

6. Matrixorganisation und Strategische Geschäftseinheiten

Eine zweidimensionale Mischform zwischen produkt- und funktionsorientierter Organisation ist die Matrixorganisation (vgl. Abbildung).

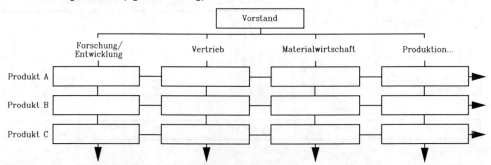

Prinzipiell ist die Unternehmung funktionsorientiert gegliedert. Es gibt jedoch für die einzelnen Produkte Produktmanager, die versuchen, ihr Produkt in den einschlägigen Abteilungen mit Priorität entwickeln und herstellen zu lassen.

--> LE 30

LE 4

2.1. Forschung und Entwicklung

Stellen wir uns beispielsweise das Vorstandsmitglied mit dem Ressort Forschung und Entwicklung in einer größeren Chemie-Unternehmung vor. Ein Aufgabengebiet, das in einer eigenen Hauptabteilung als Untergliederung dieses Ressorts konzentriert sein kann, ist die Grundlagenforschung. Ein anderes Aufgabenfeld ist die anwendungsnahe Forschung und Entwicklung.

In der Grundlagenforschung dieser Unternehmung befaßt man sich z. B. mit der Gentechnologie, die Anwendungsentwicklung beschäftigt sich u. a. mit der Verfeinerung von Verfahren zur Massenproduktion von Düngemitteln, die schädliche Umwelteinflüsse auf die Wälder teilweise kompensieren sollen.

--> LE 5

LE 13

3.1. Vor- und Nachteile der produktorientierten Organisation

In der Folge wollen wir einige Vor- und Nachteile der produktorientierten Organisation im Vergleich zu einer funktionsorientierten Organisation betrachten. Wir tun dies, um Ihnen exemplarisch die Probleme bei der "Organisationsarchitektur" darzulegen.

3.1.1. Vorteile

Dem Produkt als unmittelbarem Erfolgsträger wird besondere Aufmerksamkeit gewidmet. Erträge und Kosten eines Produkts können isoliert werden, und so läßt sich der Gewinn bzw. der Verlust des Bereichs relativ genau ermitteln.

Bestimmte Funktionen, wie z. B. das Rechnungswesen, werden nicht zum Selbstzweck und hinsichtlich ihres Erfolgsbeitrages ständig hinterfragt.

Im Gegensatz dazu wird bei funktionaler Organisation der "Schwarze Peter" oft zwischen den Verantwortlichen in Vertrieb und Fertigung hin- und hergeschoben. Z. B. behaupten in Absatzkrisen die Führungskräfte im Vertrieb, daß man nicht genügend verkaufen könne, weil die Fertigung mit zu hohen Kosten arbeite und man daher die Preise zu hoch ansetzen müsse. Darauf entgegnet man im Produktionsbereich, daß der Vertrieb dauernd Kleinaufträge statt rationell zu fertigender Großaufträge bringe und man deshalb eine ungünstige Kapazitätsausnutzung habe, die wiederum die Produktionskosten unnötig hoch werden lasse.

--> LE 14

LE 22

Die Reduzierung des eingesetzten Kapitals ist auf vielerlei Weise möglich. Es sind sinnvolle und sinnlose Maßnahmen zu unterscheiden.

Eine sinnvolle Maßnahme wäre beispielsweise, wenn ein Fertigungsleiter durch geschicktere Disposition erreicht, daß eine Engpaßmaschine produktiver genutzt wird. Dadurch verschwindet der Stau von Aufträgen vor dieser Maschine, und das in diesen Aufträgen gebundene Kapital wird frei. Eine andere Möglichkeit wäre, durch verbesserte Einkaufs- und Lagerdisposition die durchschnittlichen Vorräte an Material und Endprodukten und damit das im Lager gebundene Kapital zu verringern.

Eine sinnlose Maßnahme wäre es, Kapital durch Verkauf des Fuhrparks freizusetzen und anschließend die Fahrzeuge zu sehr hohen Gebühren zu mieten bzw. zu leasen.

--> LE 23

LE 30

Beispielsweise konkurrieren die Produktmanager für die Erzeugnisse A, B und C in der Entwicklungsabteilung um die besten Entwicklungsingenieure; sie versuchen, das Personal in der Fertigung zu überzeugen, den Prototyp ihres Produktes als erstes herzustellen; in der Werbeabteilung wollen sie die kreativsten Leute für sich reservieren usw.

Die Problematik dieser Organisation erkennt man an dem folgenden Beispiel:

Stellen Sie sich den Leiter der Werbeabteilung vor. Er sieht sich drei Produktmanagern gegenüber, die alle "das Beste" für sich wollen, gleichzeitig ist dieser Werbeleiter dem für den Vertrieb zuständigen Mitglied der Geschäftsführung verantwortlich. Er kann also leicht in Konflikte geraten. Ein begrenzter Konflikt wird von der Organisationslehre als zuweilen vorteilhaft eingestuft und ist bei der Matrixorganisation nachgerade gewollt, insbesondere wenn es darum geht, eine zu bürokratisch reagierende oder "müde" Organisation zu "revitalisieren". Auf Dauer können sich die Konflikte aber schädlich auswirken.

--> LE 31

LE 5

2.2. Vertrieb

Wichtige Abteilungen im Vertriebsbereich sind die Stelle zur Bearbeitung von Kundenanfragen (Angebotsabteilung) und Kundenaufträgen, der Versand und der Außendienst.

Neben diesen Abteilungen, die das tägliche Geschäft abwickeln, hierzu entsprechende Entscheidungsbefugnisse erhalten und in der Organisationslehre Linieninstanzen heißen, baut sich der Vertriebsleiter oft beratende Gruppen und Abteilungen auf. Diese dürfen selbst keine Anweisungen geben und werden in Anlehnung an die Terminologie im Militärwesen *Stabsstellen* genannt. Ein Beispiel wäre die Marktforschung.

--> LE 6

LE 14

3.1.2. Nachteil

Es ist relativ schwer, gute Führungskräfte für die Produktbereiche zu finden, da unser Ausbildungssystem funktional ausgerichtet ist. Beispielsweise gibt es auf Hochschulebene Kaufleute, die an den betriebswirtschaftlichen Fakultäten, und Techniker, die an den Technischen Hochschulen und Ingenieurfakultäten ausgebildet werden.

Ein hochqualifizierter Mitarbeiter, der sich bezüglich eines Produktes gleich gut in der Fertigungstechnik, in der Kalkulation, im Marketing usw. auskennt, kann nur in der Unternehmung selbst herangebildet werden.

In vielen Unternehmungen ist es umstritten, ob man sich eine funktions- oder produktorientierte Organisation geben sollte. Dies erkennt man schon daran, daß es Unternehmungen gibt, in denen in relativ kurzen Zeitabständen von einer funktionsorientierten auf eine produktorientierte Organisation umgestellt wird und umgekehrt. Manchmal möchte man meinen, daß ein neuer Vorstandsvorsitzender seine erste Aufgabe darin sieht, die Organisation "umzuschalten".

--> LE 15

LE 23

3.3. Independent Business Units

Führt man den Gedanken der Divisionalisierung noch weiter, so gelangt man zu den sogenannten Independent Business Units (IBU).

Ausgangspunkt war die Beobachtung, daß kleine junge Unternehmungen im schnellebigen Bereich der Hochtechnologie (High Tech) oft schlagkräftiger als Großbetriebe sind. Die kleinen Unternehmungen werden von Banken und anderen Risikokapital-Gebern gestützt.

In einigen Großunternehmungen werden Überlegungen angestellt, ob man zu bestimmten organisatorischen Einheiten ein ähnliches Verhältnis herstellen könne wie der Risikokapitalgeber zu kleinen Unternehmungen. Die Großunternehmung, die aufgrund ihrer Kapitalkraft ein begrenztes Risiko ohne weiteres tragen kann, übernimmt also gegenüber der IBU die Rolle, die sonst die Bank gegenüber einem innovativen Unternehmer spielt, beeinflußt aber die Entscheidungen in der organisatorischen Einheit nicht mehr, als es die Bank im Regelfall tut.

Hat man in der IBU mit den Ideen Erfolg und wächst die Einheit, so kann sie in die konventionelle Organisation eingegliedert werden. Erweist sich der Gedanke als nicht tragfähig, so schließt die Großunternehmung die IBU wieder.

Bekannt wurde diese Organisationsform vor allem dadurch, daß IBM als der weltweit größte Computerhersteller die Entwicklung und Markteinführung ihrer Mikrocomputer so betrieb.

--> LE 24

LE 31

In manchen Unternehmungen gibt es neben den Produktmanagern oder den Divisionen eine Gruppe von fünf bis sieben Personen, die Spezialisten für Forschung/Entwicklung, Produktion und Vertrieb sind und als Team Gewinnverantwortung für die Produkte eines Marktes übernehmen. Das Team arbeitet langfristige Produkt-, Kapazitäts- und Markterschließungspläne aus, führt Programme zur Senkung der Herstellungskosten durch u. ä.

Die Mitglieder des Teams treffen sich in bestimmten Abständen. Sie nehmen die Aufgabe also nicht hauptamtlich wahr.

Die Teams nennt man *Strategische Geschäftseinheiten (SGE)* - verwechseln Sie diesen Begriff bitte nicht mit anderen, ähnlich klingenden Ausdrücken wie z. B. dem der "Geschäftsführenden Einheiten" von Siemens (vgl. LE 12, S. 121). In funktionsorientierten Unternehmungen spielen die SGE die Rolle, die in divisionalisierten Gesellschaften die Profit-Centers übernehmen. In divisionalisierten Unternehmungen werden oft weit mehr SGE als Divisionen geschaffen, wobei die SGE im Interesse der schlagkräftigen Bearbeitung eines Teilmarktes zuweilen auch in Grenz- und Überlappungsgebieten mehrerer Divisionen tätig werden.

Bei der Firma August Bilstein GmbH & Co KG, die vor allem Stoßdämpfer herstellt, gibt es beispielsweise Strategische Geschäftseinheiten, die die Marktsegmente Großkunden (z. B. Daimler-Benz), Handel und Motorsport bedienen.

--> LE 32

LE 6

2.3. Materialwirtschaft

Im Rahmen des Funktionsbereiches Materialwirtschaft werden die Einzelaufgaben *Beschaffung* bzw. *Einkauf* der beim Produktionsprozeß benötigten Rohstoffe und Einzelteile (oft auch Dienstleistungen) sowie deren *Lagerung* separaten Abteilungen übertragen.

Es müssen jedoch nicht zwangsläufig alle Lager zum Ressort Materialwirtschaft gehören.

Bei der Disposition jedes Lagers ist folgende Entscheidung zu treffen: Hält man höhere Bestände, so ist das Lager meist lieferbereit, bindet aber viel Kapital und verursacht hohe Lagerhaltungskosten (z. B. Zinsen). Minimiert man aber die Bestände und damit die Lagerhaltungskosten, so wird oft eine verlangte Ware nicht vorrätig sein.

Was spräche z. B. dafür, das Lager der Fertigerzeugnisse dem Ressort Vertrieb zu unterstellen?

--> LE 7

LE 15

3.2. Spartenorganisation

Eine weitverbreitete Variante der produktorientierten Organisation ist die Spartenorganisation (synonym werden die Bezeichnungen Divisions-, Geschäftsbereichs- oder Profit-Center-Organisation verwandt). Ihre Kennzeichen sind:

1) Die Leiter der Sparten erhalten vergleichsweise große *Entscheidungsbefugnisse*, insbesondere über Entwicklung, Produktion und Vertrieb von Erzeugnissen.

2) Die Sparten entwickeln *eigene Pläne*, die mit der Leitung der Unternehmung abgestimmt werden. Diese Pläne sind die Grundlage der finanziellen Ausstattung.

3) Die Sparten führen in kürzeren Abständen *Erfolgsrechnungen* durch. Der Periodengewinn und/oder die Kennzahl "Periodengewinn bezogen auf das in der Sparte gebundene Kapital" (Rentabilität) sind die wichtigsten Beurteilungsgrößen. Verkürzt formuliert: Wenn die Kennzahl schlecht ist, sagt der Vorstandsvorsitzende zum Spartenleiter wie weiland der Alte Fritz zu seinen Generälen: "Er hat keine Fortune gehabt, er gehe!".

--> LE 16

LE 24

4. Zentralisierung und Dezentralisierung

Die Divisionsorganisation und mehr noch das Arbeiten mit Independent Business Units sind Erscheinungsformen einer stark dezentralisierten Organisation. Dies führt uns zum schwierigen Thema der Abwägung zwischen Zentralisierung und Dezentralisierung.

Unter dezentralisierter Organisation verstehen wir in diesem Zusammenhang eine solche, die auch Führungskräften auf den unteren Hierarchiestufen relativ viel Entscheidungsfreiheit läßt. Bei einer stark zentralisierten Unternehmung delegiert die Unternehmensleitung hingegen nur wenig Befugnisse.

Welche Vorteile einer relativ starken Dezentralisierung der Unternehmung sehen Sie?

- ....
- ....
- ....

Vergleichen Sie Ihre Antwort mit LE 25!

--> LE 25

LE 32

7. Wertkette (Value Chain)

Eine neue Idee, die aber in der Praxis allenfalls in Ansätzen realisiert wurde, ist die Orientierung der Aufbauorganisation an dem Wertkettenmodell in Anlehnung an Porter[1] (siehe Abbildung). In jedem Glied der Wertkette reift das Produkt weiter aus und nimmt an Wert zu.

Elemente eines Wertkettenmodells

UNTERSTÜTZENDE AKTIVITÄTEN	UNTERNEHMENSINFRASTRUKTUR				z.B. – Finanzierung – Rechnungswesen
	PERSONALWIRTSCHAFT				
	TECHNOLOGIEENTWICKLUNG				
	BESCHAFFUNG				
	EINGANGSLOGISTIK	OPERATIONEN, insbes. Produktion	AUSGANGSLOGISTIK	MARKETING & VERTRIEB	KUNDENDIENST

PRIMÄRE AKTIVITÄTEN

---

[1] Porter, M., LV 4, S. 59 ff.

--> LE 33

Sinngemäß: Der Vertrieb kann die Marktentwicklung und damit die Nachfrage nach lagernden Fertigfabrikaten am besten abschätzen.

LE 7

2.4. Produktion

Der Fertigungsbereich ist oft nach einzelnen Werken oder gar Werkstätten (vgl. LE 34, S. 132) untergliedert.

Hinzu kommen Hilfsfunktionen, wie z. B. die Fabrikanlagenplanung, die Produktionsplanung und -steuerung, die sich mit der Abwicklung der Kunden- und Fertigungsaufträge in der Produktion befaßt, die Qualitätskontrolle und die Anlageninstandhaltung.

Es handelt sich hierbei um Stabsstellen, die allerdings im Gegensatz zur "reinen Lehre" (vgl. LE 5, S. 125) begrenzte Anweisungsbefugnisse erhalten. (Man spricht dann auch von "funktionaler Autorität".)

--> LE 8

LE 16

3.2.1. Vorteil

Ein wichtiger Vorteil der Spartenorganisation liegt darin, daß die Spartenleiter aufgrund ihrer großen Entscheidungsvollmacht rasch auf Markterfordernisse reagieren können.

Hält der Spartenchef es z. B. für nötig, spontan einen Kunden in Übersee zu besuchen, weil er erfahren hat, daß ein Konkurrent im Begriff ist, diesen Kunden abzuwerben, so setzt er sich ins Flugzeug und ergreift am Ort des Geschehens die Initiative. In einer funktionsorientierten Organisation muß oft erst ein langwieriger Prozeß zur Genehmigung der Dienstreise ablaufen.

--> LE 17

LE 25

4.1. Vorteile der Dezentralisierung

Beispielsweise kann eine Unternehmung, in der die Führungskräfte der unteren Hierarchieebenen ("Manager vor Ort") viel Entscheidungsvollmacht haben, rasch auf neue Situationen am Markt reagieren.

Die Motivation, wirklich etwas Eigenständiges zu unternehmen, ist größer als in einer Unternehmung, in der alle Entscheidungsvollmachten bei der Geschäftsleitung zentralisiert sind, so daß man wegen jeder Kleinigkeit dort anfragen muß.

Gesteht die Unternehmensleitung innovativen Mitarbeitern ein eigenes Betätigungsfeld zu, so verbindet man dies auch mit dem Begriff "Intrapreneurship". Der Mitarbeiter versucht, im Inneren der Organisation Neuerungen durchzusetzen, so wie der Unternehmer ("Entrepreneur") in Konkurrenz zu anderen Betrieben nach außen wirkt.

Die Vorteile einer dezentralisierten Organisation entsprechen bis zu einem gewissen Grad denen des Kleinbetriebes gegenüber dem Großbetrieb (vgl. Kapitel "Lebensabschnitte der Unternehmung, besondere Finanzierungsvorgänge", LE 42 - LE 44, S. 280 ff.).

--> LE 26
Seite 134

LE 33

Man unterscheidet verschiedene Kategorien primärer (main activities) und unterstützender (support activities) Wertaktivitäten. Jede Kategorie ist wiederum in eine Reihe einzelner branchenspezifischer Wertaktivitäten zerlegbar. Zwischen den Aktivitäten bestehen Wechselwirkungen, sogenannte Verknüpfungen (linkages). Letztere spielen bei der Konzeption einer integrierten Datenverarbeitung eine besondere Rolle.

Ähnlich wie bei einer Geschäftsbereichsorganisation bleiben einige Funktionen zentral. Diese stimmen im wesentlichen mit den support activities überein.

Von der Zusammenfassung von Aktivitäten, die zur gleichen Position der Wertkette gehören, verspricht man sich z. B., daß bei der Abwicklung von Kundenaufträgen wenig Reibungsverluste auftreten. Dadurch wird man beispielsweise der Forderung nach kurzen Durchlaufzeiten der Kundenaufträge gerecht. So lassen sich wiederum strategische Vorteile im Wettbewerb erreichen.

--> LE 34

LE 8

2.5. Personalwesen

Vielleicht waren Sie schon einmal irgendwo als Ferienarbeiter, Praktikant, Werkstudent o. ä. tätig. Dann hatten Sie auch Kontakt mit dem Personalressort des Betriebes.

Können Sie sich einige Abteilungen vorstellen?

--> LE 9

LE 17

3.2.2. Nachteile

Mehrere Sparten können um den gleichen Kunden konkurrieren; dann entsteht bei diesem Kunden Verwirrung, wie die folgenden Beispiele zeigen:

a) Ein Profit-Center einer Energieversorgungsunternehmung startet eine Werbekampagne, die die Kunden überzeugen soll, in ihre Häuser Nachtstromheizungen einzubauen, während gleichzeitig eine andere Division des gleichen Unternehmens den Anschluß an das Fernwärmenetz empfiehlt.

b) Eine Division eines Computer-Herstellers empfiehlt mittelgroßen Unternehmungen vernetzte, dezentrale Mikrocomputer, während gleichzeitig eine andere kleinere Zentralcomputer anbietet.

--> LE 18

LE 34

8. Räumliche Organisation

Wir können die Aufbauorganisation der Unternehmung auch unter einem räumlichen Aspekt sehen.

Die folgende Abbildung zeigt die Anordnung mehrerer Werke, Zentrallager und Auslieferungslager in der Bundesrepublik.

Betrachten Sie bitte die Abbildung und versetzen Sie sich in die Rolle eines Managers, der die Aufgabe erhalten hat, für einen US-amerikanischen Nahrungsmittelhersteller die deutsche Organisation "hochzuziehen". Welche Entscheidungen müßten Sie dann beispielsweise fällen?

- ....
- ....
- ....

Vergleichen Sie bitte Ihre Vorschläge mit LE 35!

--> LE 35

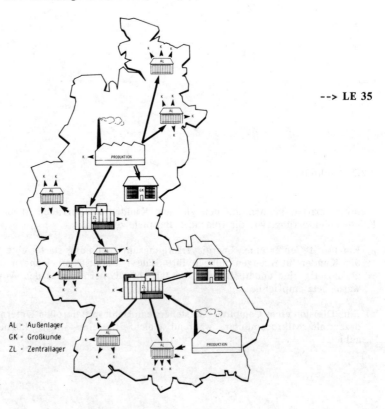

Z. B.: Personalanwerbung, Aus- und Weiterbildung, Lohn- und Gehaltsabrechnung, Betriebskrankenkasse, Werksverpflegung (Kantine)

LE 9

2.6. Finanzen und Rechnungswesen

Der Finanzchef ist für alle Vorgänge im Rahmen der Kapitalbeschaffung zuständig. Er wirkt auch an der Beurteilung der Investitionsanträge maßgeblich mit. Er trifft Entscheidungen im Zusammenhang mit der Anlage freier Finanzmittel und ist an der Entscheidung über die Gewinnverteilung (z. B. Dividendenausschüttung) in erheblichem Maße beteiligt.

Mit dem Rechnungswesen haben Sie sich wahrscheinlich schon bei Ihrer bisherigen Ausbildung auseinandergesetzt und können von daher eine Untergliederung vorschlagen.

Eine erste derartige Untergliederung wäre die in *Buchhaltung* und *Kostenrechnung*. Wir wollen auch hier in der Betriebshierarchie bzw. im Organisationsplan eine Stufe hinuntersteigen:

Welche Anregungen haben Sie aufgrund Ihres bisherigen Wissens zu einer Untergliederung der Hauptabteilungen Buchhaltung und Kostenrechnung?

--> LE 10
Seite 117

LE 18

Die divisionalisierte Sparte kann ihre Interessen gegenüber anderen Unternehmungen nicht optimal wahren: Eine Sparte einer Stahlunternehmung will z. B. den Prozeßrechner kaufen, der sich bei Tests als am geeignetsten erwiesen hat. Eine andere Sparte verlangt, daß ein anderer Prozeßcomputer angeschafft wird, weil dessen Hersteller ein gewichtiger Abnehmer von Blechen ist.

Die Orientierung an der Rentabilitätskennzahl mag zu kurzfristigem Denken und Handeln führen. Können Sie Beispiele geben, durch welche Maßnahmen es möglich ist, kurzfristig die Kennzahl zu verbessern, wobei aber langfristig Verluste zu befürchten sind?

....

....

Vergleichen Sie Ihre Antwort mit LE 19!

--> LE 19
Seite 118

LE 26

4.2. Vorteile der Zentralisierung

Vorteile der Zentralisierung liegen beispielsweise im Einkauf: Wenn jede Division das von ihr benötigte Material bzw. die Dienstleistungen selbst einkauft, kommen keine so großen Aufträge zustande wie bei der Bündelung aller Einkaufsaufträge durch eine Zentralabteilung. Infolgedessen kann eine solche Abteilung bei den Lieferanten günstigere Konditionen, wie z. B. Rabatte, erwirken.

Bei zentralisierter Unternehmensorganisation besteht eine geringere Gefahr, daß Doppelarbeiten auftreten. Beispielsweise werden computergestützte Systeme zur Produktionssteuerung nicht mehrmals entwickelt.

In vielen technischen Bereichen ist es günstiger, mit einer Großanlage statt mit mehreren kleinen Anlagen zu arbeiten ("Größendegression", vgl. Kapitel "Produktionsfaktoren", LE 65, S. 47). Auch dem kommt eine zentralisierte Organisation entgegen.

--> LE 27
Seite 118

LE 35

Beispielsweise:

- Soll man die Produktion in einem Werk zentralisieren oder auf mehrere Werke aufteilen?
- Welche Produkte werden wo hergestellt?
- Soll man wenige große oder viele kleine Zentrallager bauen?
- Welches soll der Standort der Zentrallager sein?
- Welche Auslieferungslager sind von welchen Zentrallagern aus zu beliefern?
- Sollen alle Zentral- und Auslieferungslager alle Produkte führen, oder soll man nur die Produkte mit der größten Umschlagshäufigkeit überall lagern, die seltener nachgefragten aber nur in einigen Zentrallagern?

--> Zwischentest
Seite 135

Zwischentest

1. Welches sind die besonderen Merkmale einer Divisionsorganisation?

   - ....

   - ....

   - ....

2. Welchen Unterschied sehen Sie zwischen einem Produktmanager und einer Strategischen Geschäftseinheit?

3. Angenommen, Sie sollen als Berater zur Organisationsform zweier Unternehmungen Stellung nehmen. Im ersten Fall handelt es sich um einen Betrieb der Stahlindustrie, der an einem Standort über ein Schmelzwerk, ein Blechwalzwerk und ein Werk verfügt, in dem die Bleche zu Eimern und Mülltonnen weiterverarbeitet werden. Die zweite Unternehmung produziert Nahrungsmittel (Speiseeis, Joghurtprodukte, Lebkuchen, Schokoladenerzeugnisse). In welchem der beiden Fälle würden Sie eher zu einer produkt- oder funktionsorientierten Organisation raten? Begründen Sie Ihre Entscheidung!

4. Die Geschäftsführung eines großen Supermarktes besteht aus fünf Damen und Herren. Diese wollen sich die Aufgaben nach Funktionen teilen. Welche Gliederung schlagen Sie vor?

   - ....

   - ....

   - ....

   - ....

   - ....

--> **Literaturverzeichnis**

Literaturverzeichnis

LV1 - Bleicher, K., Organisation - Formen und Modelle, Wiesbaden 1981.

LV2 - Bühner, R., Betriebswirtschaftliche Organisationslehre, München 1986.

LV3 - Krüger, W., Organisation der Unternehmung, Stuttgart 1984.

LV4 - Porter, M., Wettbewerbsvorteile (Competitive Advantage), Frankfurt/Main 1986.

LV5 - Schmidt, G., Grundlagen der Aufbauorganisation, Gießen 1985.

LV6 - Schwarz, H., Betriebsorganisation als Führungsaufgabe. Organisation - Lehre und Praxis, 9. Aufl., München 1983.

K 5/1 – Rechtsformen der Unternehmung Teil 1

Rechtsformen der Unternehmung

Teil 1: Einzelunternehmung
Personengesellschaften

	LE/S.
1. Einteilung der Rechtsformen	4/145
2. Einzelunternehmung	5/147
2.1. Definition - Merkmale	5/147
2.2. Vor- und Nachteile	7/151
3. Personengesellschaften	10/141
3.1. Offene Handelsgesellschaft (OHG)	10/141
3.1.1. Definition - Merkmale	10/141
3.1.2. Geschäftsführung und Vertretung	11/143
3.1.3. Vor- und Nachteile	16/153
3.2. Kommanditgesellschaft (KG)	18/142
3.2.1. Definition - Merkmale	18/142
3.2.2. Geschäftsführung und Vertretung	21/148
3.2.3. Vor- und Nachteile	23/152
3.3. Stille Gesellschaft (StG)	26/144
Zwischentest	155

LE 1

Dieses Kapitel soll Ihnen eine kurze Übersicht über die wichtigsten Rechtsformen der Unternehmung geben.

Da die Rechtsformen gleichzeitig einen Gegenstand der Rechtswissenschaft darstellen, liegt das Schwergewicht der folgenden Ausführungen auf der Behandlung der betriebswirtschaftlichen Merkmale. Die juristischen Aspekte werden nur soweit behandelt, als dies für das Verständnis betriebswirtschaftlicher Fragen notwendig erscheint.

Wenn Sie dieses Kapitel durchgearbeitet haben, sollten Sie

- die wichtigsten Rechtsformen kennen und
- ihre Vor- und Nachteile aus betriebswirtschaftlicher Sicht beurteilen können.

Das Stoffgebiet wird in drei Teilkapiteln behandelt:

- Einzelunternehmung und Personengesellschaften,
- Kapitalgesellschaften,
- Genossenschaften und öffentlich-rechtliche Unternehmungen.

Zum Verständnis des Kapitels ist Voraussetzung, daß Sie Eigen- und Fremdkapital unterscheiden können. Wenn Sie dieses Wissen schon besitzen, gehen Sie bitte zu LE 3, sonst LE 2 aufmerksam lesen!

Ist Ihnen der Unterschied zwischen Eigen- und Fremdkapital bekannt?

nein --> LE 2

ja --> LE 3
Seite 143

LE 9

Zurück zu unserer eingangs geschilderten Situation (vgl. LE 3, S. 143)!

Ist die Einzelunternehmung die ideale Form für die zu gründende Gesellschaft für Datenverarbeitung und Organisation?

....

....

--> LE 10

LE 17

Kommen wir auf unser Beispiel der zu gründenden Datenverarbeitungs- und Organisationsberatungsunternehmung zurück.

Kann die OHG die gestellten Forderungen

- Ausschaltung der persönlichen Haftung,
- maximale Höhe des Gesellschaftskapitals = 50.000,- DM,
- effizienter Entscheidungsprozeß

erfüllen?

....
....

--> LE 18

LE 24

Auf seiten der Gläubiger der KG liegt ein gewisser Nachteil darin, daß sie sich nicht - wie bei der OHG - an jeden Gesellschafter zur Begleichung ihrer Forderungen wenden können, da ja nur die Komplementäre Vollhafter sind, d. h., daß nur sie unbeschränkt und solidarisch haften.

Für die Komplementäre stellt die über ihre Kapitaleinlage hinausgehende Haftung - etwa verglichen mit den noch zu besprechenden Kapitalgesellschaften - einen entscheidenden Nachteil dar.

Haben Sie vielleicht in der Hitze des Gefechtes Ihre Eintragungen im Hilfsblatt vergessen?

--> LE 25

LE 2

Eigenkapital sind die Mittel, die dem Eigentümer einer Unternehmung gehören. Das Eigenkapital steht der Unternehmung - anders als das Fremdkapital - in der Regel für *unbegrenzte Zeit* zur Verfügung. Der Kapitalgeber wird durch Anteile am Gewinn entlohnt.

Im Gegensatz zum Eigenkapital ist das *Fremdkapital* im allgemeinen nur für eine *bestimmte Zeit* aufgenommen. Der Kapitalgeber ist nicht an der Unternehmung beteiligt und hat infolgedessen auch kein Mitbestimmungsrecht bei der Führung der Geschäfte. Ausnahmen sind allerdings insbesondere bei starker Verschuldung des Betriebes oder bei einem Großkredit möglich.

Das Fremdkapital ist aus ganz unterschiedlichen Teilen zusammengesetzt, z. B. Bankkrediten, Verbindlichkeiten an Lieferanten oder an den Staat (Steuerschulden), in Obligationen verbrieften langfristigen Darlehen. Der Fremdkapitalgeber erhält im allgemeinen feste, gewinnunabhängige Zinsen, die das Unternehmen - anders als die "Entlohnung" des Eigenkapitals - auch in Verlustjahren belasten.

--> LE 3

Allein der Begriff "Einzelunternehmung" schließt dies schon aus. Maier und Müller und nicht Maier oder Müller wollen ja eine Gesellschaft gründen.

LE 10

3. Personengesellschaften

3.1. Offene Handelsgesellschaft (OHG)

3.1.1. Definition - Merkmale

Bei einer OHG haften *alle* Gesellschafter - wie bei der Einzelunternehmung - *unbeschränkt* (d. h. mit dem gesamten Vermögen) und *solidarisch*.
Was versteht man unter Solidarhaftung?

Solidarische Haftung bedeutet, daß jeder Gesellschafter voll für alle Verbindlichkeiten der Gesellschaft haftet, auch wenn sie von anderen Gesellschaftern eingegangen wurden und er nichts davon wußte.

--> LE 11

Nein, sie kann es nicht. Schon bei der ersten Forderung, der Ausschaltung der persönlichen Haftung, ergeben sich Schwierigkeiten, da ja die Gesellschafter einer OHG unbeschränkt und solidarisch haften.

LE 18

3.2. Kommanditgesellschaft (KG)

3.2.1. Definition - Merkmale

Die Kommanditgesellschaft ist eine Personengesellschaft, bei der ein Teil der Gesellschafter unbeschränkt haftet, der andere Teil grundsätzlich nur bis zur Höhe der genau bezifferten und ins Handelsregister einzutragenden Kapitaleinlage (Hafteinlage). Ist die Kommanditeinlage voll eingezahlt und damit in das Vermögen der KG übergegangen, so haftet der Kommanditist nicht mit seinem Privatvermögen für Schulden der Gesellschaft. Falls aber seine Einlage durch Verluste gemindert wurde, muß er sie, damit die Haftung ausgeschlossen bleibt, erst wieder durch Gewinnanteile auffüllen, bevor er sich Gewinne auszahlen läßt.

--> LE 19

LE 25

Jetzt können Sie schon die OHG von der KG unterscheiden. Maier und Müller können das auch.

Gleichzeitig können sie die KG aus ihren Betrachtungen ausscheiden: Es gibt zwar in der KG Gesellschafter, die nur bis zur Höhe ihrer Einlage haften, aber auch vollhaftende Gesellschafter.

Beide Herren wollen aber die persönliche Haftung ausgeschaltet wissen.

--> LE 26

LE 3

Stellen Sie sich folgende Situation vor:

Der Datenverarbeitungsfachmann Dr. K. Maier und der Organisationsberater Dr. P. Müller haben die Absicht, eine Beratungsgesellschaft für Datenverarbeitung und Organisation zu gründen. Grundsätzlich einigte man sich auf folgendes:

- Eine unbeschränkte Haftung (d. h. eine Haftung auch mit dem Privatvermögen) soll nicht erfolgen.

- Das Gesellschaftskapital sollte nicht mehr als 50.000,- DM betragen.

- Ein effizienter Entscheidungsprozeß soll gewährleistet sein.

Welche Rechtsform der Unternehmung könnte man den Herren Maier und Müller empfehlen?

Besprechen wir nun die einzelnen Rechtsformen, und vergleichen wir ihre Merkmale mit den oben angeführten Forderungen.

--> LE 4

LE 11

3.1.2. Geschäftsführung und Vertretung

Von wem werden die Geschäfte der Gesellschaft geführt, und wer vertritt die Gesellschaft nach außen?

Gemäß Handelsgesetzbuch ist *jeder* Gesellschafter zur Geschäftsführung berechtigt. Im Gesellschaftsvertrag kann jedoch abweichend davon die Geschäftsführung anderweitig geregelt werden, beispielsweise so, daß einem Gesellschafter die betriebswirtschaftliche, einem anderen die technische Leitung des Unternehmens anvertraut wird. Auch der vollständige Ausschluß von der Geschäftsführung ist möglich.

--> LE 12

LE 19

Man kann also bei der KG zwei Arten von Gesellschaftern unterscheiden:

- *Komplementäre*:

Sie haften wie die Gesellschafter der OHG: ....
und ....

- *Kommanditisten*:

Sie haften mit ihrem Privatvermögen für die Verbindlichkeiten der Gesellschaft nur, soweit die Kapitaleinlage ....

--> LE 20

LE 26

3.3. Stille Gesellschaft (StG)

Die stille Gesellschaft ist eine Gesellschaftsform, bei der eine oder mehrere Personen (= stille(r) Gesellschafter) an der Unternehmung eines anderen mit einer in dessen Vermögen übergehenden Einlage beteiligt ist (sind), ohne daß diese Beteiligung nach außen in Erscheinung tritt. Im Gegensatz zu einem Kreditgeber ist der stille Gesellschafter an Gewinn und Verlust beteiligt, wobei die Verlustbeteiligung vertraglich ausgeschlossen werden kann.

Als Geschäftsinhaber sowie als stiller Gesellschafter kommen natürliche Personen, Personen- und Kapitalgesellschaften in Frage.

Der stille Gesellschafter riskiert nur seine Einlage, er haftet nicht für Schulden des Unternehmens.

Unterstreichen Sie bitte in obiger Definition die wichtigsten Merkmale - Sie werden es brauchen können!

--> LE 27

LE 4

1. Einteilung der Rechtsformen

Unserer Besprechung der einzelnen Rechtsformen wollen wir folgendes Einteilungsschema zugrunde legen:

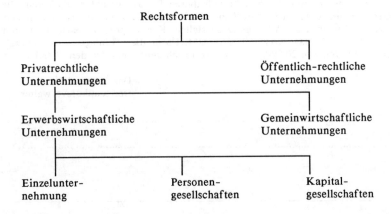

Klappen Sie bitte das Hilfsblatt 1 (erste Falttafel am Schluß des Buches) nach rechts heraus, und füllen Sie beim Durcharbeiten der folgenden Lerneinheiten die dafür vorgesehenen Spalten aus.

--> LE 5

LE 12

Neben der Geschäftsführung steht *jedem Gesellschafter* das *Recht auf Vertretung* der Gesellschaft nach außen zu. Es ist also jeder berechtigt, im Namen der Gesellschaft gegenüber Dritten (z. B. Kunden, Lieferanten, Behörden) aufzutreten und zu handeln.

Die zugrundeliegende Bestimmung des Handelsgesetzbuches ist auch für die Gläubiger (z. B. Lieferanten) und Kunden von großer Bedeutung, da sie sich dadurch darauf verlassen können, daß alle Geschäfte - wenn sie auch nur mit einem Gesellschafter abgeschlossen wurden - für die Gesellschaft verbindlich sind.

Im Gesellschaftsvertrag kann bestimmt werden, daß ein Gesellschafter von der Vertretung der Gesellschaft nach außen ausgeschlossen wird, man kann aber eine Vertretung nicht auf bestimmte Geschäftsarten beschränken. Ein solcher Ausschluß bedarf allerdings der Eintragung in das bei den Amtsgerichten geführte und dort einsehbare Handelsregister.

--> LE 13

unbeschränkt (und) solidarisch
nicht eingezahlt ist.

LE 20

Beispiel:

Mit einem Kommanditisten K ist ein Kapitalanteil von 100.000,- DM vereinbart, der auch eingezahlt und ins Handelsregister eingetragen wurde. Im Jahr 1986 macht die KG einen Verlust, von dem auf K 20.000,- DM entfallen. Dieser Betrag wird von seinem Einlagekonto abgebucht, das sich danach auf 80.000,- DM stellt. 1987 entsteht ein hoher Gewinn, von dem K 40.000,- DM zugeteilt werden. K läßt sich diesen Betrag auszahlen. 1988 geht die KG in Konkurs. Der Konkursverwalter fordert K auf, 20.000,- DM aus seinem Privatvermögen zur Befriedigung von Gläubigern zur Verfügung zu stellen. K entgegnet, er hafte als Kommanditist nur bis zur Höhe der Einlage von 100.000,- DM. Da er diese Einlage auch eingezahlt hätte, könne er nicht mit weiteren 20.000,- DM in Anspruch genommen werden. Wer hat recht?

- Der Kommanditist ....
- Der Konkursverwalter ....

Begründung: ....

....

--> LE 21

LE 27

Fassen wir wieder die Merkmale der Definition kurz zusammen:

- Beteiligung einer Person an dem Unternehmen eines anderen als stiller Gesellschafter.

- Die .... des stillen Gesellschafters geht in das Vermögen des Geschäftsinhabers über.

- Trotzdem tritt der stille Gesellschafter .... nicht in Erscheinung, das heißt u. a., daß auf seine Teilhaberschaft gegenüber Dritten nicht hingewiesen wird.

Wer ist bei der stillen Gesellschaft für die Führung der Geschäfte zuständig?

....

Tragen Sie bitte Ihre Antworten nach der Prüfung auf ihre Richtigkeit auch in die entsprechenden Felder des Hilfsblattes ein!

--> LE 28

LE 5

2. Einzelunternehmung

2.1. Definition - Merkmale

Unter einer Einzelunternehmung versteht man eine Unternehmensform, bei der der *Eigenkapitalgeber* eine *Einzelperson* ist.

Der Einzelunternehmer haftet für die Verbindlichkeiten seiner Unternehmung nicht nur mit seinem Geschäftsvermögen, sondern auch mit seinem ganzen Privatvermögen, d. h., seine *Haftung* ist *unbeschränkt*.

--> LE 6

LE 13

Kurze Wiederholung:

- Innerhalb der OHG ist jeder Gesellschafter zur ....

  und zur .... der Gesellschaft nach außen, d. h. gegenüber Dritten

  (z. B. Kunden, ..., Behörden), berechtigt.

- Ausnahmen von dieser Regelung bedürfen einer vertraglichen ....

  und - im Falle des Ausschlusses von der Vertretung nach außen - der Eintragung ins

  ....

--> LE 14

Der Konkursverwalter
Begründung: Kommanditisten haften mit ihrem Privatvermögen bis zur Höhe der noch nicht eingezahlten Einlage. Wurde die Einlage durch Verluste gemindert, so muß sie wieder durch Gewinnanteile aufgefüllt werden, bevor sich der Kommanditist Gewinne auszahlen läßt (vgl. LE 18, S. 142).

LE 21

3.2.2. Geschäftsführung und Vertretung

Die Geschäftsführung und die Vertretung liegen grundsätzlich in der Hand der voll haftenden Gesellschafter, also der ....

Durch Gesellschaftsvertrag kann aber abweichend davon die Geschäftsführung auch ganz oder teilweise den .... eingeräumt werden.

--> LE 22

Einlage
nach außen
Der Geschäftsinhaber

LE 28

Bei der Auflösung einer stillen Gesellschaft ist es wichtig, wer an den Vermögenswerten beteiligt ist. Bei der *typischen* stillen Gesellschaft hat der "Stille" nur Anspruch auf Rückzahlung seiner Einlage. Liegt jedoch eine *atypische* stille Gesellschaft vor, so ist der stille Gesellschafter an den Vermögenswerten beteiligt. Zeigt sich z. B. bei der Liquidation, daß der Erlös für die Vermögensgegenstände höher ist als der Bilanzwert, so steht dem stillen Gesellschafter ein Teil dieses Mehrerlöses zu.

Die typische stille Gesellschaft spielt eine wichtige Rolle, wenn Arbeitnehmer an Erfolg und Kapital von Einzelunternehmungen und Personengesellschaften beteiligt werden sollen (vgl. K 1/1, LE 46).

--> LE 29

LE 6

Welche beiden Hauptmerkmale ergeben sich aus dieser Definition?

- .... -person ist .... -geber und damit Inhaber der Unternehmung.

- .... Haftung für die Verbindlichkeiten seiner Unternehmung gegenüber den Gläubigern.

Vergessen Sie nicht die Eintragung im Hilfsblatt!

--> LE 7

Geschäftsführung (und zur) Vertretung
Gläubigern bzw. Lieferanten
Vereinbarung
Handelsregister

LE 14

Die *Gewinn- und Verlustverteilung* wird bei der OHG in der Regel durch Vertrag geregelt.

Bestehen keine abweichenden vertraglichen Vereinbarungen, so gelten die Bestimmungen des Handelsgesetzbuches, nach denen zunächst jedem Gesellschafter 4 % seines Kapitalanteils als eine Art Kapitalverzinsung gebühren. Darüber hinausgehende Gewinne werden nach Köpfen verteilt. Auftretende Verluste sind gleichmäßig von allen Gesellschaftern der OHG zu tragen.

--> LE 15

Komplementäre
Kommanditisten

LE 22

Im Regelfall steht den Kommanditisten nur das Kontrollrecht, d. h. das Recht auf Abschrift der Jahresbilanz sowie Prüfung der Geschäftsbücher und Geschäftspapiere zu.

Bei außergewöhnlichen Geschäften, wie z. B. der Errichtung von Zweigniederlassungen oder der Aufnahme von stillen Gesellschaftern, geht die Rechtsprechung allerdings davon aus, daß die Zustimmung der Kommanditisten eingeholt werden muß.

--> LE 23

LE 29

Beispiel:

A und B gründen eine stille Gesellschaft. A als Unternehmer stellt Eigenkapital in Höhe von 400.000,- DM zur Verfügung, während B als stiller Gesellschafter eine Einlage von 100.000,- DM leistet. Es ist vertraglich eine Verteilung der Gewinne auf A und B im Verhältnis der Kapitalbeträge, d. h. 4:1, vereinbart. A und B entnehmen alle Gewinne.

Nach einigen Jahren wird die Gesellschaft aufgelöst. Nach Verkauf aller Vermögensgegenstände und Rückzahlung aller Schulden bleibt ein Betrag von 700.000,- DM.

Wieviel davon bekommt B,

a) wenn eine typische stille Gesellschaft vereinbart war?
b) wenn eine atypische stille Gesellschaft vereinbart war?

a) .... DM
b) .... DM

--> LE 30

Einzel(person ist) Eigenkapital(geber)
Unbeschränkte

LE 7

2.2. Vor- und Nachteile

Ein bedeutender Vorteil der Einzelunternehmung liegt in der Möglichkeit einer *schnellen Anpassung* an die jeweilige Marktlage. Der Entscheidungsprozeß ist flexibel, da alle bedeutenden Entscheidungen von einer einzelnen Person getroffen werden und nicht jeweils die Meinungen anderer Gesellschafter berücksichtigt werden müssen.

Diesem Vorteil, nämlich der Möglichkeit einer .... Anpassung an die Marktlage, steht ein gravierender Nachteil gegenüber: Die schmale Kapitalbasis.

--> LE 8

LE 15

Beispiel: Jahresgewinn 240.000,- DM
Einlage des Gesellschafters A 1.000.000,- DM
Einlage des Gesellschafters B 1.200.000,- DM

Vorausgesetzt, daß der Gesellschaftsvertrag nichts anderes bestimmt, gelten die *handelsrechtlichen* Vorschriften. Demnach erhält jeder Gesellschafter zunächst .... seiner Einlage. Ziehen wir also diese Kapitalverzinsung vom Gesamtgewinn ab:

Gesamtgewinn 240.000,- DM
./. % von 2.200.000,- DM ....,- DM

Restgewinn ....,- DM

Der verbleibende Restgewinn ist nach .... aufzuteilen:

152.000,- DM : ..... = ...,- DM

A erhält daher: .... + ... = ...,- DM
B erhält daher: .... + ... = ...,- DM

240.000,- DM

Wie würde die Verteilung eines Verlustes erfolgen?

....

--> LE 16

151

LE 23

3.2.3. Vor- und Nachteile

Wie bei der OHG ist auch bei der KG durch Aufnahme von neuen Gesellschaftern eine Aufstockung des Unternehmenskapitals möglich, z. B. wenn die Unternehmung keine Kredite mehr bekommen kann.

Worin kann der Anreiz liegen, sich als Kommanditist an einer Unternehmung zu beteiligen?

Wesentliche Vorteile für den Kommanditisten sind die Gewinnbeteiligung und die beschränkte Haftung.

Der Ausschluß von der Geschäftsführung und der Vertretung muß nicht unbedingt einen Nachteil für den Kommanditisten darstellen. Denken Sie an die Möglichkeit, daß ein Kapitalgeber Gesellschafter bei mehreren Unternehmungen sein kann oder daß sich ein Playgirl oder Playboy nicht an der Leitung der Familienunternehmung beteiligen will, weil das mit Arbeit verbunden wäre!

Im übrigen erlaubt es die Gestaltungsfreiheit des Handelsrechts, auch einen Kommanditisten zum Geschäftsführer zu bestellen.

--> LE 24
Seite 140

---

a) 100.000,- DM
b) 140.000,- DM (Verteilung der 700.000,- DM im Verhältnis 4:1)

LE 30

Maier und Müller haben mit der Zeit warten gelernt. Über die stille Gesellschaft sind sie "still" hinweggegangen. Die letzte Rettung liegt noch in den Kapitalgesellschaften, die wir im nächsten Teilkapitel behandeln werden.

Vergleichen Sie nun bitte die Ergebnisse des Hilfsblattes 1 mit den Lösungen in LE 31. Besteht vollkommene - sinngemäße - Übereinstimmung, klappen Sie bitte das Hilfsblatt wieder ein und gehen Sie zum Zwischentest weiter. Bestehen aber zwischen Hilfsblatt und Lösungen Differenzen, so sollten Sie die jeweils in Klammern angeführten Lerneinheiten nochmals durchgehen.

--> LE 31

schnellen (Anpassung)

LE 8

Die *Beschaffung von Kapital*, vor allem durch Aufnahme von Krediten, ist wegen der schmalen Vermögens- bzw. Kapitalbasis außerordentlich *begrenzt*.

Was ist darunter zu verstehen?

Will eine Unternehmung einen Kredit aufnehmen, muß sie über entsprechende Vermögensteile zur Sicherstellung des Kredits, genauer gesagt, zur Sicherstellung der Kreditrückzahlung, verfügen.

Kreditwürdigkeit setzt daher eine entsprechende Kapitalbasis voraus. Darüber hinaus könnte man unter Kapitalbasis das potentielle Kapital verstehen, das der oder die Inhaber aufgrund seiner (ihrer) Vermögensverhältnisse zusätzlich aufzubringen in der Lage ist (sind).

Geht man davon aus, daß in der Regel eine einzelne Person weniger Vermögensreserven hat als mehrere Gesellschafter, so ist die Kapitalbasis einer Einzelunternehmung schmäler als die von Unternehmen in anderen Rechtsformen.

Aufgrund der schmalen Kapitalbasis ist die Einzelunternehmung nur sehr begrenzt kreditwürdig.

$\quad\quad\quad\quad\quad\quad\quad\quad\quad\quad\quad\quad$ --> LE 9
$\quad\quad\quad\quad\quad\quad\quad\quad\quad\quad\quad\quad$ Seite 139

4%; 4% = 88.000,- DM,   152.000,- DM
(nach) Köpfen, 2,   76.000,- DM
A: 40.000 + 76.000 =   116.000,- DM
B: 48.000 + 76.000 =   124.000,- DM
Nach Köpfen, d. h., A und B tragen je die Hälfte.

LE 16

3.1.3. Vor- und Nachteile

Bei Gesellschaften ist in der Regel die *Kapitalbasis* wesentlich breiter als bei Einzelunternehmungen: Ein Einzelunternehmer kann meist nicht soviel Eigenkapital aufbringen wie mehrere Gesellschafter. Da die Fremdkapitalbeschaffung von einer guten Kapitalbasis abhängt, liegt hierin wohl der Hauptvorteil der OHG gegenüber der Einzelunternehmung. Einen anderen wesentlichen Vorteil kann man darin sehen, daß die Verteilung des Verlustes auf die Gesellschafter eine gewisse "Aufteilung des Risikos" bedeutet.

Im Vergleich zu Rechtsformen, die wir noch kennenlernen werden, liegt ein wesentlicher Nachteil aus der Sicht des Unternehmers in der unbeschränkten und (speziell bei der OHG) solidarischen Haftung.

$\quad\quad\quad\quad\quad\quad\quad\quad\quad\quad\quad\quad$ --> LE 17
$\quad\quad\quad\quad\quad\quad\quad\quad\quad\quad\quad\quad$ Seite 140

LE 31

Lösung zu Hilfsblatt 1: Einzelunternehmung und Personengesellschaften

Merkmale	Einzelunternehmung (EU)	Offene Handelsgesellschaft (OHG)	Kommanditgesellschaft (KG)	Stille Gesellschaft (StG)
Eigenkapitalgeber	Einzelperson (LE 5-6)	Mehrere Personen (LE 10)	Mehrere Personen (LE 18)	Einlage des stillen Gesellschafters geht in Vermögen des Inhabers über (LE 26-27)
Haftung	Unbeschränkt (LE 5-6)	Unbeschränkt und solidarisch (LE 10)	Komplementäre: unbeschränkt und solidarisch; Kommanditisten: nur bis zur Höhe der nicht gezahlten Einlage (LE 18-19)	Stiller Gesellschafter haftet nicht für Schulden des Unternehmers (LE 26)
Geschäftsführung	Einzelunternehmer (LE 5-6)	Jeder Gesellschafter (LE 11-12)	Komplementäre (LE 21)	Inhaber (LE 27)
Vorteile	Schnelle Anpassung möglich (LE 7)	Breitere Kapitalbasis gegenüber EU, Aufteilung des Risikos (LE 16)	Breitere Kapitalbasis gegenüber EU, beschränkte Haftung der Kommanditisten (LE 23)	Breitere Kapitalbasis gegenüber EU, beschränkte Haftung der stillen Gesellschafter (LE 26)
Nachteile	Schmale Kapitalbasis (LE 7-8)	Haftung für alle Schulden mit Geschäfts- und Privatvermögen (LE 16)	Unbeschränkte Haftung der Komplementäre (LE 24)	Evtl. Verlustbeteiligung der stillen Gesellschafter (LE 26)

--> Zwischentest
Seite 155

Zwischentest

1. Welches Einteilungsschema wurde der Besprechung der einzelnen Rechtsformen zugrunde gelegt?

```
                        Rechtsformen
           ┌─────────────────┴─────────────────┐
   ................                    Öffentlich-rechtliche
   Unternehmungen                       Unternehmungen
           ├─────────────────┬─────────────────┤
   ................                    Gemeinwirtschaftliche Unter-
   Unternehmungen                       nehmungen (Genossenschaften)
           ├─────────────────┼─────────────────┤
   ................     ................     ................
```

2. Wie ist die Haftung der Komplementäre, wie die der Kommanditisten?

   - Komplementäre: ....

   - Kommanditisten: ....

3. Was heißt "unbeschränkte Haftung" und "Solidarhaftung"?

   - Unbeschränkte Haftung:

   - Solidarhaftung:

4. Welches ist der Unterschied zwischen einer typischen und einer atypischen stillen Gesellschaft?

K 5/2 – Rechtsformen der Unternehmung Teil 2

Rechtsformen der Unternehmung
Teil 2: Kapitalgesellschaften

LE/S.

4. Kapitalgesellschaften	32/159
4.1. Aktiengesellschaft (AG)	36/167
4.1.1. Definition - Merkmale	36/167
4.1.2. Organe	37/169
4.1.3. Vor- und Nachteile	41/159
4.1.3.1. Vorteile	41/159
4.1.3.2. Nachteile	44/165
4.2. Gesellschaft mit beschränkter Haftung (GmbH)	47/175
4.2.1. Definition - Merkmale	47/175
4.2.2. Organe	49/162
4.2.3. Vor- und Nachteile	50/164
4.2.3.1. Vor- und Nachteile im Vergleich zu den Personengesellschaften	50/164
4.2.3.1.1. Vorteile	50/164
4.2.3.1.2. Nachteile	51/168
4.2.3.2. Vor- und Nachteile im Vergleich zur AG	52/160
5. Mischformen zwischen Personen- und Kapitalgesellschaften	56/168
5.1. GmbH & Co KG	56/168
5.2. Kommanditgesellschaft auf Aktien (KGaA)	59/174
Zwischentest	176

LE 32

4. Kapitalgesellschaften

Im folgenden sollen zunächst die allgemeinen Merkmale der Kapitalgesellschaften besprochen werden.

Als wichtigstes Charakteristikum:

Eine Kapitalgesellschaft ist eine *juristische Person*, d. h. *eine Gesellschaft mit eigener Rechtspersönlichkeit*.

Der Ausdruck "juristische Person" besagt, daß eine Gesellschaft zwar rechts-, aber nicht geschäftsfähig ist. Das bedeutet, die juristische Person ist Träger von Rechten und Pflichten, hat Vermögen, kann als Erbe eingesetzt werden, im eigenen Namen klagen und verklagt werden. Sie kann aber selbst, im Unterschied zu natürlichen Personen, keine rechtlich bedeutsamen Handlungen, insbesondere keine Rechtsgeschäfte, wirksam vornehmen. Dazu bedient sie sich ihrer Organe, die aus geschäftsfähigen Personen bestehen.

Mit obiger Definition für die Kapitalgesellschaft haben wir gleichzeitig einen Teil der Definitionen für AG und GmbH gewonnen, die somit juristische Personen mit .... sind.

--> LE 33

LE 41

4.1.3. Vor- und Nachteile

Wir haben schon fast alle Vorteile der AG bei der Besprechung der Kapitalgesellschaften im allgemeinen kennengelernt. Wir wollen gemeinsam versuchen, sie nochmals zusammenzustellen:

4.1.3.1. Vorteile

a) Weite Streuung des Gesellschaftskapitals

Die Zerlegung des Grundkapitals in kleinste Einheiten, die durch die .... repräsentiert werden, macht es möglich, daß eine große Zahl von Aktionären gewonnen wird, von denen jeder nur einen sehr geringen Kapitalbetrag aufbringt. Die meisten sogenannten deutschen Publikumsgesellschaften haben mehr Aktionäre als Mitarbeiter.

Bedenken Sie, daß die Zerlegung eines Kapitals in Höhe von mehreren Millionen oder mehreren hundert Millionen DM in Aktien zu 50 DM, 100 DM und einem Vielfachen von 100 DM es fast jedem ermöglicht, sich an einer Unternehmung zu beteiligen.

--> LE 42

LE 48

Die Geschäftsanteile (auch Stammeinlagen genannt) sind nicht so flexibel wie die Aktien. Sie sind zwar auch übertragbar, aber nur mit notarieller Beurkundung.

Der grundlegende Unterschied zwischen Aktie und Geschäftsanteil liegt in der leichteren Übertragbarkeit der Aktien, da

- die Aktien auf einen fixen Nominalwert lauten und in kleinste Einheiten aufgespalten sind und

- der Verkauf von Aktien keiner .... Beurkundung bedarf.

--> LE 49

---

der Größe

LE 52

4.2.3.2. Vor- und Nachteile im Vergleich zur AG

Der *Vorteil* der GmbH gegenüber der AG liegt in dem niedrigeren Gründungskapital von .... DM. Dem stehen jedoch zwei *Nachteile* gegenüber:

a) Schwerere Übertragbarkeit der Geschäftsanteile gegenüber Aktien

Ein sehr bedeutender Nachteil der GmbH gegenüber der AG besteht darin, daß die Geschäftsanteile nur unter erschwerten Bedingungen übertragen werden können. Es gibt keinen Handel an der Börse. Die Veräußerung sowie die Übertragung (Abtretung) von Geschäftsanteilen ist notariell zu beurkunden.

b) Geringere Kreditwürdigkeit

Die GmbH wird oft für risikoreiche Zwecke gegründet und nur mit dem geringstmöglichen Stammkapital ausgestattet. Infolgedessen ist diese Rechtsform bei Unternehmenszusammenbrüchen überproportional stark vertreten. Sie genießt daher bei vielen Kreditgebern einen eher schlechten Ruf.

--> LE 53

eigener Rechtspersönlichkeit

LE 33

Warum eine derart komplizierte Konstruktion? Welche Vorteile bieten Kapitalgesellschaften?

Mit der ständigen Ausweitung der Unternehmungen gewann das Problem der Kapitalbeschaffung immer mehr an Bedeutung. Die in die Millionen und Milliarden gehenden Beträge konnten nicht mehr von einer kleinen Gruppe von Unternehmern aufgebracht werden. Man mußte daher nach einer Konstruktion suchen, die einerseits die Erfassung eines möglichst großen Personenkreises als Kapitalgeber und andererseits die Beschränkung der Geschäftsführungs- und Vertretungsbefugnis auf wenige Personen erlaubt.

Diese Konstruktion wurde in Form der Aktiengesellschaft und der Gesellschaft mit beschränkter Haftung verwirklicht. Es gibt auf der einen Seite eine große Anzahl von Kapitalgebern, d. h. Gesellschaftern (bei der AG können es einige Hunderttausend sein), auf der anderen Seite jedoch nur einen kleinen Kreis von Personen, der mit der .... betraut ist.

--> LE 34

Aktien

LE 42

b) Einfachheit des Handels mit Aktien

Die Zerlegung des Grundkapitals in kleinste Einheiten erlaubt nicht nur eine große Zahl von .... zu beteiligen, sondern bringt auch noch den Vorteil mit sich, daß der Handel mit Aktien recht einfach gestaltet werden kann.

Sie können jederzeit zu einer Bank gehen und sich Aktien der Volkswagen Aktiengesellschaft kaufen und damit deren Gesellschafter werden, ohne daß die Gesellschaft davon wissen muß. Dies ist möglich, weil es sich bei Aktien in der Regel um reine Inhaberpapiere handelt, d. h., derjenige, der die Aktie im Eigentum hat, ist Inhaber des darin verbrieften Anteiles an der AG.

Der eigentliche Handel mit Aktien vollzieht sich meist an der Börse, zu der jedoch Privatpersonen keinen Zutritt haben. Dort wird auch der "Preis" der Aktien nach Angebot und Nachfrage ermittelt.

Der entscheidende Punkt dieser Lerneinheit war also die .... des Handels mit Aktien.

--> LE 43

notariellen

LE 49

4.2.2. Organe

Die Organe der GmbH entsprechen jenen der AG:

- Geschäftsführer, die von der Gesellschafterversammlung zur Führung der Geschäfte und Vertretung der Gesellschaft nach außen bestellt sind,
- Aufsichtsrat bei mehr als 500 Arbeitnehmern,
- Gesellschafterversammlung (entspricht der Hauptversammlung bei der AG).

Nun eine Gegenüberstellung der GmbH und der AG:

GmbH	AG
- Geschäftsführer: wird/werden von den Gesellschaftern bestellt - Aufsichtsrat: wird bei mehr als 500 Arbeitnehmern von den Gesellschaftern (Antteilseignern) und Arbeitnehmern gewählt	- Vorstand: wird vom Aufsichtsrat bestellt - Aufsichtsrat: wird von den Aktionären (Anteilseignern) und Arbeitnehmern gewählt
-	- ....

Wie heißt das jeweils dritte Organ?

--> LE 50

50.000 (DM)

LE 53

Die GmbH ist vor allem für kleinere und mittlere Betriebe von großer Bedeutung, da sie es ermöglicht, mit verhältnismäßig niedrigem Gesellschaftskapital die Vorteile einer Kapitalgesellschaft wahrzunehmen.

Viele Tochtergesellschaften in Konzernen (vgl. Kapitel "Unternehmenszusammenschlüsse") werden in der Rechtsform der GmbH geführt.

--> LE 54

Geschäftsführung und Vertretung

LE 34

Bei den Kapitalgesellschaften ist von vornherein eine Trennung zwischen Eigentum und Geschäftsführung (Management) vorgesehen.

Das heißt also, daß nicht die Kapitalgeber die Geschäfte führen und die Gesellschaft vertreten, sondern besonders berufene Personen (Organe).

Treffen wir eine Trennung zwischen Eigentum und Management nur bei den Kapitalgesellschaften an?

....
....

--> LE 35

Kapitalgebern
Einfachheit

LE 43

c) *Beschränkung der Haftung*

Wie wir schon festgestellt haben, gibt es bei der AG keine .... haftenden Gesellschafter. Jeder Gesellschafter (Aktionär) kann höchstens das Geld einbüßen, das er beim Erwerb seines Anteiles bezahlt hat.

Wir haben auch schon über die Bedeutung dieser Beschränkung gesprochen. An dieser Stelle soll nur auf den sich daraus ergebenden Vorteil gegenüber den Personengesellschaften hingewiesen werden.

--> LE 44

GmbH: Gesellschafterversammlung
AG: Hauptversammlung

LE 50

4.2.3. Vor- und Nachteile

4.2.3.1. Vor- und Nachteile im Vergleich zu den Personengesellschaften

4.2.3.1.1. Vorteile

Die Vorteile gegenüber den Personengesellschaften entsprechen denen der Kapitalgesellschaften allgemein. Wenn Sie sich an die Ausführungen in den Lerneinheiten 33 bis 35 erinnern, sind es in erster Linie zwei:

- Das Aufbringen hoher Kapitalbeträge durch die Erfassung eines großen Personenkreises. Dieser Vorteil trifft zwar im besonderen für die Aktiengesellschaft zu, hat aber auch - wenn auch nicht in dem Ausmaß - für die GmbH Geltung.

- Die Haftung der Gesellschafter ist ausgeschlossen.

--> LE 51
Seite 168

LE 54

Nun scheint auch die ideale Rechtsform für die Datenverarbeitungsgesellschaft unserer beiden Herren Maier und Müller gefunden zu sein:

1. Ausschaltung der persönlichen Haftung: Bei der GmbH gegeben.
2. Der Betrag von 50.000 DM als Gesellschaftskapital soll nicht überschritten werden: Wir haben gesehen, daß die Mindesthöhe des Stammkapitals der GmbH 50.000 DM beträgt.
3. Ein effizienter Entscheidungsprozeß ist durch die geringe Anzahl von Geschäftsführern auch gesichert.

"Die beste Rechtsform, die es für unser Vorhaben gibt", meinten Maier und Müller.

Und was meinen Sie? - Sollten Sie der Meinung sein, es müsse eine noch bessere Alternative geben, so arbeiten Sie am besten noch einmal LE 5 bis LE 53 durch! Vielleicht finden Sie tatsächlich eine bessere Lösung. Die anderen mögen im Lernprogramm weiterfahren. Vorher sollten Sie jedoch noch Ihre Ergebnisse auf Hilfsblatt 2 mit den Lösungen in LE 55 vergleichen.

Klappen Sie dann das Hilfsblatt wieder ein!

--> LE 55

Nein, diese Trennung kann es auch bei Personengesellschaften geben, wenn sich z. B. der Eigentümer von den Geschäften weitgehend zurückzieht und einen Geschäftsführer bestellt. Umgekehrt ist es auch möglich, daß ein Großaktionär selbst Vorstandsvorsitzender der AG oder der Hauptgesellschafter einer GmbH Geschäftsführer der GmbH wird.

LE 35

Ein weiteres sehr wichtiges Merkmal der Kapitalgesellschaften ist die *Haftungsbeschränkung*: Die Gesellschafter von Kapitalgesellschaften haften nicht persönlich für Verbindlichkeiten der Gesellschaft. Die Haftung ist allein auf das Gesellschaftsvermögen (Betriebsvermögen) beschränkt.

Der Grund dafür liegt in der juristischen Selbständigkeit der AG und GmbH. Ihr Vermögen ist völlig getrennt von dem Vermögen der Aktionäre (Gesellschafter). Deshalb können die Gläubiger immer nur das Gesellschaftsvermögen in Anspruch nehmen und nicht in irgendwelches ....-vermögen vollstrecken.

--> LE 36

persönlich (haftenden)

LE 44

4.1.3.2. Nachteile

a) Hohes Gründungskapital

Ein entscheidender Nachteil der AG gegenüber anderen Rechtsformen ist das gesetzliche Erfordernis eines sehr hohen Grundkapitals bei der Gründung (fortan kurz als "Gründungskapital" bezeichnet).

Bei der Gründung einer AG muß mindestens ein Gründungskapital in Höhe von DM 100.000 vorhanden sein.

--> LE 45

LE 55

Lösung zu Hilfsblatt 2: Kapitalgesellschaften

	Aktiengesellschaft (AG)	Gesellschaft mit beschränkter Haftung (GmbH)
Merkmale	Juristische Person mit eigener Rechtspersönlichkeit Grundkapital in Aktien zerlegt, Gesellschafter = Aktionäre (LE 36)	Juristische Person mit eigener Rechtspersönlichkeit Stammkapital besteht aus Geschäftsanteilen der Gesellschafter (LE 47-48)
Haftung der Gesellschafter	grundsätzlich keine (LE 36, 43)	grundsätzlich keine (LE 47-48)
Geschäftsführung und Vertretung	Vorstand (LE 37-40)	Geschäftsführer (LE 47, 49)
Wichtigste Vorteile	- Weite Streuung des Gesellschaftskapitals - Einfache Übertragung der Anteile (Aktien) - Ausschluß der persönlichen Haftung (LE 41-43)	Gegenüber Personengesellschaften: - Aufbringung hoher Kapitalbeträge - Ausschluß der persönlichen Haftung Gegenüber AG: - Niedriges Gründungskapital (LE 50, 52)
Wichtigste Nachteile	- Hohes Mindest-Gründungskapital Gegenüber Personengesellschaften: - Publizitätspflicht unabhängig von der Größe (LE 44-46)	Gegenüber Personengesellschaften: - Erfordernis eines Mindest-Gründungskapitals - Publizitätspflicht unabhängig von der Größe Gegenüber AG: - Schwierigere Übertragbarkeit der Geschäftsanteile - Geringere Kreditwürdigkeit (LE 51, 52)

--> LE 56

Privat(vermögen)

LE 36

4.1. Aktiengesellschaft (AG)

4.1.1. Definition - Merkmale

Die Aktiengesellschaft ist der Prototyp der reinen Kapitalgesellschaft. Sie kann folgendermaßen definiert werden:

Die AG ist eine Handelsgesellschaft mit eigener Rechtspersönlichkeit (juristische Person), deren Grundkapital in kleine Anteile (Aktien) zerlegt ist. Die persönliche Haftung der Gesellschafter (Aktionäre) ist ausgeschlossen. Durch die Trennung von Geschäftsführung und Kapitalbereitstellung haben die Aktionäre nur indirekt Einfluß auf die Geschäftsführung der Gesellschaft.

Auch hier haben wir zur besseren Übersicht ein Hilfsblatt vorgesehen. Füllen Sie also bitte beim Durcharbeiten der nächsten Lerneinheiten das Hilfsblatt 2 aus (zweite Falttafel am Schluß des Buches).

--> LE 37

LE 45

b) Publizitätspflicht

Ein weiterer Nachteil der AG gegenüber Personengesellschaften besteht in der Verpflichtung, *unabhängig von ihrer Größe* den Jahresabschluß zu veröffentlichen. Die Größe der AG ist nur maßgebend dafür, *wo* und *wie ausführlich* die Veröffentlichung zu erfolgen hat. So müssen große Aktiengesellschaften Bilanz und GuV sowohl im Handelsregister als auch im Bundesanzeiger veröffentlichen, während mittlere und kleine AGs den Jahresabschluß nur im Handelsregister (bei kleinen AGs nur die Bilanz) offenzulegen haben.

Warum, glauben Sie, besteht diese Publizitätspflicht auch für kleinere Aktiengesellschaften, obwohl dadurch den Konkurrenten der Einblick in die Vermögens- und Finanzstruktur der Gesellschaft ermöglicht wird?

Wir haben schon einmal darauf hingewiesen, daß die AG oft die eigenen Gesellschafter gar nicht kennt (im Französischen heißt die Aktiengesellschaft deswegen auch "Société Anonyme"). Sie ist daher gezwungen, diesen Weg zu wählen, um ihrer Pflicht nachkommen zu können, den Aktionären und Personen, die eventuell Aktien kaufen wollen, Einblick in die Lage der Gesellschaft zu gewähren.

--> LE 46
Seite 173

LE 51

4.2.3.1.2. Nachteile

Neben diesen beiden Vorteilen besteht ein gewisser Nachteil der GmbH darin, daß zu ihrer Gründung ein *Mindest-Gründungskapital von 50.000 DM* Voraussetzung ist.

Hinsichtlich der Publizitätspflicht sind GmbH und AG gleichgestellt (vgl. LE 45, S. 167). Das bedeutet, daß auch eine GmbH ihren Jahresabschluß veröffentlichen muß. Umfang und Publikationsorgane sind wiederum von .... der GmbH abhängig.

Für Personengesellschaften besteht die Publizitätspflicht nur, sobald gewisse Größengrenzen, die sich nach der Bilanzsumme, dem Umsatz und der Beschäftigtenzahl richten, überschritten werden.

--> LE 52
Seite 160

LE 56

Nun noch kurz zwei interessante Besonderheiten im Reigen der Rechtsformen von Unternehmungen.

5. Mischformen zwischen Personen- und Kapitalgesellschaften

5.1. GmbH & Co. KG

Um die Vorteile einer Kapitalgesellschaft mit denen einer KG zu verbinden, wurde die GmbH & Co. KG konstruiert.

Bei dieser Rechtsform ist der vollhaftende Gesellschafter der KG (Komplementär) eine GmbH. Alle anderen Gesellschafter haften als Kommanditisten nur bis zur Höhe ihrer Einlage. Da auch die Gesellschafter der GmbH - die übrigens gleichzeitig Kommanditisten der KG sein können - nicht persönlich haften, kann man mit dieser Rechtsform die unbeschränkte und solidarische Haftung natürlicher Personen vollkommen ausschalten.

--> LE 57

LE 37

4.1.2. Organe

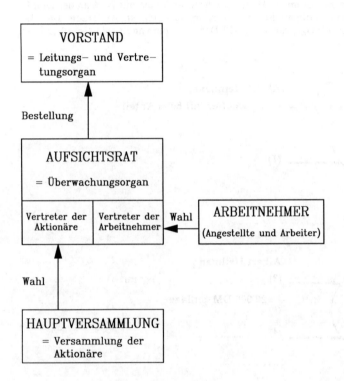

Die Organe der AG sind in obiger Skizze dargestellt. Der Vorstand wird vom ....-.. auf höchstens fünf Jahre bestellt, der Aufsichtsrat von ....-.. auf höchstens vier Jahre gewählt.

Hauptversammlung = Versammlung der ....

--> **LE 38**

LE 57

Beispiel:

Die Geschwister Heilmann sind Inhaber einer Weberei mit der Firmenbezeichnung "Heilmann GmbH & Co. KG". Albert Heilmann ist mit 80 %, seine Schwester Emma mit 20 % an der GmbH beteiligt, die innerhalb der Kommanditgesellschaft der Komplementär ist. Außerdem sind die Geschwister Heilmann mit einer Einlage von je 20.000 DM als Kommanditisten Gesellschafter der KG.

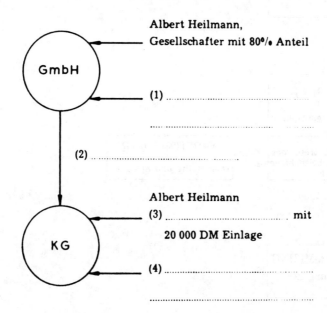

Bitte ergänzen Sie das Schema!

Welches sind Ihrer Meinung nach die Motive für eine derart komplizierte Rechtsform? Warum gründet man nicht einfach eine KG oder eine GmbH?

....

....

....

Vergleichen Sie bitte mit Ihre Antwort mit LE 58!

--> LE 58

Aufsichtsrat
der Hauptversammlung und den Arbeitnehmern
Aktionäre

LE 38

Die Zusammensetzung des Aufsichtsrats von Aktiengesellschaften hängt einerseits von der Größe des Unternehmens - maßgeblich ist die Zahl der Arbeitnehmer - sowie andererseits von dem anzuwendenden Mitbestimmungsstatut (= Gesetz, das die Mitbestimmung der Arbeitnehmer in den Aufsichtsräten regelt) ab.

In Gesellschaften bis zu 2.000 Arbeitnehmern rekrutiert sich der Aufsichtsrat nach dem Betriebsverfassungsgesetz von 1952 grundsätzlich zu zwei Dritteln aus Vertretern der Anteilseigner (Aktionäre) und zu einem Drittel aus Vertretern der Arbeitnehmer.

In Gesellschaften mit mehr als 2.000 Arbeitnehmern besteht der Aufsichtsrat aufgrund von Vorschriften des Mitbestimmungsgesetzes 1976 je zur Hälfte aus Vertretern der Anteilseigner (Aktionäre) und der Arbeitnehmer.

Unter den Vertretern der Arbeitnehmer befindet sich mindestens ein Arbeiter, ein Angestellter und ein leitender Angestellter. Diese Regelung wird von den Arbeitnehmerorganisationen mit Mißfallen gesehen.

Daneben gelten Ausnahmeregelungen, z. B. für Tendenzunternehmen wie Presse oder kirchliche Institute sowie für Unternehmen, die den Sonderregelungen der Montanmitbestimmung (vgl. LE 39) unterliegen.

Problematisch ist hier wie in anderen Mitbestimmungsfragen die Grenzziehung zwischen Tendenzbetrieben und Nicht-Tendenzbetrieben, so daß die Entscheidung, ob für ein Unternehmen Ausnahmeregeln gelten oder nicht, schwierig sein kann. Im Kloster Andechs, das wegen der hohen Qualität des von Mönchen gebrauten Bieres vielen Bayern als heilige Stätte gilt, kam es zu arbeitsrechtlichen Auseinandersetzungen über die Mitbestimmung des Gaststättenpersonals. Am Ende wurden die Bewirtungsbetriebe in einer "weltlichen" GmbH verselbständigt.

Für die Zusammensetzung des Aufsichtsrats und deren Besetzung gelten nach dem Mitbestimmungsgesetz folgende Regelungen[1]:

Unternehmensgröße (Beschäftigtenzahl)	> 2.000 bis 10.000	> 10.000 bis 20.000	> 20.000
Aufsichtsratsgröße / Repräsentanten	12	16	20
Kapitaleigner	6	8	10
Arbeitnehmer	6	8	10

---

[1] Vgl. Bea, F.X., Dichtl, E., Schweizer, M., LV 2, S. 219.

--> **LE 39**

(1) Emma Heilmann - Gesellschafter mit 20 % Anteil
(2) Komplementär
(3) (Albert Heilmann) - Kommanditist (mit 20.000 DM Einlage)
(4) Emma Heilmann - Kommanditist (mit 20.000 DM Einlage)

LE 58

Die wichtigsten Motive, die zur Gründung einer GmbH & Co. KG führen können, sind:

1. Ausschluß der persönlichen Haftung:

Gegenüber der gewöhnlichen Kommanditgesellschaft kann die persönliche Haftung der Gesellschafter ausgeschaltet werden.

2. Steuerliche Vorteile:

Die persönliche Haftung wäre natürlich auch in einer GmbH ausgeschlossen. Der von der GmbH erzielte Gewinn würde aber der Körperschaftsteuer unterliegen. Auf nicht ausgeschüttete Gewinne der GmbH ist die Körperschaftsteuer mit dem hohen Satz von 50 % zu entrichten. Bei der GmbH & Co. KG kann man die Körperschaftsteuer weitgehend vermeiden, indem man durch eine entsprechende Gestaltung des Gesellschaftsvertrages dafür sorgt, daß die Gewinne hauptsächlich bei den Kommanditisten anfallen (vgl. LE 14, S. 149). Dort sind sie nicht der Körperschaftsteuer, sondern der Einkommensteuer unterworfen, die oft weniger als 50 % beträgt.

Diese Umgehung der Körperschaftsteuer ließe sich allerdings auch in einer reinen GmbH durch eine "Schütt-aus-hol-zurück"-Politik realisieren. Dabei würde zunächst der Unternehmensgewinn an die Gesellschafter ausgeschüttet, damit der in der Regel niedrigeren Einkommensteuer unterworfen, und der Nettobetrag anschließend wieder der GmbH als Einlage zugeführt.

3. Vermeiden der Publizitäts- und Prüfungspflicht:

Eine GmbH & Co. KG ist bezüglich der Publizitäts- und Prüfungspflichten den Personengesellschaften gleichgestellt. Nur der GmbH-Teil unterliegt diesbezüglich strengeren Vorschriften.

Im Rahmen der Harmonisierungsbestrebungen in der Europäischen Gemeinschaft wird jedoch zukünftig die Anwendung vergleichbarer Richtlinien auch für die GmbH & Co. KG gefordert.

--> LE 59

LE 39

In Aktiengesellschaften der *Montanindustrie* (Unternehmen des Bergbaus und der Eisen und Stahl erzeugenden Industrie) mit mehr als 1.000 Arbeitnehmern besteht der Aufsichtsrat aufgrund von Vorschriften des Montan-Mitbestimmungsgesetzes von 1951 ebenfalls je zur Hälfte aus Vertretern der Anteilseigner und der Arbeitnehmer. Zusätzlich muß ein weiteres Mitglied gewählt werden, das von beiden "Parteien" unabhängig ist (sogenannter Neutraler Mann). Ein 21-köpfiger Aufsichtsrat würde somit aus .... Vertretern der Anteilseigner, ... Vertretern der Arbeitnehmer und .... Neutralen bestehen.

Gegenwärtig unterliegen in der Bundesrepublik ca. 30 Unternehmungen dem Montan-Mitbestimmungsrecht. In einigen dieser Betriebe, wie z. B. der Mannesmann AG, der Thyssen AG und der Salzgitter AG, finden Strukturveränderungen dahingehend statt, daß die Unternehmungen nur noch zu einem kleinen Teil Zwecke verfolgen, an die die Montan-Mitbestimmung anknüpft.

Um zu verhindern, daß diese Unternehmen aus der Montan-Mitbestimmung herausfallen, hat der Gesetzgeber Änderungen in Kraft gesetzt, die den (sofortigen) Wegfall der Geltung verhindern.

--> LE 40

LE 46

Wäre die AG nicht eine Rechtsform für unsere Datenverarbeitungs- und Organisationsgesellschaft?

- Vermeiden der persönlichen Haftung - wäre gegeben.

- Vorstand und Aufsichtsrat mit hervorragenden Persönlichkeiten besetzt, würde einen reibungslosen und effizienten Entscheidungsprozeß ermöglichen.

- Es scheinen alle Punkte erfüllt zu sein, mit Ausnahme des dritten: 100.000 DM Gründungskapital! Also nein, beim besten Willen, dieses Kapital können unsere Herren nicht aufbringen!

Wenden wir uns also der nächsten Rechtsform zu, der Gesellschaft mit beschränkter Haftung.

--> LE 47

5.2. Kommanditgesellschaft auf Aktien (KGaA)

Die Kommanditgesellschaft auf Aktien (KGaA) ist rechtlich eine Variante der Aktiengesellschaft und sowohl juristische Person als auch Kapitalgesellschaft.

Man kann die KGaA aber auch als eine Kombination aus AG und KG begreifen. Die Haftung der sogenannten Kommanditaktionäre ist grundsätzlich auf die in Aktien verbrieften Kapitaleinlagen beschränkt. Wenigstens ein Gesellschafter muß jedoch persönlich mit seinem ganzen Vermögen haften, er entspricht dem Komplementär der KG.

Die KGaA spielt bei weitem nicht die Rolle wie die AG; allerdings werden Sie bei aufmerksamer Lektüre der Wirtschaftspresse entdecken, daß einige namhafte deutsche Unternehmen in dieser Rechtsform geführt werden, insbesondere solche, die aus Familiengesellschaften hervorgegangen sind. Das Privatvermögen eines reichen persönlich haftenden Gesellschafters bietet den Kreditgebern größere Sicherheiten und erweitert damit die Möglichkeiten der Fremdfinanzierung.

Auch auf die Gefahr hin, daß Ihre Studentenvertreter uns vorwerfen, wir würden einen altmodischen Leistungsdruck ausüben, verordnen wir Ihnen jetzt erneut einen Zwischentest!

--> Zwischentest

LE 40

Die Vertreter der Anteilseigner im Aufsichtsrat müssen nicht selbst Aktionäre sein. Vielmehr bemühen sich die Unternehmungen, auch Fachleute aus anderen Branchen und insbesondere des Finanzwesens im Aufsichtsrat zu haben, um deren Fachwissen, Erfahrungen und persönliche Verbindungen zu nutzen. Daher findet man in den Aufsichtsräten vieler großer Aktiengesellschaften Vorstandsmitglieder der deutschen Großbanken.

Dieser Tatbestand hat betriebs- und volkswirtschaftliche Vorteile, stößt jedoch auch auf Kritik. So wird es für unsere auf Wettbewerb angelegte Wirtschaftsordnung als bedenklich angesehen, wenn z. B. ein Vorstandsmitglied der Deutschen Bank im Aufsichtsrat von Siemens und Daimler-Benz sitzt, weil Daimler-Benz als Muttergesellschaft (vgl. Kapitel "Unternehmenszusammenschlüsse", LE 50, S. 225) maßgeblichen Einfluß auf AEG nehmen kann und die AEG Konkurrent von Siemens ist.

Auch saßen führende Funktionäre des Deutschen Gewerkschaftsbundes immer wieder in den Aufsichtsräten verschiedener deutscher Automobilunternehmen. Ein Spitzenpolitiker war im Aufsichtsrat sowohl der Deutschen Airbus GmbH als auch der Deutschen Lufthansa AG als einem der wichtigsten Kunden, ein weiterer (der Vorsitzende der Industriegewerkschaft Metall) im Aufsichtsrat der Volkswagen AG und der Daimler-Benz AG vertreten.

--> LE 41
Seite 159

LE 47

4.2. Gesellschaft mit beschränkter Haftung (GmbH)

4.2.1. Definition - Merkmale

Die GmbH ist als *Kapitalgesellschaft* eine Handelsgesellschaft mit *eigener Rechtspersönlichkeit* (juristische Person), deren Gesellschafter mit der *Einlage* an dem in *Geschäftsanteile* zerlegten *Stammkapital beteiligt* sind, grundsätzlich *ohne persönlich* für die *Verbindlichkeiten* der Gesellschaft zu *haften*.

Auch bei dieser Rechtsform ist das Kapitaleigentum von der Geschäftsführung und Vertretung getrennt, wenn auch meist einem oder mehreren Gesellschaftern die Geschäftsführung und Vertretung der Unternehmung nach außen übertragen werden.

Tragen Sie bitte beim Durcharbeiten der folgenden Lerneinheiten wegen der Übersicht wieder die wichtigsten Punkte im Hilfsblatt ein!

--> LE 48
Seite 160

Zwischentest

1. Wie heißen die Organe einer AG?

   - Versammlung der Aktionäre: ....

   - Überwachungsorgan: ....

   - Leitungsorgan: ....

2. Wie ist der Aufsichtsrat einer Aktiengesellschaft mit 7.000 Beschäftigten, die nicht der Montanindustrie angehört, zusammengesetzt?

3. Wie heißen die Organe von GmbHs mit mehr als 500 Arbeitnehmern?

   - ....

   - ....

   - ....

4. Worin bestehen die Hauptvorteile der GmbH

   a) gegenüber der AG?

   - ....

   b) gegenüber den Personengesellschaften?

   - ....

   - ....

5. Wie werden in der AG die einzelnen Organe gewählt bzw. bestellt?

K 5/3 - Rechtsformen der Unternehmung Teil 3

Rechtsformen der Unternehmung

Teil 3: Genossenschaften
Öffentlich-rechtliche Unternehmungen

	LE/S.
6. Genossenschaften	60/179
6.1. Definition - Merkmale	60/179
6.2. Haftung	62/183
6.3. Organe	63/179
6.4. Einteilung	64/181
6.5. Förderungsgenossenschaften	65/183
7. Öffentlich-rechtliche Unternehmungen	68/180
7.1. Definition - Merkmale	68/180
7.2. Zielsetzung	69/184
Zwischentest	186
Literaturverzeichnis	187

LE 60

6. Genossenschaften

6.1. Definition - Merkmale

Die Genossenschaft ist eine Gesellschaft von nicht geschlossener Mitgliederzahl mit dem Zweck, den Erwerb oder die Wirtschaft ihrer Mitglieder mittels gemeinschaftlichen Geschäftsbetriebes zu fördern.

Bitte unterstreichen Sie die wichtigsten Merkmale in dieser Definition.

In der personellen Gestaltung ähneln die Genossenschaften den Personengesellschaften und im verwaltungstechnischen Aufbau den Kapitalgesellschaften (sie sind juristische Personen).

Klappen Sie nun Hilfsblatt 3 (dritte Falttafel am Schluß des Buches) heraus, und füllen Sie bitte die Lücken beim Durcharbeiten der nächsten Lerneinheiten aus!

--> LE 61

LE 63

6.3. Organe

Die Organe der Genossenschaft sind denen einer AG fast gleich:

- ....

- ....

- der .... der AG entspricht bei der Genossenschaft die Generalversammlung.

--> LE 64

Einkauf/Bezug

LE 66

Die Aufgabe einer *Absatzgenossenschaft* ist der gemeinsame Verkauf der Erzeugnisse der "Genossen". Die Genossen, also die Mitglieder der Genossenschaft, liefern ihre Erzeugnisse an die Genossenschaft, die den Verkauf dieser Produkte übernimmt. Die Genossenschaft kann z. B. modernste Lagerhallen und einen leistungsfähigen Fuhrpark unterhalten und teure Anzeigenkampagnen (Gemeinschaftswerbung) finanzieren.

Am häufigsten sind anzutreffen: landwirtschaftliche Absatzgenossenschaften (Molkereigenossenschaften, Winzergenossenschaften und dgl.) und Absatzgenossenschaften der Handwerker.

--> LE 67

LE 68

7. Öffentlich-rechtliche Unternehmungen

7.1. Definition - Merkmale

Öffentlich-rechtliche Unternehmungen sind Unternehmungen in nicht-privatrechtlicher Form, die sich *ganz* oder *überwiegend* im Eigentum einer *Gebietskörperschaft* (Bund, Land, Gemeinde) befinden und auf deren Leitung die öffentliche Hand einen *maßgeblichen Einfluß* ausüben kann.

Hierhin gehören u. a. auch Unternehmungen, deren Rechtsform durch ein eigenes Gesetz bestimmt wird und die daher nicht in das Schema der Rechtsformen privatrechtlicher Unternehmungen eingereiht werden können. Zu diesen Unternehmungen zählen beispielsweise die Stadtsparkasse Nürnberg, die Deutsche Bundesbank und einige andere Banken. Die "Statuten" oder "Satzungen" solcher Unternehmungen werden aus den einschlägigen Gesetzesbestimmungen abgeleitet.

Bundesbahn und Bundespost sind ebenfalls öffentlich-rechtliche Unternehmungen. Schon allein die Wortstruktur - *Bundes*bahn, *Bundes*post - gibt einen Hinweis darauf, daß diese Unternehmungen im Eigentum der Gebietskörperschaft "...................." stehen.

--> LE 69
Seite 184

LE 61

Das Ziel der Genossenschaften ist die *Förderung der wirtschaftlichen Interessen ihrer Mitglieder*.

Dies kommt vor allem in zwei Punkten zum Ausdruck:

- Alle "Genossen" sind gleichberechtigt. Jedes Genossenschaftsmitglied selbst hat - ohne Rücksicht auf die Höhe seiner Einlage - nur eine Stimme.

- Ursprünglich wurde jedes Gewinnstreben der Genossenschaft abgelehnt, und auch heute dienen Gewinne vornehmlich dazu, jenes Wachstum der Genossenschaft zu finanzieren, das zur Anpassung an moderne technische und wirtschaftliche Entwicklungen erforderlich ist. Die Finanzierung des Wachstums über eine Erhöhung der Gesellschaftsanteile würde im allgemeinen schlecht funktionieren: Anders als z. B. bei Aktiengesellschaften führt wegen des Prinzips "Eine Person - Eine Stimme" eine Erhöhung der Anteile nicht zu einem größeren Einfluß; da die Genossenschaft als solche nicht auf Gewinnmaximierung angelegt ist, sind auch die Gewinnanteile der Genossen meist bescheiden.

--> LE 62

Vorstand
Aufsichtsrat
Hauptversammlung

LE 64

6.4. Einteilung

Folgende Arten von Genossenschaften werden unterschieden:

- Förderungsgenossenschaften,
- Produktivgenossenschaften,
- Kreditgenossenschaften,
- Verkehrsgenossenschaften.

Da die Förderungsgenossenschaften die übrigen Arten in der Bedeutung übertreffen, wollen wir nur diese behandeln.

Vergessen Sie nicht die Eintragungen im Hilfsblatt!

--> LE 65

LE 67

Lösungen zu Hilfsblatt 3: Genossenschaften

Merkmale:
(LE 60-61)
- Gesellschaft von *nicht geschlossener Mitgliederzahl*

- *Führung eines gemeinsamen Geschäftsbetriebes*

- Ziel ist die Förderung *des Erwerbs oder der Wirtschaft der Mitglieder*

- Alle Genossen sind *gleichberechtigt*

- Das *Gewinnstreben* steht nicht im Vordergrund, es dient insbesondere der *Finanzierung* von Maßnahmen zur Anpassung an technische und wirtschaftliche Entwicklungen.

Haftung:
(LE 64-66)
Zunächst haftet das *Genossenschaftsvermögen*. Nachschußpflicht im Konkursfall, die *beschränkt oder ausgeschlossen* werden kann.

Organe:
(LE 63)
- *Vorstand*
- *Aufsichtsrat*
- *Generalversammlung*

Arten:
(LE 64-66)
1. *Förderungs*genossenschaften

   1.1. *Warenbezugs*genossenschaften

      1.1.1. Bezugsgenossenschaften der *Landwirte*
      1.1.2. Einkaufsgenossenschaften des *Handels*
      1.1.3. Bezugsgenossenschaften der *Handwerker*
      1.1.4. Konsumvereine oder *Verbraucher*genossenschaften

   1.2. *Absatz*genossenschaften (vor allem in der Landwirtschaft)

2. *Produktiv*genossenschaften

3. *Kredit*genossenschaften

4. *Verkehrs*genossenschaften

--> **LE 68**
Seite 180

LE 62

6.2. Haftung

Für die Verbindlichkeiten der Genossenschaft haftet den Gläubigern grundsätzlich nur das Vermögen der Genossenschaft. Die Genossen haben im Falle eines Konkurses sogenannte Nachschüsse zur Konkursmasse zu leisten, die aber im Statut auf eine bestimmte Haftsumme beschränkt oder auch ausgeschlossen werden können.

--> LE 63
Seite 179

LE 65

6.5. Förderungsgenossenschaften

Förderungsgenossenschaften können wieder unterteilt werden in

- Warenbezugsgenossenschaften,
- Absatzgenossenschaften.

Die wichtigsten Arten der *Warenbezugsgenossenschaften* sind:

- Bezugsgenossenschaften der Landwirte,
- Einkaufsgenossenschaften des Handels,
- Bezugsgenossenschaften der Handwerker,
- Konsumvereine (Konsumentenvereine) oder Verbrauchergenossenschaften.

Die wirtschaftliche Zielsetzung der Warenbezugsgenossenschaften ist der möglichst günstige .... von Waren bzw. Rohstoffen.

Beispiel: Eine Gruppe von Handwerkern gründet eine Bezugsgenossenschaft. Diese kauft "im Großen" ein und erhält deshalb auch hohe Rabatte. Die Handwerker bekommen ihr Material von der Genossenschaft.

--> LE 66
Seite 180

7.2. Zielsetzung

Da wir uns im Kapitel "Rechtsformen" befinden, haben wir gerade die öffentlichen Unternehmungen unter diesem Aspekt gesehen. Oft teilt man sie auch nach ihrer Zielsetzung ein:

1. Reine Erwerbsbetriebe

   Sie streben nach möglichst hoher Rentabilität, es besteht daher in der Regel kein Unterschied zu privaten Unternehmungen (Industriebetriebe der öffentlichen Hand, Schiffswerften, Banken). Sie werden oft in privatrechlichen Rechtsformen geführt. Beispiel: Deutsche Lufthansa AG. Es gibt unterschiedliche, teils historische Gründe, warum die öffentliche Hand solche Unternehmungen überhaupt besitzt. Teilweise sind sie Einnahmequellen.

2. Betriebe mit Kostendeckungsprinzip

   Aus sozialen Gründen streben diese Betriebe nur Kostendeckung an (Verkehrs-, Nachrichten- und Versorgungsbetriebe).

3. Zuschußbetriebe

   Diese Betriebe müssen aus sozialen Gründen ein Defizit hinnehmen (Krankenhäuser, Schulen, Universitäten, Theater usw.). Die wirtschaftliche Zielsetzung besteht dann in der Minimierung des Defizits.

Der wirtschaftliche Erfolg nimmt also von 1. bis 3. immer mehr ab.

--> **LE 70**
Seite 185

LE 70

Um Ihnen abschließend einen Überblick über die Bedeutung der behandelten Rechtsformen zu geben, sind in der folgenden Tabelle deren (gerundete) Anteile an Gesamtanzahl und Gesamtumsatz aller umsatzsteuerpflichtigen Unternehmungen im Jahr 1984 aufgeführt[1].

Rechtsform	Anzahl in Tsd.	%	Umsatz in Mrd.DM	%
Einzelunternehmungen	1.408	75,8	586	15,7
Offene Handelsgesellschaften	143	7,7	245	6,5
Kommanditgesellschaften	90	4,8	911	24,2
Aktiengesellschaften und KGaA	2	0,1	825	21,9
Gesellschaften mbH	185	9,9	932	24,7
Erwerbs- und Wirtschaftsgenossenschaften	7	0,4	96	2,5
Öffentlich-rechtliche Unternehmungen (gewerblicher Art)	5	0,3	50	1,3
Sonstige Rechtsformen	19	1,0	120	3,2
Gesamt	1.859	100,0	3.765	100,0

1 Statistisches Bundesamt (Hrsg.), Finanzen und Steuern, Umsatzsteuer 1984, LV 11.

Aus dem Zentralmagazin der land- und forstwirtschaftlichen Genossenschaft "Rote Erde" transportiert Petrowitsch Mihailowan auf einem Schubkarren einen Sack. Da stürmt ein Gendarm herbei und ruft: "Was willst Du in dem Sack fortschleppen?" - "Sägemehl!" Der Polizist lacht erst schallend und sticht dann wütend mit seinem Dolch in den Sack; aber siehe da, es kommt wirklich nur Sägemehl zum Vorschein. Mürrisch wendet der Gendarm sich ab, und Petrowitsch fährt mit seinem Karren davon.

Der Vorgang wiederholt sich am nächsten Abend und dann noch ein paarmal. Schließlich nimmt der Polizist Petrowitsch beiseite und sagt: "Seit Tagen zerbreche ich mir den Kopf und kann darüber kaum noch schlafen. Sage ehrlich, was stiehlst Du wirklich? Ich will auch nichts verraten!"

"Schubkarren, Brüderchen!"

--> Zwischentest

Zwischentest

1. Welche drei Merkmale der Genossenschaften kennen Sie?

   - ....
   - ....
   - ....

2. Was ist das Ziel der Genossenschaften?

   - Gewinnstreben ....
   - Förderung der wirtschaftlichen Interessen ....

3. Welche Arten der Genossenschaften kennen Sie?

   - ....
   - ....
   - ....
   - ....

4. Welche Zielsetzung(en) ist (sind) für einen öffentlichen Betrieb denkbar?

   - Rentabilitätsstreben ....
   - Kostendeckung ....
   - Soziale Zielsetzungen ....

--> **Literaturverzeichnis**

Literaturverzeichnis

LV 1 - Albach, H., Das Unternehmen als Institution: rechtlicher und gesellschaftlicher Rahmen; eine Einführung, Wiesbaden 1989.

LV 2 - Bea, F.X., Dichtl, E., Schweitzer, M., Allgemeine Betriebswirtschaftslehre, Band 1: Grundfragen, 4. Aufl., Stuttgart 1988.

LV 3 - Drukarczyk, J., Finanzierung, 2. Aufl., Stuttgart 1985, S. 111 ff.

LV 4 - Eichhorn, P., Bibliographie zur öffentlichen Unternehmung 1967-1976, Baden-Baden 1978.

LV 5 - Gümbel, T. (Hrsg.), Übungsaufgaben zur Einführung in die Betriebswirtschaftslehre mit Lösungsvorschlägen, 2. Aufl., Berlin 1972.

LV 6 - Henzler, R., Betriebswirtschaftliche Probleme des Genossenschaftswesens, Wiesbaden 1962.

LV 7 - Krüger, D., Zweckmäßige Wahl der Unternehmensform, 4. Aufl., Bonn 1988.

LV 8 - Kübler, F., Gesellschaftsrecht, 2. Aufl., Heidelberg 1986.

LV 9 - Reinhardt, R., Schultz, D. und Mohr, J.C.B., Gesellschaftsrecht, 2. Aufl., Tübingen 1981.

LV 10 - Schnettler, A., Öffentliche Betriebe, Essen 1956.

LV 11 - Statistisches Bundesamt (Hrsg.), Finanzen und Steuern, Umsatzsteuer 1984, Fachserie 14, Reihe 8, Stuttgart-Mainz 1986.

LV 12 - Stüdemann, K., Rechtsform der Unternehmung, in: Grochla, E. und Wittmann, W. (Hrsg.), Handwörterbuch der Betriebswirtschaft, 4. Aufl., Stuttgart 1974, Sp. 3361 ff.

LV 13 - Thiemeyer, Th., Wirtschaftslehre öffentlicher Betriebe, Hamburg 1975.

LV 14 - Zartmann, H. und Litfin, P., Unternehmensform nach Maß, 2. Aufl., Stuttgart 1977.

K 6/1 – Unternehmenszusammenschlüsse Teil 1

Unternehmenszusammenschlüsse

Teil 1: Einführung
Kartell und kartellähnliche Kooperationen
Konsortium

		LE/S.
1. Einführung		1/191
1.1. Begriff		1/191
1.2. Formen von Unternehmenszusammenschlüssen		5/201

1.2.1.	Unternehmenszusammenschlüsse der Stufe 1	6/203
1.2.2.	Unternehmenszusammenschlüsse der Stufe 2	9/209
1.2.3.	Unternehmenszusammenschlüsse der Stufe 3	13/191

2.	Kartell und kartellähnliche Kooperationen	16/197
2.1.	Definition - Merkmale	16/197
2.2.	Kartellarten	17/199
2.2.1.	Kartelle, die die Verkaufs- bzw. Geschäftsbedingungen regeln	18/201
2.2.2.	Kartelle, die die Preisermittlung bzw. Preisfestsetzung regeln	19/203
2.2.2.1.	Kalkulationsverfahrenskartelle	19/203
2.2.2.2.	Rabattkartelle	20/205
2.2.2.3.	Preiskartelle	21/207
2.2.2.4.	Submissionskartelle	23/211
2.2.3.	Kartelle, die die Produktion regeln	25/215
2.2.3.1.	Kartelle, die die Art der Produktion regeln	25/215
2.2.3.1.1.	Normierungs- oder Typisierungskartelle	26/192
2.2.3.1.2.	Spezialisierungskartelle	27/194
2.2.3.2.	Kartelle, die den Umfang der Produktion regeln	28/196
2.2.4.	Kartelle, die die Verkaufstätigkeit regeln	29/198
2.2.5.	Außenhandelskartelle	30/200
2.2.6.	Notstandskartelle	31/202
2.2.6.1.	Konjunkturkrisenkartelle	31/202
2.2.6.2.	Strukturkrisenkartelle	32/206
2.3.	Kartelle und Wettbewerbsrecht	34/210
2.3.1.	Kartellrecht in der Bundesrepublik Deutschland	35/212
2.3.1.1.	Gesetz gegen Wettbewerbsbeschränkungen (GWB)	35/212
2.3.1.2.	Kartellähnliche Kooperationen	37/192
2.3.1.2.1.	Zusammenarbeit bei der Beschaffung und Auswertung von Informationen	38/194
2.3.1.2.2.	Zusammenarbeit bei der Produktion einschließlich Forschung und Entwicklung	39/196
2.3.1.2.3.	Zusammenarbeit beim Vertrieb	40/198
2.3.1.2.4.	Sonstige Zusammenarbeit	41/200
2.3.2.	Beispiele zur rechtlichen Beurteilung	42/202

3.	Konsortium	45/210
3.1.	Definition - Merkmale	45/210
3.2.	Entstehungsgründe	47/216

Zwischentest	217

LE 1

1. Einführung

1.1. Begriff

Unter einem Unternehmenszusammenschluß versteht man eine Vereinigung von Unternehmungen durch vertragliche Vereinbarung und/oder kapitalmäßige Bindung zu bestimmten wirtschaftlichen Zwecken.

Die Stärke einer solchen freiwilligen Vereinigung kann sehr verschieden sein; sie reicht von lockeren Verbänden, die die Selbständigkeit ihrer Mitglieder nicht antasten, bis zum Zusammenschluß mit völliger Aufgabe der wirtschaftlichen und rechtlichen ....
....

--> LE 2

LE 13

1.2.3. Unternehmenszusammenschlüsse der Stufe 3

Zwei oder mehr Unternehmungen schließen sich zu einer einzigen Unternehmung zusammen. Es entsteht ein einheitliches Unternehmensgebilde, das wir hier *Großunternehmung* nennen wollen. Zugegeben, der Begriff ist etwas unscharf, weil eine Großunternehmung auch ohne Zusammenschluß entstehen kann, nämlich durch ein entsprechendes internes Wachstum *einer* Unternehmung.

Der Zusammenschluß entsteht also durch Verschmelzung oder *Fusion* von meist zwei selbständigen Unternehmungen zu einer ....

Es besteht nur noch eine einheitliche Unternehmung, wobei zwei Möglichkeiten gegeben sind:

a) Die neue Unternehmung ergibt sich aus dem Fortbestand einer der ursprünglichen Unternehmungen, oder

b) es entsteht eine vollkommen neue Unternehmung, d. h., nicht nur eine, sondern beide bzw. alle ursprünglichen Unternehmungen lösen sich auf.

Vergessen Sie nicht die Eintragungen in den Spalten 2 und 3 des Hilfsblattes!

--> LE 14

Rationalisierungs(kartelle)

LE 26

Man unterscheidet bei den *Rationalisierungskartellen* zwei Untergruppen:

2.2.3.1.1. Normierungs- oder Typisierungskartelle

Wir haben schon im Kapitel "Produktionsfaktoren" bei der Besprechung der Werkstoffe den Unterschied zwischen Normierung und Typisierung kennengelernt. Das Ausfüllen der folgenden Textlücken dürfte Ihnen daher keine Schwierigkeiten bereiten.

Wenn Größe, Beschaffenheit, Form und Qualität von Einzelteilen im Rahmen eines Kartells genormt werden, liegt ein ....- kartell vor.

Werden aber ganze Maschinen oder Apparate, also die Ausführungsformen von Endprodukten, vereinheitlicht, so spricht man von einem .... - kartell.

--> LE 27

LE 37

2.3.1.2. Kartellähnliche Kooperationen

Es ist auch für einen spezialisierten Juristen im Einzelfall oft nicht einfach, zwischen verbotenen Kartellen und erlaubten bzw. aus mittelstandspolitischen Erwägungen vielleicht sogar erwünschten Kooperationen zu unterscheiden. Aus diesem Grund hat das Bundesministerium für Wirtschaft eine "Kooperationsfibel" (LV 3) herausgegeben, in der die im Rahmen des GWB möglichen zwischenbetrieblichen Kooperationen aufgezeigt werden.

Die dort verwendete Systematik hat in der betriebswirtschaftlichen Literatur und Praxis beachtliche Verbreitung gefunden und liegt daher unserer Stoffbehandlung in den nächsten Lerneinheiten über erlaubte "kartellähnliche Kooperationen" zugrunde.

Unter *Kooperation* wird dabei eine zwischenbetriebliche Zusammenarbeit verstanden, die auf Rationalisierung und Leistungswettbewerb ausgerichtet ist.

--> LE 38

Selbständigkeit

LE 2

Wir sagten, Unternehmenszusammenschlüsse seien durch drei Merkmale gekennzeichnet:

- Vereinigungen von Unternehmungen

- durch .... Vereinbarungen oder .... Bindungen

- zu bestimmten .... Zwecken.

Angenommen, zwei Unternehmungen kommen überein, ein gemeinsames Entwicklungsbüro einzurichten, wobei jede ein Team von Technikern zur Verfügung stellt und die entstehenden Kosten zur Hälfte trägt.

Würden Sie sagen, daß ein Unternehmenszusammenschluß nach obiger Definition vorliegt?

- Ja   --> LE 4
       Seite 199
- Nein --> LE 3
       Seite 197

Großunternehmung

LE 14

Es ist offensichtlich, daß bei einer derartigen Verschmelzung (Fusion) sowohl die .... als auch die .... Selbständigkeit der einzelnen Unternehmungen verlorengehen.

Mit dem Vorgang "Fusion" werden wir uns in dem späteren Kapitel "Lebensabschnitte der Unternehmung - Besondere Finanzierungsvorgänge" noch ausführlich beschäftigen.

Wenn Sie die letzten Eintragungen im Hilfsblatt vorgenommen haben, können Sie Ihr Ergebnis mit der Lösung in der nächsten Lerneinheit vergleichen, die gleichzeitig der Zusammenfassung dient. Das Hilfsblatt kann dann wieder eingeklappt werden.

--> LE 15

Normierungs(kartell)
Typisierungs(kartell)

LE 27

2.2.3.1.2. Spezialisierungskartelle

Bei der zweiten Form der Rationalisierungskartelle wird das Produktionsprogramm der einzelnen Kartellmitglieder auf bestimmte Typen beschränkt.

Jedes Kartellmitglied *spezialisiert* sich auf die Erzeugung ganz bestimmter Normteile oder Typen und kann diese durch verstärkte Automation bedeutend kosten-................................... herstellen.

Solche Abmachungen werden daher als ....-kartell bezeichnet.

Sie haben doch nicht die Eintragung im Hilfsblatt vergessen?

--> LE 28

LE 38

2.3.1.2.1. Zusammenarbeit bei der Beschaffung und Auswertung von Informationen

Man denke hier beispielsweise an die gemeinschaftliche Marktforschung, bei der Informationen über Marktverhältnisse und -entwicklungen beschafft werden. Praktisch sieht das z. B. so aus, daß eine Gruppe von Unternehmungen gemeinschaftlich einen Auftrag finanziert, den sie einem Marktforschungsinstitut erteilt.

Ebenso ist eine Zusammenarbeit bei der Auswertung von Informationen möglich. Es könnte beispielsweise von mehreren Unternehmungen eine zentrale Stelle (Verband, Treuhänderstelle) eingerichtet werden, die die Leistungen sämtlicher Betriebe einer Branche miteinander vergleicht. Aus diesen Vergleichsergebnissen könnten die beteiligten Unternehmungen z. B. Schlüsse auf Rationalisierungsreserven ziehen.

--> LE 39

rechtliche
wirtschaftliche

LE 15

Lösung zu Hilfsblatt 4: Einteilung der Unternehmenszusammenschlüsse

Unternehmens-zusammen-schlüsse der ...	Zusammenschluß (Entstehung) durch...	Wichtigste Zusammenschlußformen	Bleibt a) die rechtliche b) die wirtschaftliche Selbständigkeit der beteiligten Unternehmungen erhalten?	
			a)	b)
Stufe 1: (LE 6-8)	Vertragliche Vereinbarungen ohne finanzielle Bindung	Kartell und kartellähnliche Kooperationen, Konsortium	ja	weitgehend
Stufe 2: (LE 9-12)	Finanzielle Beteiligungen und/oder vertragliche Vereinbarungen	Konzern, Gemeinschaftsunternehmung, Joint Venture	ja	nein
Stufe 3: (LE 13-14)	Verschmelzung (Fusion)	Großunternehmung	nein	nein

--> LE 16

(kosten)günstiger
Spezialisierungs(kartell)

LE 28

2.2.3.2. Kartelle, die den Umfang der Produktion regeln

In Krisenzeiten wird oft eine unmittelbare Beschränkung der Produktion durch Zuweisung einer bestimmten Produktionsmenge vorgenommen (Kontingentierung). Voraussetzung dafür ist ein einheitliches Produktionsprogramm.

In einer anderen Form von *Kontingentierungskartellen* wird die Produktion mittelbar begrenzt, indem man den einzelnen Kartellmitgliedern bestimmte Marktanteile zuteilt.

Als Beispiel sei das *Quotenkartell* aufgeführt, bei dem jedes Kartellmitglied einen fixen Anteil vom Gesamtabsatz des Kartells zugewiesen erhält. Es spielte in der europäischen Stahlindustrie immer wieder eine wichtige Rolle (vgl. LE 32, S. 206).

--> LE 29

LE 39

2.3.1.2.2. Zusammenarbeit bei der Produktion einschließlich Forschung und Entwicklung

Im Bereich der Produktion gibt es beispielsweise folgende betriebswirtschaftliche Erscheinungsformen, bei denen eine Kooperation im Rahmen des GWB möglich ist:

- Gemeinschaftliche Produkt- oder Verfahrensentwicklung, wie z. B. der von Peugeot, Renault und Volvo verwendete "Europa-Sechszylinder-Motor" oder unser Beispiel in LE 2;

- gemeinschaftliche Benutzung von teuren Spezialanlagen, wie etwa eines Windkanals.

--> LE 40

vertragliche (Vereinbarungen)
kapitalmäßige (Bindungen)
wirtschaftlichen (Zwecken)

LE 3

Sie glauben, daß bei der Einrichtung eines gemeinsamen Entwicklungsbüros noch kein Unternehmenszusammenschluß gegeben ist. Welches der drei angeführten Merkmale fehlt Ihrer Meinung nach?

- Vereinigung: In unserem Fall vereinen sich doch zwei Unternehmungen, um gemeinsam zu entwickeln!
- Im Vertragsweg: Man wird kaum ohne vertragliche Vereinbarungen in bezug auf Kostenübernahme, Rechte und Pflichten der einzelnen Unternehmung auskommen.
- Wirtschaftliche Zielsetzung: Sie liegt in Form einer Verbesserung der bestehenden und der Entwicklung neuer Erzeugungsverfahren, der Durchführung neuer Projekte u.a.m. vor.

Da alle Merkmale vorhanden sind, ist also im Sinne unserer Definition ein Unternehmenszusammenschluß gegeben.

--> LE 5
Seite 201

LE 16

2. Kartell und kartellähnliche Kooperationen

2.1. Definition - Merkmale

Unter einem *Kartell* versteht man einen Zusammenschluß von rechtlich und weitgehend auch wirtschaftlich selbständig bleibenden Unternehmungen oder Verbänden von Unternehmungen, der durch vertragliche Bindungen (Kartellvereinbarungen) eine Regelung oder Beschränkung des Wettbewerbs bewirken soll.

Welche drei Merkmale ergeben sich aus dieser Definition?

- Zusammenschluß von .... und weitgehend auch ....
  selbständig bleibenden Unternehmungen

- durch .... Bindung

- zur .... oder .... des Wettbewerbs.

Zusammen mit den verschiedenen Kartellarten behandeln wir kartellähnliche Zusammenschlüsse, die vielleicht bei einer strengen Abgrenzung die definitorischen Merkmale des Kartells nicht erfüllen, jedoch in den betriebswirtschaftlichen Auswirkungen den Kartellen recht ähnlich sind.

--> LE 17

LE 29

2.2.4. Kartelle, die die Verkaufstätigkeit regeln

Als wichtigste Form in dieser Kategorie behandeln wir die *Syndikate*.

Der Verkauf der Erzeugnisse wird von einer zentralen Stelle, dem Syndikat, übernommen. Das Syndikat nimmt meist in Form einer Verkaufsgesellschaft die eingehenden Aufträge entgegen und verteilt sie auf die Mitglieder. Auch Syndikate spielten in der deutschen Stahlindustrie eine große Rolle.

Das Syndikat hat für die Anbieter folgende *Vorteile:*

- Die straffe Organisation des Syndikats ermöglicht eine monopolähnliche Absatzpolitik und damit eine starke Stellung gegenüber den Kunden und gegenüber den Außenseitern des Kartells.
- Als Folge der zweckmäßigen Auftragsverteilung ergeben sich Einsparungen bei den Transportkosten.

Vereinbarungen, die die Freiheit der einzelnen Mitglieder so weitgehend beschränken, stellen damit die .... Kartellstufe dar.

--> LE 30

LE 40

2.3.1.2.3. Zusammenarbeit beim Vertrieb

Eine immer größere Bedeutung erlangt in diesem Bereich die *Gemeinschaftswerbung*. Mehrere Unternehmungen führen gemeinschaftlich eine gezielte Werbekampagne durch, um den Bedarf nach einer bestimmten Produktart zu wecken:

Es ist Ihnen ja sicher schon bewußt geworden, daß auch Sie das Recht auf eine eigene Tapete haben und daß Milch müde Männer munter macht!

Transportunternehmen starteten eine Kampagne, die ihre Flexibilität betonte. Dies geschah, indem man den gemeinsamen Konkurrenten Deutsche Bundesbahn als besonders schwerfällig hinstellte. Die Spediteure schlugen also zwei Fliegen mit einer Klappe.

Dies waren .... der Tapetenhersteller, Molkereien und Speditionsbetriebe.

--> LE 41

vertragliche (Vereinbarungen)
kapitalmäßige (Bindungen)
wirtschaftlichen (Zwecken)

LE 4

Ja, es liegt, entsprechend obiger Definition, ein Unternehmenszusammenschluß vor.

Alle drei Merkmale,

- Vereinigung von Unternehmungen (zwei Unternehmungen arbeiten auf dem Gebiet der Entwicklung zusammen),
- vertragliche Vereinbarung oder kapitalmäßige Bindung (wenn auch keine kapitalmäßige Bindung vorhanden sein wird, so ist doch ein Vertrag für eine solche Zusammenarbeit notwendig),
- zu bestimmten wirtschaftlichen Zwecken (neue Fertigungsverfahren, neue Produkte),

sind gegeben.

--> **LE 5**

---

rechtlich, wirtschaftlich
vertragliche
Regelung, Beschränkung

LE 17

2.2. Kartellarten

Von der Vielzahl der Erscheinungsformen von Kartellen wollen wir in Anlehnung an Bussmann (LV 7) im folgenden die wichtigsten behandeln. Zur besseren Übersicht soll eine Reihung nach dem Ausmaß der Freiheitsbeschränkung des einzelnen Kartellmitgliedes vorgenommen werden. Das heißt, wir gehen von Kartellen niederer Ordnung aus und kommen zu solchen .... Ordnung.

Unter Kartellen *niederer Ordnung* versteht man Vereinbarungen, die die wirtschaftliche Dispositionsfreiheit der einzelnen Unternehmungen nur geringfügig beeinflussen, während solche *höherer Ordnung* gewichtigen Einfluß auf die Geschäftsführung der einzelnen Mitgliedsunternehmungen ausüben.

Wenden wir uns nun einer genaueren Beschreibung der wichtigsten Kartellarten zu. Dazu klappen Sie bitte Hilfsblatt 5, Arten von Kartellen (fünfte Falttafel am Schluß des Buches), heraus und vervollständigen es, während Sie die nächsten Lerneinheiten durcharbeiten.

--> **LE 18**

höchste

LE 30

Bei den nun folgenden beiden Kartellformen kann die Dispositionsfreiheit der einzelnen Kartellmitglieder in unterschiedlichem Ausmaß eingeschränkt werden. Diese Kartelle treten deshalb oft in Verbindung mit den schon beschriebenen Formen auf, d. h., es handelt sich um einen übergeordneten Gliederungsgesichtspunkt.

2.2.5. Außenhandelskartelle

Es werden verschiedene Funktionen an das Kartell delegiert, die den Export bzw. den Import betreffen. Man unterscheidet Exportkartelle und Importkartelle:

Exportkartelle sollen den Wettbewerb der inländischen Produzenten auf den Auslandsmärkten ausschalten.

Bei *Importkartellen* tritt den ausländischen Exporteuren ein inländischer Nachfragemonopolist (das Kartell) gegenüber. Importkartelle sollen ein Gegengewicht gegen mächtige ausländische Exportmonopole darstellen.

--> **LE 31**

Gemeinschaftswerbungen

LE 41

2.3.1.2.4. Sonstige Zusammenarbeit

Hier sei vor allem die Kooperation bei der Datenverarbeitung angeführt, z. B. durch die gemeinschaftliche Benutzung eines Rechenzentrums.

Nachstehend noch zwei Beispiele für sonstige Formen der zwischenbetrieblichen Zusammenarbeit:

- Zusammenarbeit bei der Aus- und Fortbildung in Form von Lehrwerkstätten und anderen Ausbildungseinrichtungen.
- Gemeinschaftlicher Unterhalt von sozialen Einrichtungen, wie Kantinen, Sportplätzen und Pensionsfonds.

--> **LE 42**

LE 5

1.2. Formen von Unternehmenszusammenschlüssen

Untersucht man die sich zusammenschließenden Unternehmungen danach, inwieweit sie ihre wirtschaftliche und rechtliche Selbständigkeit verloren haben, so kann man als Ergebnis drei Arten von Unternehmenszusammenschlüssen unterscheiden. Im folgenden werden sie als Stufe 1, Stufe 2 und Stufe 3 bezeichnet.

Klappen Sie bitte Hilfsblatt 4, Einteilung der Unternehmenszusammenschlüsse (vierte Falttafel am Schluß des Buches), heraus, und vervollständigen Sie entsprechend den folgenden Ausführungen die leeren Felder der Übersicht.

--> LE 6

---

höherer (Ordnung)

LE 18

2.2.1. Kartelle, die die Verkaufs- bzw. Geschäftsbedingungen regeln

Kartelle, die nur die allgemeinen Geschäftsbedingungen mehrerer Unternehmungen regeln, gehören zu Kartellen niedrigster Ordnung.

Durch derartige Abmachungen sollen die allgemeinen Verkaufs- und Geschäftsbedingungen (Konditionen), wie Zahlungsziel (z. B. maximal 30 Tage, sonst ist eine Konventionalstrafe an das Kartell zu zahlen), Liefertermine, Garantieleistungen, Versandbedingungen (z. B. keine Versandgebühren ab einem Bestellvolumen von DM 100,-) usw., der einzelnen Kartellmitglieder aufeinander abgestimmt werden.

Die Mitglieder verpflichten sich durch eine solche Kartellabsprache zur Einhaltung gleicher

- Verkaufskonditionen und/oder
- Zahlungskonditionen.

Auf dem Hilfsblatt ist daher zu Punkt 1. einzutragen:

....-kartelle.

--> LE 19

LE 31

2.2.6. Notstandskartelle

Die ersten Kartelle dieser Art entstanden während Konjunktur- und Strukturkrisen der Wirtschaft. Man sagt: "Kartelle sind Kinder der Not."

Man unterscheidet Konjunkturkrisenkartelle und Strukturkrisenkartelle.

2.2.6.1. Konjunkturkrisenkartelle

Bei Konjunkturrückgang ist zu wenig Kaufkraft oder Kaufwille vorhanden, und daher können die Erzeugnisse nicht auf dem Markt untergebracht werden.

Die Anpassung des Angebotes an die verminderte Nachfrage auf dem freien Markt kann mit sehr großen "Reibungsverlusten" verbunden sein, die man durch das Konjunkturkrisenkartell abschwächen will.

Welche der behandelten Kartellarten bietet sich in einer solchen Krise an?

....

--> LE 32
Seite 206

LE 42

2.3.2. Beispiele zur rechtlichen Beurteilung

Für die Rechtspraxis ist es oft nicht einfach, die Grenze zwischen einem echten Kartell, für das ein Vertrag geschlossen wurde, einer "abgestimmten Verhaltensweise" und bloßem Parallelverhalten zu ziehen.

Mehrere Unternehmer einer Branche treffen sich zu einem Frühstück, um einen allgemeinen Erfahrungsaustausch zu pflegen. Nebenbei sagt einer, er könne die steigenden Kosten nicht mehr verkraften, er werde daher sein Produkt X statt wie bisher für 18 DM ab 1. Juni für 20 DM verkaufen. Am 1. Juni bzw. kurz darauf erhöhen alle Unternehmungen dieser Branche die Preise für Produkt X auf 20 DM. In der Wirkung liegt ein (verbotenes) Preiskartell vor, aber es fehlt der Vertrag.

In diesem Beispiel handelt es sich ohne Zweifel um eine *abgestimmte Verhaltensweise*, und diese wird einem Preiskartell gleichgestellt und damit verboten. Im Jargon der Betriebswirte nennt man so etwas ein "Frühstückskartell".

Kann man aber auch von einer (verbotenen) abgestimmten Verhaltensweise sprechen, wenn nach längerem, zermürbendem Preiskampf in einer Region eine Mineralölgesellschaft ihren Benzinpreis erhöht und die Konkurrenten nachziehen, oder handelt es sich hierbei um eine natürliche Wettbewerbsreaktion bzw. ein sogenanntes (erlaubtes) *Parallelverhalten*?

--> LE 43

LE 6

1.2.1. Unternehmenszusammenschlüsse der Stufe 1

Unternehmenszusammenschlüsse der Stufe 1 liegen vor, wenn sich mehrere Unternehmungen

- zum Erreichen bestimmter wirtschaftlicher Ziele,
- auf vertraglicher Basis,
- ohne finanzielle Bindung,
- freiwillig

zu einer Gemeinschaft zusammenschließen.

Setzen Sie bitte im Hilfsblatt bei "Stufe 1" der Spalte 2 ein:

.... Vereinbarungen ohne .... Bindung.

Solche Unternehmenszusammenschlüsse werden in der Literatur häufig als Kooperationsformen bezeichnet, während man die später zu behandelnden Unternehmenszusammenschlüsse der Stufen 2 und 3 unter Konzentrationsformen führt.

--> LE 7

Konditionenkartelle

LE 19

2.2.2. Kartelle, die die Preisermittlung bzw. Preisfestsetzung regeln

2.2.2.1. Kalkulationsverfahrenskartelle

Soweit der Preis nicht eine vom Markt her gegebene Größe ist, wird er jeweils mit Hilfe der *Kalkulation* festgesetzt, d. h., die Unternehmung errechnet den Preis aufgrund der entstandenen Kosten.

Um zu verhindern, daß als Folge eines ungenauen Kalkulationsverfahrens zu niedrige oder zu hohe Preise ermittelt werden, sollen nun Abmachungen getroffen werden, daß für alle Kartellmitglieder bestimmte Richtlinien für das Kalkulationsverfahren gültig sind, ohne daß damit Einheitspreise festgelegt werden, die den Wettbewerb einschränken würden. Eine solche Richtlinie wäre z. B., daß in der Kalkulation ein Posten für das Garantierisiko in Ansatz gebracht wird.

Es liegt also ein .... -verfahrenskartell vor. (Vergessen Sie nicht, Punkt 2.1. des Hilfsblattes auszufüllen!)

--> LE 20

LE 43

Derartige Fragen sind im Einzelfall sehr schwer zu beantworten. Wir wollen den Juristen keine Konkurrenz machen und uns lieber abschließend beispielhaft einigen Fällen aus der Rechtsprechung zuwenden:

Verbotenes Kartell[1]

Fall 1:

Wegen verbotener *Quotenabsprachen* hat das Bundeskartellamt gegen elf Zementhersteller sowie verantwortliche Mitarbeiter Geldbußen von insgesamt 224 Millionen DM verhängt. Das Amt hat festgestellt, daß die betroffenen Unternehmen seit Anfang 1981 den süddeutschen Zementmarkt durch die Vereinbarung fester Lieferquoten untereinander aufgeteilt haben. Dadurch ist auch der Preiswettbewerb völlig ausgeschlossen worden. Das Bundeskartellamt hatte bereits 1972 diesen elf Zementherstellern Quotenabsprachen in Süddeutschland nachgewiesen und gegen 13 Unternehmen Bußgelder verhängt. Alle Zementhersteller im süddeutschen Raum sind betroffen, etliche haben Bußgeldbescheide von jeweils mehr als 20 Millionen DM erhalten. Einige Unternehmen haben gegen die Bußgeldbescheide Einspruch eingelegt.

Fall 2:

Das Bundeskartellamt hat wegen verbotener *Preisabsprachen* gegen drei Bauaktiengesellschaften und gegen elf Vorstandsmitglieder wegen Verletzung der Aufsichtspflicht Geldbußen von insgesamt 7 Millionen DM verhängt. Die Absprachen haben in den Jahren 1976 bis 1981 stattgefunden. Wegen der Absprachen waren bereits 1983 gegen die drei Unternehmen sowie jeweils ein Vorstandsmitglied Verfahren geführt worden, die jedoch wegen einer Änderung der Rechtsprechung eingestellt werden mußten.

Fall 3:

Wegen *verbotener Submissionsabsprachen* hat das Bundeskartellamt gegen 47 Unternehmen der Heizungs-, Klima-, Lüftungs- und Sanitärbranche sowie verantwortliche Mitarbeiter Geldbußen von insgesamt 54 Millionen DM verhängt. Die Behörde hat festgestellt, daß die betroffenen Unternehmen sich in den Jahren 1979 bis 1986 bei weit über 1.000 Ausschreibungen für den Bau klimatechnischer Anlagen darüber abgesprochen haben, welches Unternehmen welchen Auftrag zu welchem - überhöhten - Preis erhalten soll. Dadurch sind insbesondere öffentliche Auftraggeber bei Bund, Ländern und Gemeinden, aber auch private Bauherren erheblich geschädigt worden. Bereits 1977 hatte das Bundeskartellamt gegen im wesentlichen dieselben Unternehmen Bußgelder von insgesamt 1,5 Millionen DM wegen nachgewiesener Submissionsabsprachen verhängt.

---

1 Presseinformation Nr. 6/84, Nr. 9/87 und Nr. 9/89 des Bundeskartellamtes.

--> LE 44

vertragliche, finanzielle

LE 7

Durch vertragliche Vereinbarungen ohne finanzielle Bindung bleibt die rechtliche und *weitgehend* auch die wirtschaftliche Selbständigkeit der einzelnen Unternehmungen erhalten.

Tragen Sie daher in Spalte 4 des Hilfsblattes .... (ja/nein) und in Spalte 5 die entsprechende Einschränkung dazu ein!

--> LE 8

Kalkulations(verfahrenskartell)

LE 20

2.2.2.2. Rabattkartelle

Eine andere Kartellform hat die Abstimmung der *Rabattgewährung* zum Gegenstand.

Die Unternehmung ist zwar hinsichtlich der Kalkulation und der Preisstellung selbst unabhängig, nicht jedoch hinsichtlich der Festsetzung von Rabatten. Beispielsweise vereinbaren Computerhersteller, Hochschulen höchstens einen Rabatt von 40 % einzuräumen.

Zu Punkt 2.2. des Hilfsblattes ist also .... -kartell einzusetzen.

Welches ist Ihrer Meinung nach der Grund derartiger Kartellabsprachen?

....

....

--> LE 21

Da es darauf ankommt, die Produktion zu vermindern, scheint uns ein Kontingentierungskartell geeignet.

LE 32

2.2.6.2. Strukturkrisenkartelle

Strukturveränderungen, die sich auf den Absatz bestimmter Wirtschaftszweige auswirken, können sich z. B. durch technischen Fortschritt, durch eine Internationalisierung der Wirtschaftsbeziehungen oder durch einen steigenden Lebensstandard ergeben. Als Folge schrumpfen die Absatzmöglichkeiten bestimmter Wirtschaftszweige und Branchen, so daß die Kapazitäten dort nicht ausgenutzt werden.

Die Europäische Gemeinschaft hatte ein (inzwischen nicht mehr existierendes) Strukturkrisenkartell in der Form eines Quotenkartells zum Abbau von Überkapazitäten in der Stahlindustrie veranlaßt. Den einzelnen europäischen Stahlunternehmen wurden Produktionsquoten zugewiesen, die sich an Vergangenheitsmengen orientierten.

Die Problematik erkennt man an folgendem: Der Klöckner-Konzern fühlte sich benachteiligt, weil der Quotenberechnung eine Produktionsperiode zugrundegelegt wurde, in der Klöckner aus technischen Gründen relativ wenig hergestellt hatte. Der Konzern hielt sich deshalb nicht an die Quoten. Die Folge war, daß das Kartell nicht richtig funktionierte.

--> **LE 33**

LE 44

Erlaubtes Kartell

Das Bundeskartellamt hat 1978 ein Typisierungskartell von 40 mittelständischen Bauunternehmen genehmigt, weil die Kartellvereinbarung geeignet erschien, die Herstellung und den Vertrieb von massiv gemauerten Typenhäusern zu rationalisieren und dadurch die Leistungsfähigkeit der beteiligten mittelständischen Unternehmen zu fördern, ohne den Wettbewerb wesentlich zu beschränken.

Die beteiligten Bauunternehmen haben vereinbart, sogenannte Baumeister-Häuser zu bauen und dabei entsprechende Warenzeichen zu benutzen. Bei den Häusern handelt es sich um gemeinschaftlich entwickelte und standardisierte Produkte. Jedem Gesellschafter ist eine bestimmte Region als Verkaufsgebiet zugewiesen worden.

--> **LE 45**
Seite 210

ja

LE 8

In unserem Hilfsblatt ist noch die Spalte für die *wichtigsten Zusammenschlußformen* der Stufe 1 auszufüllen.

Die wichtigsten Zusammenschlußformen dieser Stufe sind:

- Kartell und kartellähnliche Kooperationen sowie
- Konsortium.

Wir werden uns auch in den später folgenden Ausführungen auf diese beiden Gruppen beschränken.

--> LE 9

Rabatt(kartell)
Sinngemäß: Rabattkartelle sollen verhindern, daß die Rabattgewährung als Wettbewerbsinstrument mißbraucht wird. Vielmehr soll ein echter, transparenter Preiswettbewerb erhalten bleiben.

LE 21

2.2.2.3. Preiskartelle

Die nächsthöhere Stufe in der Hierarchie der Kartelle sind Abmachungen, die die Bestimmung der *Preise* durch Festsetzen von Mindest- oder Einheitspreisen zum Gegenstand haben. Es handelt sich daher um .... -kartelle (Punkt 2.3. im Hilfsblatt).

Für die Festlegung eines Einheitspreises ist jedoch in etwa die gleiche Qualität der Produkte der einzelnen Unternehmungen Voraussetzung. Ansonsten würde diejenige Unternehmung, die die beste Qualität ihrer Produkte vorweisen kann, nahezu den gesamten Absatz des Kartells auf sich vereinigen. Dies wäre aber nicht im Sinne eines Preiskartells!

Beispiel[1]: Die EG-Kommission hat am 23.4.1986 gegen 15 europäische Chemiefirmen Geldbußen von insgesamt 124 Millionen DM wegen abgesprochener Preis- und Absatzregelungen sowie wegen des Austausches detaillierter Informationen, den Grundstoff Polypropylen (Ausgangsstoff für die Bearbeitung von Plastikprodukten) betreffend, verhängt.

---

1 Aus: Wirtschaft und Wettbewerb 36(1986) 5, S. 443 f. und 37 (1987) 1, S. 81 ff.

--> LE 22

LE 33

Lösung zum Hilfsblatt 5: Arten von Kartellen

1. Kartelle, die die Verkaufs- bzw. Geschäftsbedingungen regeln:
   Konditionenkartelle

2. Kartelle, die die Preisermittlung bzw. Preisfestsetzung regeln:

   2.1. Kalkulationsverfahrenskartelle
   2.2. Rabattkartelle
   2.3. Preiskartelle
   2.4. Submissionskartelle

3. Kartelle, die die Produktion regeln:

   *3.1. Kartelle, die die Art der Produktion regeln:
   Rationalisierungskartelle*

       3.1.1. Normierungs- und Typisierungskartelle
       3.1.2. Spezialisierungskartelle

   *3.2. Kartelle, die den Umfang der Produktion regeln:
   Kontingentierungskartelle, z. B. Quotenkartelle*

4. Kartelle, die die Verkaufstätigkeit regeln:
   Syndikate

Besonderheiten

1. *Außenhandels*kartelle:

   1.1. *Export*kartelle
   1.2. *Import*kartelle

2. *Notstands*kartelle:

   2.1. *Konjunkturkrisen*kartelle
   2.2. *Strukturkrisen*kartelle

--> LE 34

LE 9

1.2.2. Unternehmenszusammenschlüsse der Stufe 2

Das kennzeichnende Merkmal von Unternehmenszusammenschlüssen der Stufe 2 liegt darin, daß mehrere Unternehmen einer einheitlichen Leitung unterstellt werden. Dies kann faktisch durch entsprechende *finanzielle Beteiligungen* und/oder durch *vertragliche Vereinbarungen* erreicht werden.

In der Regel besteht im Zusammenhang damit eine Kapitalverflechtung durch Beteiligung von Unternehmungen an anderen. Dies kann z. B. dadurch erfolgen, daß die Unternehmung A ein entsprechendes Aktienpaket der Unternehmung B kauft. Die rechtliche Selbständigkeit der Unternehmung B bleibt bestehen, während die wirtschaftliche Unabhängigkeit infolge der fremden Einflußnahme auf die Geschäftsführung verlorengeht. Es entsteht, wirtschaftlich gesehen, eine neue Unternehmung.

Die wichtigste Zusammenschlußform der Stufe 2 ist der *Konzern*.

Tragen Sie die Merkmale in die Spalten 2, 4 und 5 des Hilfsblattes ein.

--> LE 10

Preis(kartelle)

LE 22

Ein weiteres Problem eines reinen Preiskartells soll das folgende Beispiel zeigen: Nehmen Sie an, Sie sind Mitglied eines Preiskartells, dem ein Einheitspreis von 21,- DM/Stück zugrunde liegt. Nehmen Sie weiter an, Sie würden einen Auftrag über 100.000 Stück nur unter der Bedingung erhalten, daß Sie das einzelne Stück nur mit 19,- DM berechnen.

Wie können Sie die Kartellabmachungen umgehen? - Selbstverständlich durch Gewährung eines entsprechenden Rabattes.

Außerdem ziehen hohe Gewinnspannen Außenseiter an, die Kartellmitgliedern unerwünschte Konkurrenz bieten können. Ein unnatürlich hoher Preis stimuliert auch die Suche nach Alternativen. Ein weltweites Zinnkartell ist 1985 dadurch an den Rand des Zusammenbruchs gebracht worden, daß aus teurem Zinn gefertigte Weißblechdosen immer mehr durch Behälter aus Glas, Kunststoff und Aluminium ersetzt wurden.

--> LE 23

LE 34

2.3. Kartelle und Wettbewerbsrecht

Sind wettbewerbsbeschränkende Absprachen erlaubt? Wie stellt sich der Gesetzgeber dazu?

Der Gesetzgeber hat es mit einem zweischneidigen Schwert zu tun:

Auf der einen Seite wird eine *Wettbewerbswirtschaft* angestrebt, eine Konzentration der wirtschaftlichen Macht zu Lasten des .... soll verhindert werden.

Auf der anderen Seite beinhaltet die Rechtsordnung die *Vertragsfreiheit*, d. h., es dürfen grundsätzlich Verträge abgeschlossen werden, gleichgültig, mit wem und mit welchem Inhalt. Beim Kartell wird nun die Vertragsfreiheit genutzt, um den freien .... einzuschränken.

Rein rechtssystematisch ist also die schwierige Entscheidung zwischen Wettbewerbsfreiheit und Vertragsfreiheit zu treffen.

--> LE 35

LE 45

3. Konsortium

3.1. Definition - Merkmale

Unter dieser zweiten Form von Unternehmenszusammenschlüssen der Stufe 1 versteht man einen Zusammenschluß von rechtlich und wirtschaftlich selbständig bleibenden Unternehmungen zu einer Gemeinschaft auf vertraglicher Basis, die der Durchführung einzelner, dem Umfang und weitgehend auch der zeitlichen Dauer nach festgelegter, von vornherein klar abgegrenzter Aufgaben (Geschäfte) dient.

Unterstreichen Sie bitte die wichtigsten Punkte dieser Definition!

--> LE 46

LE 10

Eine gewisse Sonderstellung bei den Unternehmenszusammenschlüssen der Stufe 2 kommt der *Gemeinschaftsunternehmung* (GU) zu.

Eine GU entsteht, wenn zwei oder mehrere Unternehmungen Abteilungen ausgliedern und aus diesen eine neue Unternehmung gebildet wird, an der die Gründer beteiligt sind. Natürlich liegt trotz des Umstandes, daß eine Abteilung ausgegliedert wird, ein Unternehmenszusammenschluß vor, denn die neue Unternehmung bildet zusammen mit den Muttergesellschaften ein neues Gebilde, das alle Merkmale eines Unternehmenszusammenschlusses aufweist.

In neuerer Zeit gewinnen Gemeinschaftsunternehmungen auch in Verbindung mit internationalen Konzernen wachsende Bedeutung.

--> LE 11

LE 23

2.2.2.4. Submissionskartelle

Als eine besondere Form des Preiskartells ist das Submissionskartell anzuführen (Submission steht für "öffentliche Ausschreibung", "Angebot").

Bei öffentlichen oder privaten Ausschreibungen von Aufträgen versuchen die Interessenten, durch Abgabe preisgünstiger Angebote die Konkurrenten aus dem Feld zu schlagen. Bei hartem Wettbewerb schmälern diese niedrigen Preise die Ertragschancen beträchtlich. Liegt ein Submissionskartell vor, so wird durch einen bestimmten Schlüssel festgelegt, welches Kartellmitglied welchen Auftrag erhalten soll. Die anderen Kartellmitglieder sind verpflichtet, sogenannte "Schutzofferten", also Angebote mit über-.. Preisen, abzugeben.

Dadurch kann erreicht werden, daß auch der für die ausschreibende Stelle "günstigste" Anbieter, nämlich der, der im voraus von dem Kartell dazu bestimmt worden war, noch mit einem guten .... rechnen kann. Ferner können die Kartellmitglieder dafür sorgen, daß das Auftragsvolumen im Lauf der Zeit nach einem von ihnen gewünschten Verhältnis auf sie aufgeteilt wird.

--> LE 24

Verbrauchers
Wettbewerb

LE 35

2.3.1. Kartellrecht in der Bundesrepublik Deutschland

2.3.1.1. Gesetz gegen Wettbewerbsbeschränkungen (GWB)

Im "Gesetz gegen Wettbewerbsbeschränkungen" steht das *Verbotsprinzip* im Vordergrund. Es besagt, daß Kartellvereinbarungen grundsätzlich verboten sind. In bestimmten Fällen werden jedoch Ausnahmen gewährt.

§1 GWB drückt diesen Sachverhalt so aus: "Verträge sind unwirksam, soweit sie geeignet sind, die Erzeugung oder die Marktverhältnisse für den Verkehr mit Waren oder gewerblichen Leistungen durch Beschränkung des Wettbewerbs zu beeinflussen."

Der Grundsatz des §1 GWB ist durch die Bestimmung der folgenden Paragraphen des Gesetzes in vielfältiger Weise durchbrochen. So sind bestimmte Kartellarten zulässig, müssen aber bei der Kartellbehörde gemeldet werden, z. B. Konditionenkartelle, Rabattkartelle und Spezialisierungskartelle. Andere Kartellarten bedürfen nicht nur der Anmeldung, sondern müssen auch von der Kartellbehörde genehmigt werden. Dazu gehören z. B. Strukturkrisenkartelle und Importkartelle. Eine grobe Übersicht gibt die folgende Lerneinheit.

In der Bundesrepublik Deutschland sind also Kartelle grundsätzlich

....

--> LE 36

LE 46

Die Merkmale des Konsortiums sind daher nach obiger Definition:

- Zusammenschluß von rechtlich und wirtschaftlich .... bleibenden Unternehmungen

- auf .... Basis

- zur Durchführung einzelner, klar .... Aufgaben mit von vornherein .... Umfang.

--> LE 47
Seite 216

LE 11

Eine Sonderform der Gemeinschaftsunternehmung ist das *Joint Venture*. Der Begriff wird vor allem im Zusammenhang mit internationaler Zusammenarbeit benutzt: Unternehmungen aus verschiedenen Ländern bringen in gemeinsame Einrichtungen ihre Kenntnisse und andere Ressourcen ein. Zu diesen können auch Lizenzen oder Vertriebskanäle gehören.

Ein Joint Venture kann auf begrenzte oder unbegrenzte Zeit eingerichtet werden. Im ersten Fall ähnelt es dem Konsortium (vgl. LE 45, S. 210).

Beispiel: Die Volkswagen AG hat gemeinsam mit chinesischen Partnern in Schanghai eine Produktionsstätte eingerichtet, in der das Modell VW Santana montiert wird. Der überwiegende Prozentsatz der Einzelteile stammt aus der Bundesrepublik.

Stark im Ansteigen ist die Zahl der Joint Ventures zwischen bundesdeutschen Unternehmen und sowjetischen Partnerfirmen[1]. So produziert die Salamander AG seit Mai 1988 in Zusammenarbeit mit der Leningrader Firma Lenwest Schuhe. Ein Joint Venture auf kleinster Basis ist das Hamburger Bierlokal "Tschaika" mitten in Leningrad. Aus dem Zapfhahn fließen die Marken "Astra-Pilsener" und "Jever-Pilsener" für durstige Sowjetkehlen.

Zahlreiche Joint Ventures zwischen west- und ostdeutschen Unternehmen sind unterschiedlich weit gediehen.

---
[1] Nürnberger Zeitung Nr. 133 vom 13.6.1989, S. 7.

--> LE 12

(über)höhten
Gewinn

LE 24

Gut organisierte Submissionskartelle kommen offensichtlich relativ häufig in der Bauindustrie vor. So hat das Bundeskartellamt 1983 gegen 77 Bauunternehmen sowie deren verantwortliche Mitarbeiter Geldbußen von insgesamt 54 Millionen DM verhängt. Das Amt hatte festgestellt, daß die betroffenen Unternehmen sich jahrelang bei öffentlichen und privaten Bauvorhaben zum Teil bundesweit darüber abgesprochen hatten, welches Unternehmen zu welchem Preis den jeweiligen Auftrag erhalten sollte[1].

---
[1] Wirtschaft und Wettbewerb 33 (1983) 10, S. 764.

--> LE 25

verboten

LE 36

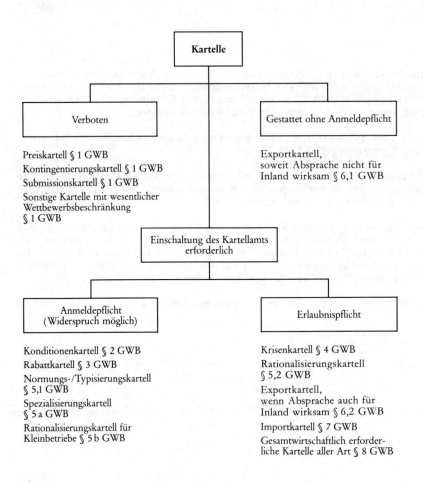

in Anlehnung an: Luger, A.E., LV 16.

--> **LE 37**
Seite 192

LE 12

Eine Gruppe fränkischer Spielwarenhersteller hat die Frankonia Toys GmbH gegründet. Eine der Ideen liegt darin, daß man gemeinsam ein zentrales Lager mit einem zentralen Musterzimmer betreibt, so daß die Einkäufer von Großunternehmen des Handels nicht mehr die vielen kleinen Spielzeughersteller besuchen müssen, sondern sich an einem Ort informieren können.

Man will mit dieser und ähnlichen Maßnahmen verhindern, daß die großen Handelsbetriebe aus Gründen der Rationalisierung im Einkauf nur noch große Spielwarenhersteller berücksichtigen.

--> LE 13
Seite 191

LE 25

2.2.3. Kartelle, die die Produktion regeln

Bei den Kartellen, die die Produktion ihrer Mitglieder regeln, können zwei Untergruppen unterschieden werden:

Kartelle, die

- die Art der Produktion oder
- den Umfang der Produktion

regeln.

2.2.3.1. Kartelle, die die Art der Produktion regeln

Bei den Kartellen, die die Art der Produktion regeln, ist die Rationalisierung des Produktionsvorganges durch Normierung, Typisierung und Spezialisierung primäre Aufgabe.

Solche Kartelle werden daher als .... -*kartelle* bezeichnet.

--> LE 26
Seite 192

selbständig
vertraglicher
abgegrenzter, festgelegtem

LE 47

3.2. Entstehungsgründe

In der Regel sind es

- das mit großen Geschäften verbundene Risiko und
- die erforderliche breite Kapitalbasis,

die die Kräfte einer einzelnen Unternehmung übersteigen und zur Bildung eines Konsortiums führen.

Beispiele sind von Banken gebildete Konsortien zu Emission von Wertpapieren oder solche zur Durchführung großer industrieller Projekte, etwa zur Entwicklung eines Kommunikationssatelliten oder zum Bau eines Staudammes.

--> Zwischentest
Seite 217

Zwischentest

1. Welche drei Merkmale sind für einen Unternehmenszusammenschluß kennzeichnend?

   - ....
   - ....
   - ....

2. Skizzieren Sie das Wesen des Joint Venture!

3. Welche Merkmale kennzeichnen ein Kartell?

   - ....
   - ....
   - ....

4. Reihen Sie die folgenden Kartellarten nach dem Ausmaß der wirtschaftlichen Freiheitsbeschränkung des einzelnen Kartellmitgliedes in aufsteigender Ordnung!

   A - Syndikate
   B - Kalkulationsverfahrenskartelle
   C - Rationalisierungskartelle
   D - Quotenkartelle

   /.............../.............../.............../.............../

5. Warum sind Preiskartelle relativ unbeständig?

6. Beschreiben Sie das Wesen des Submissionskartells!

K 6/2 – Unternehmenszusammenschlüsse Teil 2

Unternehmenszusammenschlüsse

Teil 2: Konzern
Unternehmensverbände

	LE/S.
4. Konzern	48/221
4.1. Definition - Merkmale	48/221
4.2. Arten von Konzernen	51/227
4.2.1. Nach der Art der zusammengeschlossenen Unternehmungen	51/227
4.2.1.1. Horizontal gegliederte Konzerne	51/227
4.2.1.2. Vertikal gegliederte Konzerne	52/229
4.2.1.3. Gemischt gegliederte Konzerne	53/231
4.2.2. Nach der Struktur der Abhängigkeit im Konzern	54/233
4.2.2.1. Subordinations- oder Unterordnungskonzerne	54/233
4.2.2.1.1. Vertragskonzern	55/235
4.2.2.1.2. Faktischer Konzern	57/221
4.2.2.2. Koordinations- oder Gleichordnungskonzerne	58/223
4.3. Gründe für das Entstehen von Konzernen	59/225
4.4. Konzern und Wettbewerbsrecht	61/229
4.5. Vor- und Nachteile der Konzernierung	63/233
4.5.1. Vorteile	63/233
4.5.2. Nachteile	68/224
4.6. Multinationale Konzerne	69/226
5. Unternehmensverbände	74/236
5.1. Wirtschaftsfachverbände	75/238
5.1.1. Definition und Merkmale	75/238
5.1.2. Aufgaben	76/224
5.1.2.1. Förderung der gemeinsamen wirtschaftlichen Interessen der Mitglieder	76/224
5.1.2.2. Interessenvertretung nach außen	77/226
5.1.2.3. Information und Beratung der Mitglieder	78/228
5.2. Kammern	80/232
5.2.1. Definition - Merkmale	80/232
5.2.2. Aufgaben	81/236
Zwischentest	240
Literaturverzeichnis	241

LE 48

4. Konzern

4.1. Definition - Merkmale

Der Konzern ist ein Zusammenschluß mehrerer rechtlich selbständig bleibender Unternehmungen zu einem Unternehmensverbund unter einheitlicher Leitung.

Den Konzernen ähnlich sind die Kombinate in der DDR, bei denen mehrere Staatsbetriebe unter einheitlicher Leitung planwirtschaftlich geführt werden.

Wir kommen damit zu den Unternehmenszusammenschlüssen der Stufe ...., deren Merkmal die .... ist.

--> LE 49

LE 57

4.2.2.1.2. Faktischer Konzern

Bei einem *faktischen Konzern* existiert kein Beherrschungsvertrag, jedoch ist durch die Beteiligungsverhältnisse eine faktische Beherrschung gegeben. Auch in diesem Fall darf das herrschende Unternehmen seinen Einfluß nicht benutzen, die abhängige Gesellschaft zu einem für diese nachteiligen Handeln zu veranlassen, es sei denn, die Nachteile werden ausgeglichen.

Zur Sicherung der Rechte von Minderheitsgesellschaftern hat der Gesetzgeber die Leitung der abhängigen Unternehmung verpflichtet, einen "Bericht über Beziehungen zu verbundenen Unternehmen", den sog. *Abhängigkeitsbericht*, zu erstellen. Der Abhängigkeitsbericht soll die aus den Geschäftsbeziehungen mit den anderen Konzerngesellschaften für das beherrschte Unternehmen resultierenden Vor- bzw. Nachteile und gegebenenfalls den für entstandene Nachteile gewährten Ausgleich offenlegen.

--> LE 58

LE 67

Diese Konzernbildung hat eine interessante Vorgeschichte:

Als die Erben des Großindustriellen Friedrich Flick in den siebziger Jahren ihre Anteile verkaufen wollten, befürchtete man, daß die Mehrheit von Daimler-Benz in die Hände kapitalkräftiger Ölscheichs geraten könnte. Davon erwartete man sich wiederum eine psychologisch ungünstige Signalwirkung auf die deutsche Wirtschaft. Das Aktienpaket wurde deshalb vorübergehend von der Deutschen Bank übernommen ("geparkt"), die es aber schließlich wieder breiter streuen wollte und hierzu den skizzierten Konzernaufbau konstruierte. Eines der Hauptziele dabei war, möglichst viele "Schachteln" zu haben, die von solchen deutschen Großunternehmen (z. B. Versicherungsgesellschaften) übernommen werden sollten, von denen nicht zu erwarten war, daß sie an unerwünschte ausländische Aktionäre verkaufen würden. Zu diesem Zweck wurden auch die "künstlichen" Zwischenholdings STERN, STELLA, STAR und KOMET (Namensgebung wohl in Assoziation an den Mercedes-Stern) ins Leben gerufen.

Angenommen, der Scheich von Kuweit würde in einer Konjunkturkrise den freien Aktionären des Konzerns das Angebot unterbreiten, ihre Aktien zu einem großzügigen Sonderpreis zu kaufen, und alle freien Aktionäre, nicht aber die Besitzer von Schachteln, würden darauf eingehen. Würde der Scheich einen beherrschenden Einfluß auf den Bau von Mercedes-Automobilen erreichen?

                 - Ja ....   - Nein ....

Begründung:..
....
....

Für "Feinschmecker": Um eine 3/4-Mehrheit eines Gegners oder einer Koalition von Gegnern zu verhindern, reichen 25 % der Stimmen nicht aus; vielmehr benötigt man 25 % und eine Aktie. Wenn das Grundkapital in vier Pakete zu je 25 % aufgeteilt ist, müßten also zwischen den Partnern Sondervereinbarungen getroffen werden.

Ein Beispiel: Man vereinbart, daß jede "Partei" eine Aktie bei einem Notar deponiert und daß über diese Aktien bzw. die damit verbundenen Stimmrechte nur einvernehmlich verfügt werden darf.

--> LE 68

(Stufe) 2
einheitliche Leitung

LE 49

Es besteht meist ein *Unterordnungsverhältnis*, d. h., es gibt eine *"herrschende"* und eine oder mehrere "..." Unternehmung(en).

Eine Unternehmung A wird zur "herrschenden" Unternehmung, wenn sie aufgrund eines Vertrages und/oder einer entsprechenden Beteiligung an der Unternehmung B Einfluß auf die Geschäftsführung von B nehmen kann.

Die Unternehmung B verliert durch eine derartige Beteiligung ihre ....
.... und wird dadurch zur "beherrschten" Unternehmung.

--> LE 50

LE 58

4.2.2.2. Koordinations- oder Gleichordnungskonzerne

Diese Konzernform liegt vor, wenn zwei oder mehrere Unternehmungen unter einheitlicher Leitung zusammengefaßt sind, ohne daß zwischen ihnen ein Abhängigkeitsverhältnis besteht. Es gibt also keine herrschende und beherrschte Unternehmung, keine Ober- und Untergesellschaft, sondern nur gleichberechtigte Konzernmitglieder.

Gleichordnungskonzerne sind in reiner Form sehr selten. Meist besteht eine *Dachgesellschaft* in Form einer *Holding*.

Eine Holding ist eine Kapitalverwaltungsgesellschaft, deren Vermögen aus Beteiligungen an anderen Gesellschaften besteht. Die Holding hat also die Funktion eines Verwaltungszentrums für den ....

--> LE 59

Ja

Direkt könnte der Scheich damit zu seinen 14 % weitere 32 % an der Daimler-Benz AG als der eigentlichen Produktionsgesellschaft erwerben. Indirekt brächte er nochmals rund 12,6 % (50 % von 25,23 % über die Mercedes Automobil-Holding) zusammen. Es bliebe aber offen, ob es ihm gelänge, sich mit den anderen Gesellschaftern der Mercedes Automobil-Holding über die Verwertung der dieser Holding in der Hauptversammlung der Daimler-Benz AG zustehenden Stimmen zu arrangieren.

LE 68

4.5.2. Nachteile

Ein beachtlicher Nachteil der Konzernierung vom gesamtwirtschaftlichen Standpunkt aus liegt in der Gefahr einer Benachteiligung der Minderheitsaktionäre, etwa dadurch, daß Gewinne von einer Gesellschaft, an der sie beteiligt sind, zu einer Schwester- oder .... verlagert werden und dann die Minderheitsaktionäre eine ungerechtfertigt niedrige Dividende erhalten. (Allerdings sind solchen Manipulationen durch das Aktiengesetz Grenzen gesetzt.) Natürlich sind aus volkswirtschaftlicher Sicht mit der Konzernbildung verbundene Wettbewerbsbeschränkungen meist unerwünscht.

--> LE 69

Freiwillige
Wirtschaftszweiges
Interessen

LE 76

5.1.2. Aufgaben

Es können drei Teilbereiche unterschieden werden:

5.1.2.1. Förderung der gemeinsamen wirtschaftlichen Interessen der Mitglieder

Zum Beispiel:

- Übernahme von Forschungsaufgaben durch den Verband,
- Aufstellen von Richtlinien für Kostenrechnung und Kalkulation,
- Bürgschaftsübernahme.

Da sich diese Aufgaben vor allem auf das Innenverhältnis beziehen, könnte dieser Aufgabenkreis auch als Interessenvertretung nach .... bezeichnet werden.

--> LE 77

"beherrschte"
wirtschaftliche Selbständigkeit

LE 50

In der Fachsprache heißt die "herrschende" Unternehmung auch

- Obergesellschaft oder Mutter (-gesellschaft)

und die "beherrschte" Unternehmung auch

- Untergesellschaft oder Tochter (-gesellschaft).

Wenn also die Unternehmung A 51 % der Aktien der Unternehmung B besitzt, wird die Unternehmung A als Obergesellschaft oder Mutter und B als .... oder .... bezeichnet.

--> LE 51

Konzern

LE 59

4.3. Gründe für das Entstehen von Konzernen

In der Folge wollen wir uns einigen Gründen zuwenden, die speziell bei der Konzernbildung als wichtiger Erscheinungsform von Unternehmenszusammenschlüssen eine Rolle spielen.

- Im *Beschaffungssektor:* Hier wird beispielsweise versucht, sich zur Sicherung des Bezuges von Fremdmaterial einen entsprechenden Betrieb anzugliedern. So kann ein Unternehmen der Unterhaltungselektronik bestrebt sein, sich mit einem Halbleiterhersteller zusammenzuschließen.

- Im *Produktionssektor:* Die Abstimmung der Produktion zwischen den Einzelunternehmungen eines Konzerns wird oft zu bedeutenden Kosteneinsparungen führen. Kann sich jedes Konzernmitglied auf die Erzeugung eines bestimmten Teilproduktes spezialisieren, so wird es dieses - beispielsweise wegen der größeren Serien - bedeutend günstiger herstellen können.

- Im *Finanzierungssektor:* Die zentrale Kassenführung für den Konzern ermöglicht eine optimale Liquiditätspolitik. Die keinen Ertrag bringenden Barreserven werden minimiert, freie finanzielle Mittel können immer dort eingesetzt werden, wo sie den höchsten Ertrag bringen.

--> LE 60

Muttergesellschaft

LE 69

4.6. Multinationale Konzerne

Die Begriffe "Multinationaler Konzern", "Multinationales Unternehmen" oder kurz "Multi" werden sowohl in der Theorie als auch in der Praxis sehr unterschiedlich verwendet. Die Definitionen reichen von "Unternehmen mit ausländischen Vertriebsgesellschaften" bis hin zu solchen, die voraussetzen, daß z. B. die folgenden Kriterien erfüllt sind:

- Betätigung in einer Vielzahl von unterschiedlich entwickelten Ländern.
- Mehrere Tochtergesellschaften müssen vollständige industrielle Organisationen darstellen, d. h., sie müssen über Forschung und Entwicklung, Fertigung, Vertrieb und Kundendienst verfügen.
- An der Spitze der Tochtergesellschaften müssen vorzugsweise Staatsangehörige des jeweiligen Landes stehen.
- Die Kapitalgeber müssen in mehreren Ländern beheimatet sein.

Welche Multinationalen Konzerne fallen Ihnen ein? Nennen Sie mindestens drei!

- ....
- ....
- ....

--> LE 70

---

innen

LE 77

5.1.2.2. Interessenvertretung nach außen

Dem Verband fällt hier die Aufgabe zu, die Interessen seiner Mitglieder, insbesondere

- dem Staat,
- der Öffentlichkeit und
- internationalen Organisationen

gegenüber, zu vertreten.

Diese Interessenvertretung bezieht sich vor allem auf Gutachten und Stellungnahmen zu Gesetzentwürfen, auf die Beeinflussung der öffentlichen Meinung und die Wahrung der Interessen auf Auslandsmärkten. Aus dem Angelsächsischen stammt der Begriff des Lobbyismus (Lobby = Vorraum des Parlamentsgebäudes, in dem die Interessenvertreter die Abgeordneten abpassen und von ihren Anliegen zu überzeugen versuchen).

--> LE 78

Unter-/Tochtergesellschaft, Tochter

LE 51

4.2. Arten von Konzernen

4.2.1. Nach der Art der zusammengeschlossenen Unternehmungen

4.2.1.1. Horizontal gegliederte Konzerne

Bei horizontal gegliederten Konzernen schließen sich Unternehmungen der *gleichen Produktions- oder Handelsstufe* zu einem Konzern zusammen, z. B. mehrere wäscheerzeugende Unternehmungen. Die wichtigsten Ziele von horizontalen Unternehmenszusammenschlüssen sind die Nutzung der Vorteile des Großbetriebes bzw. eine Einschränkung des Wettbewerbs.

--> LE 52

LE 60

- Im *Absatzsektor:* Vertriebskanäle können gemeinsam genutzt werden. Die Konkurrenz wird teilweise ausgeschaltet.

Am internationalen Markt spielt darüber hinaus der sogenannte "*Brückenkopfgedanke*" eine bedeutende Rolle.

Zur Schaffung einer Basis in erfolgversprechenden Wirtschaftsräumen wird zunächst eine in diesen Gebieten bestehende Unternehmung aufgekauft, es wird ein "Brückenkopf" geschaffen, der den späteren Bau einer "Brücke" vorbereiten soll. Man wartet nun ab, wie sich der Markt entwickelt und welche Maßnahmen die Konkurrenz einleitet.

Bei zufriedenstellender Entwicklung des Absatzes konzentriert man die ganze Kraft auf diesen neuen Markt, man baut die "............................".

-->LE 61

Nun, wir wissen nicht, an welche Sie gedacht haben.
Wir nennen hier die drei größten (am Umsatz 1988 gemessen):
General Motors/Ford/Exxon

LE 70

Multinationale Konzerne haben den Vorteil, daß sie günstige Standortfaktoren in einzelnen Ländern flexibel nutzen können.

Beispiele:

- Verlagerung von Produktionszweigen in Niedriglohnländer;
- Aufnahme von Krediten in Ländern, in denen momentan niedrige Zinsen gefordert werden.

Nationale Zollschranken für Fertigerzeugnisse kann ein "Multi" mit einem Montagewerk im betreffenden Land unterlaufen, indem er Halbfabrikate dorthin exportiert und aus diesen im Zielland die Endprodukte herstellt.

--> LE 71

LE 78

5.1.2.3. Information und Beratung der Mitglieder

Zum Aufgabenbereich von Wirtschaftsfachverbänden gehören ferner die *Bereitstellung von Daten*

- über die Beschaffungsmärkte,
- über die Absatzmärkte (Markterkundung, Konsumentenverhalten usw.),
- über die Kapitalmärkte (Subventionen und andere Finanzierungsmöglichkeiten, Kreditkosten und -bedingungen),
- über die Dienstleistungsmärkte (z. B. Erfahrungen mit einem Unternehmensberater),
- über neue Techniken (z. B. Telekommunikation)

und die *dazu erforderliche Beratung*.

Eine zentrale Organisation hat gerade im Hinblick auf die Beschaffung von Informationen über das Marktgeschehen bedeutend günstigere Möglichkeiten als die einzelne Unternehmung.

--> LE 79

LE 52

4.2.1.2. Vertikal gegliederte Konzerne

Bei vertikal gegliederten Konzernen sind es Unternehmungen *verschiedener, in der Regel aufeinanderfolgender Fertigungs- bzw. Handelsstufen*, die sich zusammenschließen. Die Zielsetzung derartiger Zusammenschlüsse kann in der Sicherung der Materialversorgung oder in der Suche nach einem Zugang zum "Endverbrauchermarkt" liegen.

Als Beispiel könnte die Angliederung eines Papiererzeugers an eine Großdruckerei oder einer Kette von Croissanterien an eine Großbäckerei genannt werden.

Die Strategie der vertikalen Konzernbildung ist in der Bundesrepublik vor allem von der Chemieindustrie verfolgt worden.

--> LE 53

Brücke

LE 61

4.4. Konzern und Wettbewerbsrecht

Das Bundeskartellamt kann die Bildung eines Konzerns untersagen, wenn durch diesen Unternehmenszusammenschluß eine marktbeherrschende Stellung entsteht oder verstärkt wird. Der Bundeswirtschaftsminister kann allerdings auch einen solchen Zusammenschluß erlauben, wenn gesamtwirtschaftliche Vorteile zu erwarten sind. Bislang geht das Gesetz von einem faktischen Zusammenschluß aus, wenn die Unternehmensbeteiligung mindestens 25 % beträgt. Im Rahmen einer Novellierung soll dieser Prozentsatz auf 10 % herabgesetzt werden.

Das Gesetz enthält genauere Angaben, wann eine Marktbeherrschung vorliegt. Dabei wird z. B. auf die Finanzkraft, den Zugang zu den Beschaffungs- und Absatzmärkten sowie auf rechtliche und tatsächliche (z. B. mit dem Stand der Technik zusammenhängende) Schranken für den Marktzutritt anderer Unternehmen abgestellt. Eine marktbeherrschende Stellung wird u. a. auch vermutet, wenn ein Unternehmen bzw. ein Konzern einen Marktanteil von mindestens einem Drittel hat oder wenn drei oder weniger Unternehmen zusammen über einen Marktanteil von mindestens 50 % verfügen.

Liegt ein Zusammenschluß europaweiter Dimension vor (Gesamtumsatz der beteiligten Unternehmen von mehr als zehn Milliarden DM, EG-Umsatz bei mindestens zwei Unternehmen von mehr als 500 Millionen DM, höchstens zwei Drittel des EG-Umsatzes in nur einem Mitgliedsland), so prüft eine Kommission der Europäischen Gemeinschaft den Vorgang.

--> LE 62

LE 71

In den vergangenen Jahren hat man in Fachgremien und in der Öffentlichkeit viel über den Nutzen und die Gefahren multinationaler Konzerne diskutiert, da multinationale Konzerne besondere Möglichkeiten haben, nationale Wirtschaftsinteressen zu verletzen.

So wird ihnen vielfach vorgeworfen, Rohstoffländer auszubeuten, über manipulierte Verrechnungspreise Gewinne in Länder mit niedrigen Steuersätzen zu transferieren und auf Regierungen bzw. auf Gewerkschaften Druck mit der Drohung auszuüben, die unternehmerischen Aktivitäten aus dem Gastland weg zu verlagern.

Können Sie sich einige Vorteile denken, die Tochtergesellschaften von multinationalen Konzernen ihren Gastländern bringen?

....

....

Vergleichen Sie bitte mit LE 72!

--> LE 72

LE 79

In der Bundesrepublik Deutschland gibt es eine Vielzahl großer Wirtschaftsfachverbände, wie z. B. den *Bundesverband deutscher Banken*, den *Zentralverband des Deutschen Handwerks* oder den *Bundesverband der Deutschen Industrie* (BDI); letzterer ist wiederum in 34 Mitgliedsverbände gegliedert, die von der Automobil- bis zur Zuckerindustrie reichen.

--> LE 80

LE 53

4.2.1.3. Gemischt gegliederte Konzerne

Hier kommt es zu einem Zusammenschluß von Unternehmungen, die *zum Teil der gleichen und zum Teil unterschiedlichen Produktionsstufen* angehören, d. h., im gemischt gegliederten Konzern begegnen wir sowohl Elementen eines horizontalen als auch solchen eines vertikalen Zusammenschlusses.

So können sich etwa zwei oder mehrere Druckereien zusammenschließen und sich zur Sicherung der Rohstoffversorgung eine Papier herstellende Unternehmung angliedern. Weiterhin mag sich dann der Konzern an einer Papiergroßhandlung, einer Druckerei oder an einer Verlagsanstalt zur Einflußnahme auf den Absatzsektor beteiligen.

In diesem Beispiel haben die einzelnen Konzernzweige einen technischen und einen Markt-Bezug zueinander. Vereint man hingegen in einem Konzern Betriebe, bei denen ein solcher Bezug nicht gegeben ist (Beispiel: Stahlerzeugung, Reisebüros, "Fast-Food"-Kette, Textilherstellung und Düsenaggregate), so spricht man von einem Mischkonzern oder *Konglomerat*.

--> LE 54

LE 62

Bekannt wurde beispielsweise das vom Bundeskartellamt ausgesprochene Verbot, 74,9 % der Aktien der Fichtel & Sachs AG (Hersteller von Fahrzeugzubehör) an den britischen Konzern Guest, Keen and Nettlefolds (GKN) zu verkaufen. Das Bundeskartellamt vertrat die Auffassung, daß sich die marktbeherrschende Stellung der Fichtel & Sachs AG bei Kupplungen (sie hatte 1977 bei diesen Produkten am deutschen Markt einen Anteil von ca. 80 %) noch verstärkt hätte, wenn es zu dem Zusammenschluß mit dem finanzkräftigen GKN-Konzern gekommen wäre. Allein der Zuwachs an Finanzkraft wäre geeignet gewesen, neue Wettbewerber vom Markteintritt bzw. vorhandene Wettbewerber von einer aggressiven Preispolitik abzuschrecken.

Ein anderes Beispiel ist der Versuch der Firmen IBM Deutschland GmbH und Bertelsmann AG, im Jahr 1988 in Hamburg ein gemeinsames Unternehmen für die Entwicklung, die Herstellung und den Vertrieb von optischen Speichersystemen (CD-ROM) zu gründen. Wegen Bedenken des Bundeskartellamtes haben die beiden Konzerne ihren Plan aufgegeben. Die Bertelsmann Computer-Beratungsdienste hatten auf diesem Markt schon einen Anteil von 43 %.

Aufsehen erregte 1989 der Zusammenschluß Daimler-Benz/MBB. Nachdem das Bundeskartellamt den Zusammenschluß untersagt hatte, machte der Bundeswirtschaftsminister von seiner Befugnis Gebrauch, eine sogenannte Ministererlaubnis zu erteilen. Er vertrat die Auffassung, daß die gesamtwirtschaftlichen Vorteile gegenüber den Nachteilen, die sich aus der Wettbewerbsbeschränkung ergeben, überwiegen würden.

--> LE 63

LE 72

Wichtige Vorteile für Gastländer von Tochterunternehmen multinationaler Konzerne sind nach einer Untersuchung des ILO (International Labour Office) in Genf[1] u. a.:

- Die Multis bringen moderne Technologien und Know-how auf den Gebieten Forschung und Entwicklung, Produktionstechnik, Managementtechnik, Aus- und Weiterbildung.
- Sie üben einen aktivierenden Einfluß auf die Handels- und Leistungsbilanz aus und bewirken höhere Exporte sowie höherwertige inländische Produktion.
- Sie bieten den Mitarbeitern in der Regel höhere Gehälter und Sozialleistungen sowie bessere Arbeitsbedingungen als einheimische Betriebe.
- Sie schaffen Millionen von Arbeitsplätzen in Entwicklungsländern.

---

1 Vgl. ILO, LV 13, 14 und 15.

--> LE 73

LE 80

5.2. Kammern

5.2.1. Definition - Merkmale

Im Unterschied zu den Wirtschaftsfachverbänden sind die Kammern Körperschaften des öffentlichen Rechts. Alle Unternehmen gehören den Kammern auf gesetzlicher Grundlage an (Zwangsmitgliedschaft). Die Kammern sind in der Regel regionale Institutionen (Kammerbezirke).

Nach dem Wirtschaftszweig lassen sich die Industrie- und Handelskammern und die Handwerkskammern unterscheiden. Wir wollen uns in der Folge auf die Industrie- und Handelskammern (IHK) beschränken.

Welche Hauptmerkmale ergeben sich aus der obigen Definition?

- ....

- ....

--> LE 81
Seite 236

LE 54

4.2.2. Nach der Struktur der Abhängigkeit im Konzern

4.2.2.1. Subordinations- oder Unterordnungskonzerne

Bei Subordinationskonzernen gibt es eine "herrschende" und eine oder mehrere "beherrschte" Unternehmungen, d. h. ein oder mehrere ....- Tochter-Verhältnisse.

Zur genaueren Beschreibung der Unterordnung haben sich in Verbindung mit dem Recht der Aktiengesellschaften die Begriffe "Vertragskonzern" und "Faktischer Konzern" herausgebildet.

--> LE 55

LE 63

4.5. Vor- und Nachteile der Konzernierung

4.5.1. Vorteile

Wie wir schon bei den Kartellen und bei den Gründen für die Entstehung von Konzernen gesehen haben, sind es vor allem:

- die Sicherung der Material-..,
- die Rationalisierung der Produktion durch weitgehende Abstimmung und ....
..................................,
- die Kostenersparnis durch gemeinsame Werbung, gemeinsame Service- und Vertriebsorganisation u. ä.,
- die größere Kapitalbasis,
- die günstige Liquiditätsdisposition.

Generell gilt: Der Gesamtnutzen soll größer sein als die Summe der Einzelnutzen der zusammengeschlossenen Unternehmungen; man strebt sogenannte *Synergieeffekte* an.

--> LE 64

LE 73

Zum Schluß wollen wir Ihnen einen Eindruck vom komplexen Aufbau eines internationalen Konzerns vermitteln, ohne auf Einzelheiten einzugehen.

--> LE 74

Mutter(-Tochter-Verhältnisse)

LE 55

4.2.2.1.1. Vertragskonzern

Ein *Vertragskonzern* liegt vor, wenn ein *Beherrschungsvertrag* abgeschlossen wurde, durch den eine Aktiengesellschaft oder eine Kommanditgesellschaft auf Aktien die Leitung der Gesellschaft einem anderen Unternehmen unterstellt.

Die Leitung des herrschenden Unternehmens ist dann - wenn der Beherrschungsvertrag nichts anderes vorsieht - auch berechtigt, der Leitung der abhängigen Gesellschaft Weisungen zu geben, die sich für diese Unternehmung nachteilig auswirken. Beispielsweise habe die Tochtergesellschaft der Muttergesellschaft ihre Produkte zu einem besonders günstigen Preis zu liefern.

Für Virtuosen: Welches Problem ergibt sich in einem solchen Fall?

....

....

--> LE 56

(Material)beschaffung
Spezialisierung

LE 64

Gegenüber dem Kartell besteht beim Konzern der Vorteil der direkten - und damit wirksameren - Einflußnahme auf die Unternehmenspolitik der einzelnen Konzernmitglieder durch die Konzernleitung.

Durch das schon als Kennzeichen des Konzerns erwähnte "Machtverhältnis nach innen" ist eine Koordinierung und Ausrichtung auf die angestrebten Ziele leichter möglich als bei der losen Verbindungsform des Kartells.

Gegenüber der Verschmelzung der Unternehmungen durch eine *Fusion* besteht ein betriebswirtschaftlicher Vorteil des Konzerns darin, daß auch ohne vollständige Übernahme Einfluß auf die Geschäftsführung angegliederter Unternehmungen gewonnen werden kann.

--> LE 65

LE 74

5. Unternehmensverbände

Unter Unternehmensverbänden versteht man Vereinigungen von Unternehmungen, deren Aufgabe die Förderung und Vertretung der gemeinsamen wirtschaftlichen Interessen ihrer Mitglieder, insbesondere gegenüber der Öffentlichkeit, ist.

Die wichtigsten Vereinigungen dieser Art sind

- Wirtschaftsfachverbände und

- Industrie- und Handelskammern.

Zu den Unternehmensverbänden kann man auch die Arbeitgeberverbände rechnen, die wir im nächsten Kapitel "Sozialpartner" behandeln.

--> LE 75

Körperschaft des öffentlichen Rechts
Zwangsmitgliedschaft
regional gegliedert

LE 81

5.2.2. Aufgaben

Die Hauptaufgaben bestehen - ähnlich wie bei den Wirtschaftsverbänden - in:

- der Vertretung der Mitglieder gegenüber Behörden und internationalen Organisationen,

- der Abgabe von Gutachten und Stellungnahmen zu Gesetzentwürfen,

- der Information und Beratung der Mitglieder.

--> LE 82

Es entsteht das Problem, daß andere Anteilseigner des beherrschten Unternehmens - z. B. die Kleinaktionäre - gravierende Nachteile erleiden. In unserem Beispiel werden die Gewinne der Untergesellschaft geschmälert, so daß deren Aktionäre weniger Dividende erhalten.

LE 56

Das Aktiengesetz sieht deshalb vor, daß solche Gesellschafter beim Abschluß eines Beherrschungsvertrages einen angemessenen Ausgleich erhalten, z. B. Aktien des herrschenden Unternehmens oder eine Dividende in garantierter Höhe.

Eine andere Form des Vertragskonzerns ist gegeben, wenn ein *Gewinnabführungsvertrag* geschlossen wurde: Eine Kapitalgesellschaft verpflichtet sich, ihren ganzen Gewinn an ein anderes Unternehmen abzuführen, das im Gegenzug die Verpflichtung eingeht, die eventuellen Verluste der Partnergesellschaft zu übernehmen.

In der Praxis treten Beherrschungs- und Gewinnabführungsvertrag oft gemeinsam und in der Regel in Verbindung mit einer Kapitalbeteiligung auf. So hat z. B. die Daimler-Benz AG zunächst mindestens 56 % der AEG-Aktien aufgekauft und dann ein Jahr später mit AEG einen Beherrschungsvertrag geschlossen.

--> LE 57
Seite 221

LE 65

Es genügt beispielsweise der Erwerb einer Beteiligung von 75 %, um die Unternehmenspolitik einer AG entscheidend zu beeinflussen, denn eine Dreiviertelmehrheit reicht aus, in der Hauptversammlung besonders weitreichende Beschlüsse durchzusetzen, für die das Aktiengesetz eine solche Mehrheit verlangt.

Umgekehrt kann ein Minderheitsgesellschafter solche Beschlüsse verhindern, wenn er über *mehr als 25 %* des Aktienkapitals verfügt. Man nennt eine solche Beteiligung *Sperrminorität*. Eine Beteiligung *ab 25 %* heißt auch *Schachtelbeteiligung* oder salopp "Schachtel". Sie bringt steuerliche Vorteile, auf die wir hier aber nicht näher eingehen wollen.

Jetzt können Sie sicher auch erklären, warum der GKN-Konzern ausgerechnet 74,9 % (eine so "krumme Zahl") der Sachs-Aktien übernehmen sollte (LE 62).

....

....

....
Vergleichen Sie bitte Ihre Erklärung mit der Antwort in der folgenden Lerneinheit!

--> LE 66

LE 75

5.1. Wirtschaftsfachverbände

5.1.1. Definition - Merkmale

Wirtschaftsfachverbände sind freiwillige Vereinigungen von Unternehmungen des gleichen Wirtschaftszweiges zur Vertretung ihrer Interessen.

Nach unserer gewohnten Aufgliederung ergeben sich daher folgende Merkmale:

- .... Vereinigung von Unternehmungen

- des gleichen ....

- zur Vertretung der .... der Mitgliedsunternehmen.

--> LE 76
Seite 224

LE 82

Weiterhin erstreckt sich die Arbeit der Kammern auf die Beratung der Unternehmen bzw. auf deren Unterstützung durch Maßnahmen von allgemeinem Interesse auf Gebieten wie z. B.:

- Technologietransfer,
- Berufsaus- und -weiterbildung (z. B. Durchführung von Gesellen- und Meisterprüfungen),
- Rechts- und Steuerfragen,
- Unternehmensgründung,
- Geld- und Kreditwesen,
- Wirtschaftsbeobachtung und -statistik,
- Wirtschaftsförderung (z. B. Subventionsberatung).

Die Kammern haben auch Schlichtungsstellen für Verbraucherfragen, die mit den Verbraucherverbänden zusammenarbeiten.

--> Zwischentest
Seite 240

Die "alten" Gesellschafter wollten eine Sperrminorität und damit die Möglichkeit behalten, besonders einschneidende Beschlüsse des neuen Großaktionärs GKN zu verhindern.

LE 66

Oft sind größere Kapitalgeber überhaupt nur an einer Beteiligung interessiert, wenn man ihnen 75, 51, oder 25 % einräumt. Dies ist ein Hauptgrund für die verhältnismäßig komplizierte Konstruktion des *Daimler-Benz-Konzerns*, die sie auszugsweise im folgenden Bild sehen. Wesentliche Anteile an der Daimler-Benz AG als der eigentlichen Produktionsgesellschaft werden von mehreren geschachtelten Holdings gehalten.

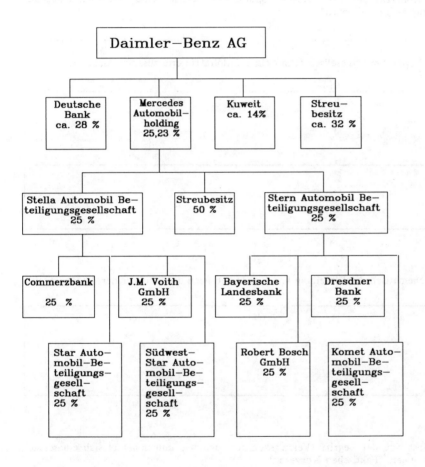

--> LE 67
Seite 222

Zwischentest

1. Welcher Konzern liegt vor, wenn

   - an eine Druckerei eine Papierfabrik angegliedert wird?
   ....

   - von einem Konzern, der aus mehreren Spinnereien besteht, eine kunstfasererzeugende Unternehmung aufgekauft wird?
   ....

   - sich eine Erdölgewinnungsgesellschaft mit einer Erdölraffinerie zusammenschließt?
   ....

2. Was ist eine Holding?

3. Zeigen Sie schematisch die Einteilung von Konzernen nach der Struktur der Abhängigkeit!

4. Worauf bezieht sich der Begriff "Vertragskonzern" und wie unterscheidet sich ein solcher Konzern von einem "Faktischen Konzern"?

--> **Literaturverzeichnis**

Literaturverzeichnis

LV 1 - Amstutz, A.D., Formen der Unternehmenskonzentration, in: Industrielle Organisation 38 (1969) 3, S. 92 ff.

LV 2 - Arbeitskreis Hardach der Schmalenbach-Gesellschaft, Gemeinschaftsunternehmen, in: Zeitschrift für betriebswirtschaftliche Forschung 21 (1969) 1, S. 1 ff.

LV 3 - Benisch, W., Kooperationsfibel, 4. Aufl., Bergisch Gladbach 1973.

LV 4 - Biel, J., Multinationale Unternehmen, München 1979.

LV 5 - Böttcher, C., Zartmann, H. und Kandler, G., Wechsel der Unternehmensform, Umwandlung, Verschmelzung, Einbringung, 4. Aufl., Stuttgart-Wiesbaden 1982.

LV 6 - Bühler, R., Strategie und Organisation, Wiesbaden 1985.

LV 7 - Bussmann, K.F., Kartelle und Konzerne, Stuttgart 1963.

LV 8 - Emmerich, V. und Sonnenschein, J., Konzernrecht, 2. Aufl., München 1977.

LV 9 - Forschungsinstitut für Wirtschaftsverfassung und Wettbewerb e.V. Köln, Multinationale Unternehmen in der Diskussion, FIW Dokumentation, Köln u. a. 1977.

LV10 - Gimpel, E., Vorteilhaftigkeit von Unternehmenszusammenschlüssen, in: Zeitschrift für Betriebswirtschaft 45 (1975), S. 345 ff.

LV11 - Grochla, E., Betriebsverbindungen, Berlin 1969.

LV12 - Heinen, H., Die Ziele multinationaler Unternehmen, Wiesbaden 1982.

LV13 - ILO (International Labour Office Geneva), Wages and working conditions in multinational enterprises, Genf 1976.

LV14 - Dasselbe, The Impact of Multinational Enterprises on Employment and Training, Genf 1976.

LV15 - Dasselbe, Social and Labour Practices of Some European-based Multinationals in the Metal Trades, Genf 1976.

LV16 - Luger, A.E., Allgemeine Betriebswirtschaftslehre, Band 1, 2. Aufl., München-Wien 1987.

LV17 - Monopolkommission, Fortschreitende Konzentration bei Großunternehmen, Hauptgutachten 1976/77, Baden-Baden 1978.

LV18 - Pausenberger, E., Konzerne, in: Grochla, E. und Wittmann, W. (Hrsg.), Handwörterbuch der Betriebswirtschaft, 4. Aufl., Stuttgart 1974, Sp. 2234 ff.

LV19 - Rasch, H., Deutsches Konzernrecht, 5. Aufl., Köln u. a. 1974.

LV20 - Schubert, W., Küting, K., Unternehmungszusammenschlüsse, München 1981.

LV21 - Steiner, P.O., Mergers, Ann Arbor 1975.

K 7 - Sozialpartner

Sozialpartner

	LE/S.
1. Einführung	1/245
2. Arbeitgeberverbände	3/251
2.1. Wesen und Aufgaben	3/251
2.2. Organisation	5/245
3. Gewerkschaften	7/249
3.1. Wesen und Aufgaben	7/249
3.2. Organisation	11/248
4. Arbeitskampf	14/246
Zwischentest	255
Literaturverzeichnis	256

LE 1

1. Einführung

Ein marktwirtschaftliches System führt im Wirtschaftsleben und speziell innerhalb einer Unternehmung Arbeitgeber und Arbeitnehmer zusammen. Das Zusammenwirken der Organisationen der Arbeitnehmer und Arbeitgeber bezeichnet man in der Bundesrepublik Deutschland als *Sozialpartnerschaft*.

Das Wort "Partnerschaft" ist gerechtfertigt, weil beide Seiten zahlreiche gemeinsame Ziele und Anliegen haben. Freilich gibt es auch erhebliche Gegensätze, die z. B. im Arbeitskampf und häufig in unterschiedlichen öffentlichen Stellungnahmen zu politischen Diskussionspunkten zum Ausdruck kommen.

--> LE 2

Gewerkschaften

LE 5

2.2. Organisation

Die Arbeitgeberverbände sind zum einen nach Branchen und zum anderen regional organisiert: Für einen bestimmten Ort oder Bezirk oder ein bestimmtes Bundesland bilden die Arbeitgeber des gleichen Industriezweiges einen Verband (etwa: "Verband der Metallindustrie Baden-Württemberg e.V.").

Daneben gibt es Verbände, die die Arbeitgeber der verschiedenen Branchen in einer bestimmten Region zusammenfassen, wie z. B. die Landesvereinigung Baden-Württembergischer Arbeitgeberverbände e.V.

Tarifvertragsparteien sind die örtlichen bzw. regionalen Fachverbände oder auf Bundesebene die Fachspitzenverbände (z. B. "Gesamtverband der metallindustriellen Arbeitgeberverbände").

--> LE 6

Z. B.: Verkürzung der wöchentlichen Arbeitszeit,
Begrenzung der höchstzulässigen Zahl von Überstunden,
Verkürzung der Lebensarbeitszeit durch längere Ausbildung oder frühere Pensionierung,
Verlängerung des Urlaubs

LE 10

Ähnlich wie die Arbeitgeberorganisationen tragen die Gewerkschaften zunehmend auch Forderungen vor, die nur indirekt oder gar nicht mit der Arbeit in Betrieben zusammenhängen, sondern gesellschafts-, wirtschafts- oder bildungspolitischer Natur sind.

Beispiele sind Vorstellungen zur Organisation von Hochschulen, zur Reform der Kraftfahrzeugsteuer bis hin zur gesetzlichen Behandlung des Schwangerschaftsabbruchs oder zur Verteidigungspolitik.

--> LE 11

LE 14

4. Arbeitskampf

Im Arbeitskampf versuchen die Sozialpartner, durch Einsatz von Druckmitteln ihre Ziele zu realisieren.

Wichtigstes Druckmittel der Arbeitnehmerseite ist der *Streik*. Ein Streik kann sich auf alle Betriebe eines Wirtschaftszweiges bzw. einer Branche in einem Tarifgebiet (z. B. Bayern) oder auf einige wenige bzw. einzelne Betriebe (*Schwerpunktstreik*) erstrecken.

Ein besonderer Ansatzpunkt zum Schwerpunktstreik bietet sich der Gewerkschaft durch die Automation der Logistikkette bzw. die Just-in-time-Philosophie: Ein Automobilhersteller vereinbart mit dem Unternehmen, von dem er die Sitze bezieht, daß keine Sitze auf Vorrat geliefert werden, sondern der LKW mit den Komponenten dann vorfährt, wenn die Sitze unmittelbar am Montageband benötigt werden. In Extremfällen sind die Sitze auf dem LKW schon in der Reihenfolge, in der sie nach dem Abladen zu den einzelnen auf dem Band vorfahrenden Karrosserien passen. Eine Gewerkschaft kann die gesamte Produktion dadurch lahmlegen, daß sie den Sitzhersteller oder gar nur dessen Fuhrpark bestreikt.

Eine weitere, allerdings extrem seltene Erscheinungsform ist der *Generalstreik*, bei dem alle Arbeitnehmer die Arbeit niederlegen. Spontane Streiks, bei denen die gewerkschaftlichen Arbeitskampfregeln unbeachtet bleiben, heißen "*wilde Streiks*".

Welche weiteren Streikarten kennen Sie?

....

....

--> LE 15

LE 2

Nachdem wir im vorhergehenden Teil des PU die Unternehmenszusammenschlüsse behandelt haben, führen wir Sie in diesem Kapitel zunächst in die Zusammenschlüsse der Arbeitgeber (*Arbeitgeberverbände*) und der Arbeitnehmer (*Gewerkschaften*) ein. In einem weiteren Abschnitt wollen wir uns dem Arbeitskampf als der wichtigsten Form der Auseinandersetzung zwischen Arbeitgeberverbänden und Gewerkschaften zuwenden.

--> **LE 3**
Seite 251

LE 6

Der größte Teil der Verbände gehört der *Bundesvereinigung der Deutschen Arbeitgeberverbände (BDA)* als Spitzenorganisation an. Sie umfaßt elf Landes- und 46 Fachverbände.

Aufgaben der BDA sind die Wahrung der gemeinschaftlichen sozialpolitischen Belange ihrer Mitgliedsverbände sowie die überfachliche Vertretung der Arbeitgeber.

--> **LE 7**

LE 11

3.2. Organisation

In der Bundesrepublik Deutschland waren Ende 1987 ca. 9,3 Millionen Arbeitnehmer (rund 41 %) gewerkschaftlich organisiert (Beamte 66 %, Angestellte 24 %, Arbeiter 53 %). Die folgende Tabelle zeigt die ungefähren Mitgliederzahlen der größten Gewerkschaften[1]:

Gewerkschaft	Mitgliederzahl in 1.000 (gerundet)
DGB Deutscher Gewerkschaftsbund mit 17 Einzelgewerkschaften	7.700
DBB Deutscher Beamtenbund	800
DAG Deutsche Angestellten-Gewerkschaft	500
CGB Christlicher Gewerkschaftsbund Deutschlands	300

---

[1] Institut der Deutschen Wirtschaft (Hrsg.), Zahlen zur wirtschaftlichen Entwicklung der Bundesrepublik Deutschland, Essen 1989 (LV 4).

--> LE 12
Seite 252

Um Streiks handelt es sich auch, wenn die Arbeitnehmer zu langsam oder schlecht arbeiten ("Bummelstreik") oder wenn sie durch übergenaue Beachtung von Ordnungs- und Sicherheitsvorschriften ihre Arbeitspflicht nur zum Teil erfüllen ("Dienst nach Vorschrift").

LE 15

Eine Waffe der Arbeitgeberseite im Arbeitskampf ist die *Aussperrung*. Die Arbeitgeber verbieten arbeitswilligen Belegschaftsmitgliedern das Betreten der Betriebe und damit die Aufnahme der Arbeit.

Man unterscheidet die *Angriffs-* und die *Abwehraussperrung*. Während die erstere bisher in der Bundesrepublik faktisch keine Rolle spielt, gewinnt die letztere in dem Maße an Bedeutung, wie die Gewerkschaften den Schwerpunktstreik praktizieren: Wenn beispielsweise eine Druckergewerkschaft eine Zeitung bestreikt, sperren die anderen lokalen Zeitungsverlage ihre Drucker aus.

Welchen Sinn hat diese Taktik?

....

....

--> LE 16

LE 7

3. Gewerkschaften

3.1. Wesen und Aufgaben

Gewerkschaften sind Vereinigungen der Arbeitnehmer. Eintritt und Ausscheiden erfolgen freiwillig, d. h., es gibt in der Bundesrepublik Deutschland keine Zwangsmitgliedschaft in Gewerkschaften.

Die Gewerkschaften haben die *Hauptaufgabe*, die Interessen der Arbeitnehmer gegenüber den teilweise gegenläufigen Interessen der Arbeitgeber zu wahren und Verbesserungen der Arbeitsbedingungen durchzusetzen.

Nennen Sie je ein typisches Beispiel für Interessen, die bei Arbeitgebern und Arbeitnehmern

a) weitgehend gegenläufig,

b) weitgehend identisch

sind:

a) ....

b) ....

--> **LE 8**

Die Arbeitgeber verhindern damit, daß die Gewerkschaft mit relativ geringem Aufwand (an ihre Mitglieder zu zahlende Streikgelder) ein Unternehmen so lange bedrängt, bis es nachgeben muß, weil weitere Streiktage zum finanziellen Zusammenbruch führen würden.

LE 16

Arbeitskämpfe verlaufen nicht nach einheitlichen "Spielregeln", weil sich die Einzelgewerkschaften und die einzelnen Arbeitgeberverbände unterschiedliche Vorschriften gegeben haben und weil bestimmte Phasen, wie z. B. die Nominierung eines Schlichters, von tarifvertraglichen Vereinbarungen zwischen den Sozialpartnern abhängen können.

Einen typischen, allerdings vereinfachten Ablauf stellt die folgende Skizze *(Flußdiagramm)* dar:

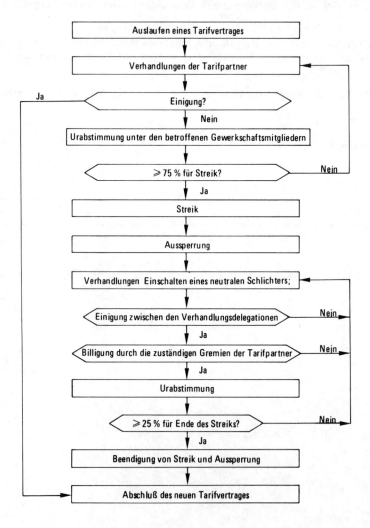

--> LE 17

LE 3

2. Arbeitgeberverbände

2.1. Wesen und Aufgaben

Die Merkmale der Arbeitgeberverbände sind denen der Wirtschaftsfachverbände (vgl. Kapitel "Unternehmenszusammenschlüsse", LE 75 - LE 79, S. 238 ff.) ähnlich:

- .... Vereinigung von Unternehmungen

- des gleichen Wirtschaftszweiges oder des gleichen Bezirks

- zur Vertretung der wirtschaftlichen und sozialen Interessen ihrer Mitglieder.

--> LE 4

Z. B.:   a) Arbeitnehmer sind an hohen Löhnen und Gehältern, Arbeitgeber an niedrigen Lohnkosten interessiert.
b) Arbeitnehmer und Arbeitgeber haben ein gemeinsames Interesse an einer krisenfreien Entwicklung der Unternehmungen und der Volkswirtschaft.

LE 8

Im Vordergrund der gewerkschaftlichen Aktivitäten stand jahrelang deutlich der Kampf um höhere Arbeitnehmereinkommen, jedoch werden in jüngerer Zeit auch andere Elemente der *Arbeitsbedingungen* im weitesten Sinne zunehmend zum Gegenstand gewerkschaftlicher Forderungen.

Welche Bestandteile der Arbeitsbedingungen sind nach Ihren Beobachtungen gegenwärtig zwischen den Sozialpartnern teilweise heftig umstritten?

....

....

....

--> LE 9

LE 12

Bei der Gestaltung ihrer *Aufbauorganisation* stehen die Gewerkschaften - ähnlich wie die Arbeitgeberverbände - vor dem Problem, daß sie sich zum einen räumlich und zum anderen fachlich, d. h. nach Wirtschaftszweigen oder Branchen, gliedern müssen und schließlich wie jede Großorganisation auch eine Führungs-Pyramide benötigen.

Wir wählen als Beispiel den Aufbau des *Deutschen Gewerkschaftsbundes (DGB)* als der größten deutschen Gewerkschaftsorganisation:

In fachlicher Hinsicht besteht der DGB aus 16 Einzelgewerkschaften, von denen Ihnen sicher einige Namen bekannt sind:

....

....

....

--> LE 13

LE 17

Natürlich gibt es auch andere Ablaufvarianten, z. B. Streiks ohne Aussperrung, Einschalten verschiedener Schlichter, Verzicht auf Schlichter.

Beachten Sie, daß - wie auch in unserem Schema dargestellt - in vielen gewerkschaftlichen Regelungen vor den Beginn eines Streiks eine viel höhere Abstimmungshürde gesetzt ist als vor die Beendigung.

Worin vermuten Sie den Sinn einer solchen Regelung?

....

....

Vergleichen Sie bitte mit LE 18!

--> LE 18

Freiwillige

LE 4

Arbeitgeberverbände sind vor allem als Gegen-Vereinigungen zu den Gewerkschaften (den Arbeitnehmerverbänden) entstanden.

Die Hauptaufgabe bestand ursprünglich in der Verhandlungsführung bei der Abwehr von Lohnforderungen der .... ("Lohnrunden").

Heute betreiben die Arbeitgeberverbände eine *aktive* Lohn- und Sozialpolitik, wobei ihre Maßnahmen oft tief in das Unternehmensgeschehen eingreifen. Beispielsweise befassen sie sich mit der Vertretung der Arbeitgeberinteressen bei der Sozialgesetzgebung oder wirken bei der Selbstverwaltung der Sozialversicherungsträger mit.

--> LE 5
Seite 245

Z. B.: Rationalisierungsschutzmaßnahmen
Arbeitszeit- und Pausenregelungen
Fragen der Mitbestimmung

LE 9

Eine der wichtigsten Zielsetzungen ist nach wie vor die *Arbeitszeitverkürzung* (vgl. auch Kapitel "Produktionsfaktoren", LE 22-24). Welche Variationen der Arbeitszeitverminderung kennen Sie?

....

....

....

....

--> LE 10
Seite 246

Z. B. (absteigend nach der Mitgliederzahl):
   IGM (Industriegewerkschaft Metall)
   ÖTV (Öffentliche Dienste, Transport und Verkehr)
   IG Chemie, Papier, Keramik
   IG Bau, Steine, Erden
   Deutsche Postgewerkschaft
   Gewerkschaft Handel, Banken, Versicherungen

LE 13

Regional gliedern sich die Einzelgewerkschaften des DGB unterschiedlich, z. B. in *neun Landesbezirke* (entsprechen mit Ausnahme von Bremen und Hamburg den Bundesländern), in *214 Kreise*[1] und in eine Vielzahl von *Ortsverbänden*.

Auch die Dachorganisation DGB hat regionale Untergliederungen. Beispielsweise sorgen die ca. 1.300 sogenannten *Ortskartelle* dafür, daß die örtlichen Gliederungen der im DGB zusammengefaßten Einzelgewerkschaften in gemeinsamen lokalen Fragen eine einheitliche Politik vertreten.

---

[1] Diese Zahl bezieht sich auf den 1.7.1989. Im Zuge der anstehenden Strukturreform beim DGB wird sie sich jedoch voraussichtlich verringern.

--> LE 14
Seite 246

LE 18

Der Streik bringt nicht nur für die Unternehmung und die Volkswirtschaft gravierende Nachteile mit sich, sondern auch für die Streikenden (bzw. Ausgesperrten), denn die Streikgelder bzw. die eventuell gezahlte Arbeitslosenunterstützung sind niedriger als der Lohn bzw. das Gehalt. Daher soll der Streik nur stattfinden, wenn er von einer großen Mehrheit der Arbeitnehmer befürwortet wird.

--> Zwischentest

Zwischentest

1. Welches sind die drei größten Gewerkschaftsorganisationen in der Bundesrepublik Deutschland?

    - ....

    - ....

    - ....

2. Geben Sie die Namen einiger Einzelgewerkschaften innerhalb des DGB an!

    - ....

    - ....

    - ....

3. Welche Gemeinsamkeiten und welche Unterschiede sehen Sie zwischen Wirtschaftsfachverbänden und Arbeitgeberverbänden?

    - Gemeinsamkeiten: ....

    - Unterschiede: ....

4. Beschreiben Sie - z. B. mit Hilfe eines Flußdiagramms - den typischen Ablauf eines Arbeitskampfes, nachdem die ersten Tarifverhandlungen erfolglos waren und die Mehrheit der betroffenen Arbeitnehmer für einen Streik gestimmt hat!

--> **Literaturverzeichnis**

Literaturverzeichnis

LV1 - Brocker, U., Tarifautonomie - Element unseres freiheitlichen Gesellschaftssystems, Ausgabe 12 der Reihe: Wirtschafts- und Gesellschaftspolitische Grundinformationen, Köln 1976.

LV2 - Büchi, W., Arbeitgeberverbände, in: Gaugler, E. (Hrsg.), Handwörterbuch des Personalwesens, Stuttgart 1975, Sp. 97 ff.

LV3 - Endruweit, G., Gaugler, E., Staehle, W. und Wilpert, B. (Hrsg.), Handbuch der Arbeitsbeziehungen, Berlin-New York 1985.

LV4 - Institut der Deutschen Wirtschaft (Hrsg.), Zahlen zur wirtschaftlichen Entwicklung der Bundesrepublik Deutschland, Essen 1989.

LV5 - Leminsky, G. und Otto, B., Politik und Programmatik des Deutschen Gewerkschaftsbundes, 2. Aufl., Köln 1984.

LV6 - Von Nell-Breuning, O., Gewerkschaften, in: Gaugler, E. (Hrsg.), Handwörterbuch des Personalwesens, Stuttgart 1975, Sp. 946 ff.

LV7 - Spieker, W. und Perner, D., Gewerkschaften, Organisation der, in: Grochla, E. (Hrsg.), Handwörterbuch der Organisation, 2. Aufl., Stuttgart 1980, Sp. 775 ff.

K 8/1 – Lebensabschnitte der Unternehmung
Besondere Finanzierungsvorgänge   Teil 1

Lebensabschnitte der Unternehmung
Besondere Finanzierungsvorgänge
Teil 1: Gründung

	LE/S.
1. Gründung	3/263
1.1. Definition - Merkmale	3/263
1.2. Gründungsplanung	5/269
1.3. Gründungsverfahren bei ausgewählten Rechtsformen	10/267
1.3.1. Einzelunternehmung	10/267
1.3.2. Offene Handelsgesellschaft (OHG)	12/262
1.3.3. Aktiengesellschaft (AG)	14/266
1.3.3.1. Feststellung der Satzung	15/268
1.3.3.2. Übernahme der Aktien	16/260
1.3.3.3. Einzahlung des Kapitals	16/260
1.3.3.4. Erstattung des Gründungsberichtes durch die Gründer	17/262
1.3.3.5. Gründungsprüfung	17/262
1.3.3.6. Anmeldung zur Eintragung ins Handelsregister	17/262
1.3.4. Gesellschaft mit beschränkter Haftung (GmbH)	18/264
Zwischentest	270

LE 1

Im Kapitel 5 wurden Sie mit den Rechtsformen vertraut gemacht. Sie haben dort aber noch nicht erfahren, wie eine Unternehmung entsteht, was geschieht, wenn sie zahlungsunfähig geworden ist u. dgl.

Mit diesen Problemen wollen wir uns nun beschäftigen. Gleichzeitig werden wir dabei Elemente des Lehrstoffes zu den Rechtsformen der Unternehmung wiederholen.

Wenn dieses Kapitel mit "Lebensabschnitte der Unternehmung - Besondere Finanzierungsvorgänge" überschrieben ist, so sind damit verschiedene markante Phasen im "Leben" einer Unternehmung gemeint. Viele Phasen sind im Vergleich zur gesamten Lebensdauer nur kurz, manchmal haben sie fast Zeitpunktcharakter.

--> LE 2

LE 6

Wir wollen uns teilweise an eine Systematik von Szyperski und Nathusius (LV 16) halten und unterscheiden in:

- *Technische Qualifikationen:* Z. B. im Zusammenhang mit den herzustellenden Produkten und den zugehörigen Erzeugungsverfahren oder in Verbindung mit den anzubietenden Dienstleistungen.

- *Kaufmännische Qualifikationen:* Hier geht es um die betriebswirtschaftlichen Kenntnisse des Unternehmers.

- *Gründungsspezifische Qualifikationen:* Die Gründer müssen wissen, welche Maßnahmen bei der Gründung zu ergreifen sind.

- *Branchenkenntnisse:* Es ist erforderlich, daß die Gründer mit der Branche, in die sie eindringen wollen, vertraut sind.

- *Besondere psychologische Fähigkeiten, wie z. B. Verhandlungsgeschick:* Beispielsweise ist es für einen Neuling in einer Branche oft nicht einfach, bei den Lieferanten günstige Konditionen auszuhandeln.

--> LE 7

LE 11

Tatsächlich ist die Gründung selbst relativ einfach: Ihre Unternehmung gilt nämlich nach außen hin als gegründet, sobald Sie die Geschäftstätigkeit aufnehmen, also beispielsweise die ersten Akquisitionsbesuche machen.

Im Gegensatz zu Kapitalgesellschaften ist bei der Einzelunternehmung kein Mindestkapital erforderlich. Allerdings sind Sie verpflichtet, die neue Unternehmung zur Eintragung in das Handelsregister anzumelden.

--> LE 12

LE 16

1.3.3.2. Übernahme der Aktien

Die Aktienübernahme bedeutet nicht die Einzahlung von Geldbeträgen, sondern die vertragliche Verpflichtung, einen bestimmten Anteil der gesamten Aktien zu übernehmen. Es müssen alle Aktien von den Gründern selbst übernommen werden.

1.3.3.3. Einzahlung des Kapitals

Das Gesetz verlangt eine *Mindesteinzahlung* von 25 %. Die ausstehenden Einlagen auf das Grundkapital sind in einer gesonderten Position auf der Aktivseite der späteren Gründungsbilanz auszuweisen.

Bei einer Mindesteinzahlung von 25 % wären die ausstehenden Einlagen 75 % des Mindest-Gründungskapitals, das sind

.... DM

--> LE 17

LE 2

Im vorliegenden Kapitel werden wir folgende Lebensabschnitte kennenlernen:

- Gründung
- Wachstum
- Umwandlung
- Kapitalerhöhung
- Fusion

- Sanierung
- Auseinandersetzung
- Vergleich
- Konkurs
- Liquidation

Lassen wir also einmal eine Unternehmung entstehen: Wir kommen zur Gründung.

--> LE 3

LE 7

Zur Planung und Vorbereitung einer Unternehmensgründung gehört auch eine *Durchführbarkeitsstudie*. In ihr müssen neben dem von uns schon angeschnittenen zentralen Problem der Kapitalbeschaffung so unterschiedliche Fragen beantwortet werden wie:

- Können sich rechtliche Probleme ergeben, kann z. B. ein früherer Arbeitgeber des Gründers ein im Anstellungsvertrag enthaltenes *Wettbewerbsverbot* geltend machen? (Der Gründer hat sich evtl. verpflichtet, die bei seinem ehemaligen Arbeitgeber erworbenen Kenntnisse und Einsichten eine bestimmte Zeitlang nach dem Ausscheiden nicht für eine Betätigung in der gleichen Branche zu nutzen.)

- Sind am gewählten Standort besondere *bürokratische Schwierigkeiten* zu erwarten, etwa mit einer Bau- oder Umweltschutzbehörde, oder könnten sich gar *Bürgerinitiativen* gegen die eigenen Pläne bilden?

--> LE 8

LE 12

1.3.2. Offene Handelsgesellschaft (OHG)

Ralph Fischer und Anke Schmidt wollen eine OHG gründen. Wie müssen sie dabei vorgehen?

Die beiden erfüllen zunächst die Mindestbedingungen, die zur Gründung einer OHG notwendig sind: Es sind nämlich mindestens .... Gründer erforderlich (einer alleine kann keine *Gesellschaft* gründen; vgl. aber die Ausnahme in LE 20, S. 268). Ein Mindestkapital ist nicht vorgeschrieben.

--> LE 13

75.000 (DM)

LE 17

1.3.3.4. Erstattung des Gründungsberichtes durch die Gründer

Darin müssen Angaben über einen etwaigen Gründerlohn, über die Angemessenheit des Gegenwertes, der für Sacheinlagen (z. B. für Betriebsmittel) gewährt wurde, und anderes mehr enthalten sein.

1.3.3.5. Gründungsprüfung

Aufgrund des Gründungsberichtes müssen Mitglieder des Vorstandes und des Aufsichtsrates den Hergang der Gründung genau überprüfen.

1.3.3.6. Anmeldung zur Eintragung ins Handelsregister

Anders als bei Einzelunternehmung und Personengesellschaften entsteht eine AG nicht schon durch die Aufnahme des Geschäftsbetriebes (vgl. LE 11), sondern erst mit der Eintragung in das Handelsregister. Die Eintragung bewirkt das Entstehen der juristischen Person.

--> LE 18

LE 3

1. Gründung

1.1. Definition - Merkmale

Die Gründung ist die Geburtsstunde einer Unternehmung. Einerseits sind bestimmte rechtliche Erfordernisse zu erfüllen und andererseits technisch-organisatorische Leistungen, wie zum Beispiel die Beschaffung von Betriebsmitteln, zu erbringen.

Führen Sie zwei oder drei weitere Beispiele für technisch-organisatorische Leistungen im Zusammenhang mit der Gründung an!

....

....

....

Vergleichen Sie bitte mit LE 4!

--> **LE 4**
Seite 267

LE 8

Zu einer guten Durchführbarkeitsstudie gehört auch das Durchdenken von *Alternativen* und möglichen Engpässen ("Eventualplanung"), wie beispielsweise:

- Welche *Reserven* kann man mobilisieren, wenn die schon im Markt vorhandenen Unternehmen den Neuankömmling sofort mit einem aggressiven Preiskampf empfangen?

- Was geschieht, wenn man gleich bei den ersten *Mitarbeitern* einen unglücklichen Griff tut und bei dem Versuch, sich wieder von ihnen zu trennen, in langwierige Arbeitsgerichtsprozesse verwickelt wird?

- Reicht die für die Gründungsvorbereitung verfügbare *Freizeit*, wenn man sich bis zur eigentlichen Geschäftsaufnahme noch in einem abhängigen Arbeitsverhältnis befindet?

--> **LE 9**

zwei

LE 13

Mit dem Abschluß des Gesellschaftsvertrages (mündlich oder schriftlich) ist die Gesellschaft, was das *Innenverhältnis* betrifft, gegründet.

Im *Außenverhältnis* entsteht die Gesellschaft, sobald ein Gesellschafter Geschäfte im Namen der Firma tätigt, spätestens jedoch mit der Eintragung ins *Handelsregister*.

Nebenbei: Eine Kommanditgesellschaft (KG) wird im Prinzip genauso gegründet.

--> LE 14

LE 18

1.3.4. Gesellschaft mit beschränkter Haftung (GmbH)

Das Stammkapital einer GmbH muß, wie Sie bereits gelernt haben, eine Mindesthöhe von .... DM haben.

Bei der Gründung müssen von jeder Stammeinlage mindestens 25 % eingezahlt sein. Der Gesamtbetrag der geleisteten Einlagen muß sich auf mindestens 25.000,- DM belaufen. Diese Einlagen können - unter erschwerten Voraussetzungen - auch als Sacheinlagen (z. B. Grundstücke) eingebracht werden. Bei einer "Sachgründung" müssen jedoch (wie bei einer AG) ein Gründungs- .... erstellt und eine Gründungs- .... durch einen externen Prüfer durchgeführt werden.

--> LE 19

LE 9

Die moderne Unternehmung lebt in einem Umfeld mit sehr komplizierten wirtschaftlichen und rechtlichen Bedingungen.

Beispielsweise haben wir in der Bundesrepublik Deutschland Gewerbefreiheit. Jedoch muß es eine Vielzahl von Ausnahmen davon geben, die ihren Niederschlag in ganz unterschiedlichen Rechtsvorschriften gefunden haben. Sie würden sich z. B. auch nicht wohl fühlen, wenn Sie wüßten, daß ein Sie nach einem Unfall behandelnder Arzt niemals Medizin studiert und nur eine Schlosserlehre absolviert hat, wenn der Apotheker gelernter Koch ist oder ein Makler, dem Sie Ihre Ersparnisse anvertrauen wollen, wegen Unterschlagung vielfach vorbestraft wurde. Auch würden Sie es wohl mit gemischten Gefühlen sehen, wenn ein ehemaliger Gangsterboß im Bahnhofsviertel ein Waffengeschäft eröffnete.

Nur Spezialisten können einigermaßen zuverlässigen Rat erteilen. Der angehende Gründer sollte daher deren Rat suchen. Wir führen nachstehend einige Institutionen auf, die als "Anlaufstelle" in Frage kommen:

W o h i n ?	W a r u m ? Z. B.:
Industrie- und Handelskammer	Gründungssubventionen, Marktübersichten, Lehrgänge für Gründer
Gewerbeaufsichtsamt	Klärung von fachlichen und persönlichen Voraussetzungen: Sind zur Aufnahme des Betriebes Fachprüfungen, ärztliche Atteste, der Nachweis geordneter finanzieller Verhältnisse o. ä. erforderlich?
Rechtsanwalt/Notar	Rechtsformwahl, vertragliche Konstruktionen
Steuerberater	Rechtsformwahl, steuerlich günstige Gestaltung

Auch wenn der Gründer sich stark genug fühlt, ohne Rat auszukommen, muß er doch einige Institutionen besuchen. Beispielsweise muß er seinen Betrieb beim Finanzamt oder - wegen der Versicherung der Mitarbeiter - bei der Allgemeinen Ortskrankenkasse und bei der Berufsgenossenschaft anmelden. Von der Eintragung in das Handelsregister war schon früher die Rede.

--> LE 10

LE 14

1.3.3. Aktiengesellschaft (AG)

Komplizierter als bei den Personengesellschaften ist die Gründung der Kapitalgesellschaften, insbesondere der AG.

Folgende Schritte führen zur Gründung einer AG:

- Feststellung der Satzung
- Übernahme der Aktien
- Bestellung der Organe
- Einzahlung des Kapitals
- Erstattung des Gründungsberichtes
- Gründungsprüfung
- Anmeldung zur Eintragung ins Handelsregister

Einige dieser Punkte wollen wir kurz kommentieren.

--> LE 15

50.000 (DM)
(Gründungs-)bericht
(Gründungs-)prüfung

LE 19

Die Bedeutung einer solchen Prüfung soll an einem in ähnlicher Form tatsächlich vorgekommenen Fall gezeigt werden:

Ein unseriöser Unternehmer X gründet eine kleine Charterfluggesellschaft. Er kauft zwei relativ alte Flugzeuge zu 4 Millionen DM, bringt sie als Sacheinlage in die Unternehmung ein und bewertet sie in der Gründungsbilanz mit 7 Millionen DM. Die anderen - im betriebswirtschaftlichen Wissen nicht ebenbürtigen - Gesellschafter leisten Bareinzahlungen. X hat durch die Überbewertung der "alten Mühlen" einerseits die anderen Gesellschafter übervorteilt, andererseits die Fremdkapitalgeber und allgemein die Öffentlichkeit getäuscht, weil ja das Eigenkapital in der Gründungsbilanz zu hoch ausgewiesen ist.

--> LE 20

Z. B.: Die Einstellung von Arbeitskräften, die Bereitstellung von Material, der Aufbau eines Verwaltungsapparates und der einer Vertriebsorganisation.

LE 4

Eine zentrale Aufgabe im Rahmen der Gründung ist die Beschaffung des Startkapitals.

Neben der Beschaffung des Eigenkapitals spielt natürlich auch die von *Fremdkapital* eine bedeutende Rolle, da eine Unternehmung nur relativ selten allein mit Eigenmitteln des oder der Inhaber(s) finanziert werden kann.

--> LE 5

LE 10

1.3. Gründungsverfahren bei ausgewählten Rechtsformen

1.3.1. Einzelunternehmung

Nehmen wir an, Sie seien ein Mediensachverständiger in einer großen Werbeagentur und beabsichtigen, sich selbständig zu machen, d. h., eine eigene Agentur zu gründen.

Welche Schritte sind zu tun, wenn Sie von der Kündigung beim gegenwärtigen Arbeitgeber absehen und annehmen, daß sich für die erste Zeit ein Raum in Ihrer Wohnung als Büro eignen würde?

....

....

....

Vergleichen Sie bitte mit LE 11!

--> LE 11
Seite 260

LE 15

1.3.3.1. Feststellung der Satzung

Dem Gesellschaftsvertrag der Personengesellschaften entspricht bei der AG die *Satzung*.

Die Satzung enthält u. a. Angaben über

- Firma, Sitz und Gegenstand des Unternehmens,
- Höhe des Grundkapitals,
- Nennwert der Aktien,
- Zusammensetzung des Vorstands,
- Form der Bekanntmachungen der Gesellschaft sowie
- evtl. Bevorzugung einzelner Aktionäre (z. B. bei der Aufteilung eines späteren Liquidationserlöses).

An der Erstellung der Satzung und damit an der Gründung einer AG müssen sich in der Bundesrepublik Deutschland mindestens *fünf* Personen beteiligen, von denen jede Aktien übernimmt.

--> LE 16
Seite 260

LE 20

Die Gründung der GmbH vollzieht sich ähnlich wie die der AG, jedoch gibt es weniger Formvorschriften.

Wie die AG entsteht auch die GmbH als juristische Person erst mit der Eintragung ins Handelsregister.

Seit der Reform des GmbH-Rechts von 1980 sind zur Gründung einer GmbH nicht mehr mehrere Gesellschafter erforderlich. Vielmehr kann auch ein einzelner Unternehmer eine GmbH gründen (sogenannte Einmann-GmbH).

Vielleicht stören Sie sich daran, daß einer allein eine Gesellschaft bilden kann. Der Gesetzgeber hat mit der Novellierung letztlich der Entwicklung in der Praxis Rechnung getragen, wo viele GmbHs zwar mit Strohmännern (-frauen) gegründet wurden, aber in Wirklichkeit "Einzelunternehmungen mit beschränkter Haftung" waren.

--> Zwischentest

LE 5

1.2. Gründungsplanung

Der Gründung muß eine sorgfältige Planung vorausgehen. Dazu gehört als erstes, daß sich der (die) Gründer über seine (ihre) Möglichkeiten und Motive klar wird (werden).

Auf der *Vorteilsseite* der unternehmerischen Betätigung steht eine besonders hohe Chance, sich selbst und seine Ideen verwirklichen zu können. Man hat keine Vorgesetzten, kurz: Man ist unabhängiger. Daher rekrutieren sich Unternehmensgründer oft aus Angestellten, die sich über die Einschränkung ihres bisherigen Handlungsfreiraumes oder grundlegende Meinungsunterschiede mit Vorgesetzten geärgert haben. Hinzu kommen ggf. überdurchschnittliche Einkommenschancen.

Auf der *Nachteilsseite* erscheinen neben dem hohen Risiko der Kapitaleinbuße der meist extreme Arbeitseinsatz, der zumindest in den ersten Jahren vom Unternehmer verlangt wird, und die im Vergleich zu einer abhängigen Beschäftigung schwache soziale Sicherung.

Schließlich verlangt die Unternehmensgründung ein erhebliches Maß an Fachwissen und einige besondere Eigenschaften, zumal das kleine Unternehmen in der Anfangsphase - anders als ein existierendes Großunternehmen - noch nicht Spezialisten für alle Teilgebiete einschalten kann.

Worauf müssen sich Ihrer Meinung nach diese Fachkenntnisse und Eigenschaften erstrecken? (Bitte versuchen Sie, Kategorien zu bilden und nicht Einzelkenntnisse aufzuzählen!)

- ....
- ....
- ....
- ....
- ....

Vergleichen Sie bitte Ihre Überlegungen mit LE 6!

--> **LE 6**
Seite 259

Zwischentest

1. Nennen Sie einige typische Qualifikationen, die den Unternehmensgründer auszeichnen sollten!

    - ....

    - ....

    - ....

    - ....

    - ....

2. Welches sind zentrale Probleme, die in einer im Rahmen der Gründungsplanung angefertigten Durchführbarkeitsstudie angeschnitten werden sollten?

    - ....

    - ....

    - ....

3. Füllen Sie das folgende Schema aus!

	Mindest-Gründungskapital	Mindestanzahl von Gründern
Einzelunternehmung		
OHG		
GmbH		
AG		

4. Welche Schritte sind bei der Gründung einer AG erforderlich?

    - ....

    - ....

    - ....

    - ....

    - ....

K 8/2 – Lebensabschnitte der Unternehmung
Besondere Finanzierungsvorgänge Teil 2

Lebensabschnitte der Unternehmung
Besondere Finanzierungsvorgänge
Teil 2: Wachstum

	LE/S.
2. Wachstum	21/273
2.1. Begriffsbestimmung	21/273
2.2. Arten des Unternehmenswachstums	22/275
2.2.1. Internes Wachstum	23/275
2.2.2. Externes Wachstum	23/277
2.3. Verlauf des Unternehmenswachstums	24/279
2.3.1. Wachstumsimpulse	24/279
2.3.1.1. Außerbetriebliche Wachstumsimpulse	24/279
2.3.1.2. Innerbetriebliche Wachstumsimpulse	25/281
2.3.2. Wachstumshemmnisse	29/277
2.3.3. Meilensteine und Wachstumsschwellen	30/279
2.3.4. Wachstumsstrategien	33/285
2.3.5. Schrumpfung	34/274
2.4. Vor- und Nachteile von Groß- bzw. Kleinbetrieben	35/276
2.4.1. Vorteile des Großbetriebes	35/276
2.4.1.1. Weitgehende Spezialisierung in der personellen Ausstattung	35/276
2.4.1.2. Weitgehende Spezialisierung in der Produktion	36/280
2.4.1.3. Bessere Finanzierungsmöglichkeiten	40/276
2.4.1.4. Größere wirtschaftliche Macht	41/278
2.4.2. Vorteile des Kleinbetriebes	42/280
2.4.2.1. Größere Elastizität - kleineres Risiko	42/280
2.4.2.2. Leichtere und übersichtlichere Verwaltung	43/282
2.4.2.3. Höhere Kreativität	44/284
Zwischentest	286

LE 25

2. Wachstum

2.1. Begriffsbestimmung

Wir wollen uns auf folgende einfache Definition des Unternehmenswachstums einigen:

Hat man sich auf eine bestimmte Hilfsgröße (z. B. Umsatz) als Kriterium für die Unternehmensgrößenbestimmung festgelegt, so bedeutet Unternehmenswachstum die *Vergrößerung der gewählten Maßzahl über einen längeren Zeitraum* (vgl. auch das Kapitel "Größe von Unternehmungen", S. 89 ff.).

Ein deutsches Unternehmen, das ein ungeheures Wachstum hinter sich hat, ist der Computerhersteller Nixdorf, dem es wider Erwarten sogar gelang, auf dem US-amerikanischen Computermarkt Fuß zu fassen. Hier ein paar Zahlen zum Umsatzwachstum:

Jahr	Umsatz in Mio. DM	Jahr	Umsatz in Mio. DM
1953	0,1	1978	1.013
1958	1,0	1985	3.926
1968	105,0	1988	5.300

Allerdings dürfen diese Zahlen nicht darüber hinwegtäuschen, daß es um Nixdorf in den letzten Jahren trotz des noch anhaltenden Umsatzwachstumes nicht sehr gut bestellt ist. Personalabbau und ein Netto-Verlust in Höhe von 297 Millionen DM für das erste Halbjahr 1989 lassen befürchten, daß der Konzern in eine Schrumpfungsphase (vgl. LE 34, S. 274) übergeht und auch der Umsatz sich verringern wird.

--> LE 22

LE 27

Dies kann man so begründen, daß bei der Selbstfinanzierung die Geldmittel zur Investition für den Unternehmer praktisch "ohne Schwierigkeiten griffbereit" sind. Bei überschüssigen Geldmitteln aus Gewinnen wird der Unternehmer dazu tendieren, das Kapital in der eigenen Unternehmung anzulegen.

Eine große Gefahr stellt bei der Selbstfinanzierung die *Kapitalfehlleitung* dar: Der Unternehmer investiert unzweckmäßig, weil er - anders als wenn er Kredite beschaffen muß - nicht Gläubigern gegenüber den voraussichtlichen Nutzen seiner Investition darzulegen hat.

--> LE 28

Zu a) 1,2
Zu b) 3

LE 34

2.3.5. Schrumpfung

Natürlich gibt es im Leben vieler Unternehmungen nicht nur Wachstums-, sondern auch Schrumpfungsphasen.

Das größte Problem des schrumpfenden Unternehmens ist in der Regel die Strategie bei der *Personalfreistellung*. Hier nur zwei von vielen Fragen: Soll man den leistungsstärkeren jungen Mann oder den leistungsschwächeren älteren Angestellten zuerst entlassen? Wie lange soll man Spitzenleute auch dann halten, wenn man sie nicht mehr voll auslasten kann?

Ein zweites Problem ist die geeignete Senkung der *Fixkosten*. Auch hier muß man Übertreibungen vermeiden, die z. B. zu einer zu weitgehenden und zu abrupten Verschlechterung des Kundendienstes oder einer zu starken Verkleinerung der Forschungs- und Entwicklungsabteilungen führen können.

--> **LE 35**

LE 39

Sie haben vollkommen recht, das Gesetz der Massenproduktion und das Phänomen der Größendegression sind zwei verschiedene Dinge.

Das *Gesetz der Massenproduktion* besagt, daß *bei gleicher Anlagengröße* die Stückkosten der Erzeugnisse mit *steigender* Ausbringung .... (sinken/steigen).

Die *Größendegression* sagt aus, daß *größere* Kapazitätseinheiten mit geringeren Stückkosten arbeiten als *mehrere kleine* mit der *gleichen Gesamtkapazität*, volle Kapazitätsauslastung vorausgesetzt. Im Gegensatz zum Gesetz der Massenproduktion werden hier *verschiedene Anlagengrößen* bei *gleicher Ausbringung* einander gegenübergestellt.

--> **LE 40**

LE 22

2.2. Arten des Unternehmenswachstums

2.2.1. Internes Wachstum

Man versteht darunter ein von der Unternehmung ausgehendes Wachstum.
Nach außen sichtbar wird dieses Wachstum z. B. durch den Bau von neuen Fertigungshallen auf dem bisherigen Gelände der Unternehmung oder durch Errichtung neuer Zweigbetriebe oder Filialen.

--> LE 23

LE 28

Ein Wachstumsimpuls ist auch der Anreiz, eine Größe zu erreichen, die das Überleben des Unternehmens deshalb erleichtert, weil der *Staat* im Ernstfall helfend eingreift.

Wichtige Wachstumsimpulse sind auch:

- *Persönliche Ziele der Führungskräfte*, z. B. weil Status und Einkommen in wachsenden Unternehmen oder auch in wachsenden Abteilungen eines Unternehmens mitwachsen.

- Die Nutzung der *Fähigkeiten eines Unternehmers*, der sich bisher mit seinem kleineren Unternehmen nicht ausgelastet fühlte.
Umgekehrt kann natürlich die Unfähigkeit eines Unternehmers auch das Wachstum verhindern oder sogar eine Schrumpfung bis hin zum Zusammenbruch einleiten. Dies kommt z. B. in dem berühmten Wort "Der Vater erstellt's, der Sohn erhält's, beim Enkel verfällt's" zum Ausdruck. Soziologen bezeichnen derartige Phänomene, die häufig, aber selbstverständlich nicht zwingend sind, auch als "Kreislauf der Eliten".

- Das Anstreben einer größeren *Marktmacht* bis hin zum Monopol.

--> LE 29

LE 35

2.4. Vor- und Nachteile von Groß- bzw. Kleinbetrieben

2.4.1. Vorteile des Großbetriebes

2.4.1.1. Weitgehende Spezialisierung in der personellen Ausstattung

Nur ein Großbetrieb kann sich für spezielle Teilgebiete eigene Fachleute leisten.

Beispiele:

- Eigene Werbefachleute (vielleicht sogar eigene Graphiker und Texter),
- eigene Marktforscher,
- eigene Designer,
- eigene Juristen (z. B. Spezialisten des Wettbewerbsrechts, des Arbeitsrechts usw.).

Nennen Sie ein weiteres Beispiel für eine weitgehende personelle Spezialisierung:

....

--> LE 36
Seite 280

---

sinken

LE 40

2.4.1.3. Bessere Finanzierungsmöglichkeiten

Auch hier spielt die Kapitalkraft der Großunternehmung eine wichtige Rolle. Der Großbetrieb kann aufgrund der breiten Kapitalbasis in der Regel bedeutend leichter Fremdkapital in größerem Umfang erhalten, als dies bei der Kleinunternehmung der Fall ist. Außerdem kann der Großbetrieb die Rechtsform der Aktiengesellschaft wählen und damit an der Börse eingeführt werden, wodurch ihm der Weg zum Kapitalmarkt erleichtert wird (bessere Möglichkeiten der Eigenkapitalbeschaffung).

Kurz gesagt: Die Großunternehmung hat in der Regel bessere ....
....

--> LE 41

LE 23

2.2.2. Externes Wachstum

Von einem externen Wachstum spricht man, wenn durch den Zusammenschluß von zwei oder mehreren schon bestehenden Unternehmen ein neues, größeres Unternehmensgebilde entsteht.

Mit diesem Themenkreis haben wir uns im Kapitel "Unternehmenszusammenschlüsse" ausführlicher befaßt.

--> LE 24

LE 29

2.3.2. Wachstumshemmnisse

Eines der wichtigsten Wachstumshemmnisse ist die *Kapitalknappheit*. Ohne Kapital können keine Investitionen vorgenommen, keine oder nur zuwenig Forschungs- und Entwicklungsarbeiten geleistet werden und dergleichen mehr. Es fehlen praktisch alle Voraussetzungen, die ein Unternehmenswachstum fördern würden.

Ein weiteres Wachstumshemmnis stellt der *Mangel an Arbeitskräften* dar, wie er in der Bundesrepublik in vielen Phasen und Branchen (EDV-Industrie, Gaststättengewerbe u. a.) aufgetreten ist.

--> LE 30

Finanzierungsmöglichkeiten

LE 41

2.4.1.4. Größere wirtschaftliche Macht

- *Gegenüber den Lieferanten:* Der Großbetrieb kann als Großabnehmer stärkeren Einfluß auf die Preise sowie die Liefer- und Zahlungsbedingungen seiner Lieferanten ausüben.

- *Gegenüber den Konkurrenten:* Aufgrund der großen Kapitalstärke verfügt der Großbetrieb über den längeren Atem bei Preiskämpfen und ist damit ggf. in der Lage, kleinere Konkurrenten "auszuhungern". Dieser "Vorteil" des Großbetriebes birgt aber auch eine nicht zu unterschätzende Gefahr für den freien Wettbewerb in sich. Mit der Untersuchung dieser Zusammenhänge würden wir aber die Grenze zur Volkswirtschaftslehre überschreiten und kämen in ein Gebiet, zu dem sehr viele Einzelheiten zu diskutieren wären. Während beispielsweise ein einzelner Großbetrieb gegenüber den Kleinbetrieben erhebliche Macht entfalten könnte, hat man herausgefunden[1], daß wenige große Unternehmen (sogenannte oligopolistische Strukturen) sich untereinander oft härter befehden als viele kleine.

- *Gegenüber der öffentlichen Hand:* Am Gedeihen des Großbetriebes ist die Gemeinde bzw. der Staat der vielen Arbeitsplätze und der Steuerkraft wegen sehr interessiert und daher oft zu Entgegenkommen (z. B. bei Gesetzen und Verordnungen) und Unterstützungsmaßnahmen (Subventionen) bereit.

- Größere Möglichkeiten einer *internationalen Betätigung:* Großbetriebe haben es leichter, eine Exportorganisation aufzubauen oder mit der Fertigung in lohnkostengünstigere Länder auszuweichen, als Kleinunternehmer. Man sagt: "Zum großen Markt gehört das große Unternehmen".

---

[1] Thompson, A.A., LV 18, S. 37 ff.

--> LE 42

LE 24

2.3. Verlauf des Unternehmenswachstums

2.3.1. Wachstumsimpulse

Empirische Untersuchungen der Wachstumsverläufe von Unternehmungen haben ergeben, daß sich die Entwicklung meist nicht stetig, sondern in *Wachstumsschüben*[1] vollzieht, die durch bestimmte Impulse ausgelöst werden.

2.3.1.1. Außerbetriebliche Wachstumsimpulse

Außerbetriebliche Wachstumsimpulse gehen vor allem vom *technischen Fortschritt* aus, der insbesondere über die Entwicklung neuer Produkte betriebliches Wachstum auslösen kann.

---

1 Vgl. Albach, H., LV 1, S. 17 ff.

--> LE 25

LE 30

2.3.3. Meilensteine und Wachstumsschwellen

Während des Unternehmenswachstums gibt es eine Reihe besonderer Ereignisse ("Meilensteine"). Diese Ereignisse stellen oft hohe Anforderungen an die Unternehmensleitung; werden hier Fehlentscheidungen getroffen, wird also am "Meilenstein" eine falsche Richtung eingeschlagen, so tritt oft eine Trendwende vom erfolgreichen zum scheiternden Unternehmer ein.

Beispiele für solche besonderen Ereignisse sind:

- Hinzunahme eines zusätzlichen Produktionszweiges,
- Einstellung des ersten Mitglieds der Geschäftsleitung neben dem Gründer,
- Eröffnung der ersten Filiale oder der ersten ausländischen Produktionsstätte,
- Umwandlung einer Einzelunternehmung in eine Gesellschaft.

--> LE 31

Z. B.: eigene Grundlagenforscher, eigene Steuerfachleute.

LE 36

2.4.1.2. Weitgehende Spezialisierung in der Produktion

Die größere Kapitalkraft der Großunternehmung ermöglicht die Anschaffung teurer technischer Spezialgeräte, sie stellt die notwendige Voraussetzung für eine fortschreitende Automatisierung dar.

Im Vorteil ist die Großunternehmung dadurch oft bei der Massenproduktion, d. h. bei der Erzeugung von Gütern in großer Menge.

--> LE 37

LE 42

2.4.2. Vorteile des Kleinbetriebes

2.4.2.1. Größere Elastizität - kleineres Risiko

Aufgrund der geringeren Kapitalbindung ist der Kleinbetrieb bei der Leistungserstellung viel flexibler als der kapitalintensive Großbetrieb. So kann er oft ohne große Schwierigkeiten sein Produktionsprogramm umstellen, um sich Marktveränderungen anzupassen.

Die größere Elastizität des Kleinbetriebes bewirkt auch, daß das unternehmerische Risiko beim Kleinbetrieb oft kleiner ist als beim Großbetrieb.

Dies muß jedoch nicht immer der Fall sein. Wie bereits erwähnt, hilft nicht selten der Staat großen Unternehmen, die in Krisen geraten. Den Konkurs eines Kleinbetriebes wird der Staat in der Regel nicht zu verhindern suchen.

Beispielsweise hat die öffentliche Hand die Saarstahl Völklingen GmbH mit Milliardenbeträgen subventioniert, dem unmittelbaren Konkurrenten Badische Stahlwerke AG aber vergleichbare Unterstützungen verweigert. Die Badische Stahlwerke AG mußte schließlich Vergleich anmelden. Dies wurde auch darauf zurückgeführt, daß die Saarstahl Völklingen GmbH die Subventionen dazu benutzt habe, Walzstahlprodukte weit unter den Herstellungskosten anzubieten.

--> LE 43

LE 25

2.3.1.2. Innerbetriebliche Wachstumsimpulse

Zu den innerbetrieblichen Impulsen zählen u. a.:

- Streben nach größtmöglicher Wirtschaftlichkeit,
- Streben nach günstiger Anlage der Gewinne (Wachstum durch Selbstfinanzierung).

Können Sie sich vorstellen, warum das Streben nach größtmöglicher Wirtschaftlichkeit zu Unternehmenswachstum führen kann?

Begründung: ....

....

....

Vergleichen Sie Ihre Antwort mit LE 26!

--> LE 26

LE 31

Häufig eintretende Probleme vor allem bei zu rasch wachsenden Unternehmen sind beispielsweise:

- Schwierigkeiten bei der *Finanzierung* des Wachstums, die zu Liquiditätskrisen führen können: Beispielsweise machen rasch wachsende Unternehmen oft den Fehler, mit kurzfristigen Krediten langfristig gebundenes Vermögen zu finanzieren.

- Schwierigkeiten bei der Einstellung von hinreichend qualifiziertem *Personal*: Um das Wachstum personell zu verkraften, wird angenommen, wer sich bewirbt. Wegen der großen Arbeitslast bleibt darüber hinaus nicht genügend Zeit für die Fortbildung des Personals, was weitere Schwierigkeiten bedingt usw.

- Vernachlässigung der *Fertigungsqualität*: Die starke Nachfrage nach den Erzeugnissen oder Dienstleistungen verleitet dazu, Qualitätsmaßstäbe herabzusetzen, wodurch Qualitätskrisen ausgelöst werden.

--> LE 32

LE 37

Die Tatsache, daß bei erhöhter Ausbringungsmenge (Massenproduktion) die Stückkosten sinken, bezeichnete schon 1910 Karl Bücher als *"Gesetz der Massenproduktion"*. Genaugenommen gilt diese Feststellung nicht nur für die Massenproduktion, sondern für jeden Betrieb, dessen Kapazitäten noch nicht voll ausgelastet sind.

Bei einer *Produktionserweiterung* sinken die *Stückkosten* um so stärker, je höher der Fixkostenanteil an den Gesamtkosten ist.

Ist das "Gesetz der Massenproduktion" mit dem schon im Kapitel "Produktionsfaktoren" besprochenen Phänomen der Größendegression identisch?

$\qquad\qquad\qquad\qquad\qquad\qquad$ - Ja $\qquad$ --> LE 38

$\qquad\qquad\qquad\qquad\qquad\qquad$ - Nein $\qquad$ --> LE 39
$\qquad\qquad\qquad\qquad\qquad\qquad\qquad\qquad\qquad\quad$ Seite 274

LE 43

2.4.2.2. Leichtere und übersichtlichere Verwaltung

Ein weiterer Vorteil des Kleinbetriebes ist die leichtere, übersichtlichere und reaktionsschnellere Verwaltung.

Stellen Sie in Gedanken als Extremfälle den Verwaltungsapparat eines Einmannbetriebes, in dem eine Person gleichzeitig Generaldirektor, Marketingleiter, Chef der Produktion, der Verwaltung und des Rechnungswesens und ausführender Arbeiter ist, dem eines riesigen Konzerns gegenüber, der 200.000 Arbeitnehmer beschäftigt.

$\qquad\qquad\qquad\qquad\qquad\qquad\qquad\qquad\qquad$ --> LE 44

LE 26

Es gibt für jede Unternehmung eine - wenn auch nur schwer abschätzbare - "optimale Unternehmensgröße". Erst wenn diese erreicht ist, arbeitet die Unternehmung mit maximaler Wirtschaftlichkeit. Ist diese Zone nicht erreicht, wird man eine Wachstumsstrategie wählen.

Warum bewirkt die Selbstfinanzierung - d. h. die Finanzierung durch Einbehaltung von Teilen des Gewinns (Verzicht auf Ausschüttung) - einen Wachstumsimpuls?

....

....

....

Vergleichen Sie bitte Ihre Antwort mit LE 27!

--> **LE 27**
Seite 273

LE 32

Im Leben von Unternehmungen gibt es *kritische Wachstumsschwellen*, die nur überwunden werden können, wenn eine Konsolidierungspause eingelegt wird. An diesen kritischen Stellen droht eine zu starke Verschuldung, ferner ist die Organisation und Führung der neuen Unternehmensgröße anzupassen, z. B. muß der Gründer eines Unternehmens mehr Aufgaben an seine Mitarbeiter delegieren.

Oft markieren Umsätze zwischen 50 und 100 Millionen DM und Mitarbeiterzahlen zwischen 500 und 1.000 eine kritische Wachstumsschwelle. Es handelt sich also um mittlere Größen, vielleicht eine Art "midlife crisis" der Betriebe[1].

---
1 vgl. Albach, H., LV 2.

--> **LE 33**

LE 38

Wir können Ihnen nicht zustimmen! Haben Sie die Definition für die Größendegression schon vergessen?

Sie hatte folgenden Wortlaut:

"Unter der Größendegression versteht man das Phänomen, daß bei voller Kapazitätsauslastung größere Kapazitätseinheiten (z. B. Maschinen) mit niedrigeren Kosten je Leistungseinheit arbeiten als mehrere kleine mit gleicher Gesamtkapazität!"

Dagegen sagt das *Gesetz der Massenproduktion* aus, daß bei *gleicher Anlagengröße* die Stückkosten (Kosten je Leistungseinheit) der Erzeugnisse mit *steigender Ausbringung* .... (sinken/steigen).

Bei der *Größendegression* werden - im Gegensatz zum Gesetz der Massenproduktion - *verschiedene Anlagengrößen* bei *gleicher Ausbringung* einander gegenübergestellt.

--> LE 40
Seite 276

LE 44

2.4.2.3. Höhere Kreativität

Mit den schon aufgeführten Vorzügen "größere Elastizität" und "übersichtlichere Verwaltung" in einem gewissen Zusammenhang dürfte auch die Beobachtung stehen, daß kleinere Unternehmungen oft "kreativer" sind, beispielsweise eine effizientere Forschungs- und Entwicklungstätigkeit entfalten. In der EDV-Industrie z. B. verdankt man zahlreiche Neuerungen der letzten Jahre nicht den Großunternehmen, sondern jungen, aggressiven Kleinbetrieben, den sogenannten Garagenbetrieben (so bezeichnet, weil die Gründer ihre ersten Erzeugnisse in der Garage zusammengebastelt hatten) (vgl. auch LE 23, Kapitel 4. "Independent Business Units").

--> Zwischentest

LE 33

2.3.4. Wachstumsstrategien

In der Regel wird die Unternehmensführung den Verlauf des Wachstums nicht sich selbst überlassen, sondern planen wollen. Die Planung des Unternehmenswachstums ist ein wichtiger Bestandteil der strategischen Führung; man spricht deshalb auch von Wachstumsstrategien.

Wachstumsstrategien sind beispielsweise:

1. Forcierter Absatz der vorhandenen Produkte, z. B. durch Erschließung neuer Absatzmärkte.

2. Erweiterung des Produktions- und Absatzprogramms mit Erzeugnissen, die den bisherigen verwandt sind.

3. Erweiterung des Produktions- und Absatzprogramms um Produkte der Vorstufe (Rückwärtsintegration) und der folgenden Produktionsstufe (Vorwärtsintegration) durch Zusammenschluß mit Unternehmen, die auf dieser Stufe tätig sind. Bei der Rückwärtsintegration wird ein Lieferantenbetrieb angegliedert, bei der Vorwärtsintegration ein Kundenbetrieb (vgl. LE 52 in Kapitel K 6/2, S. 229).

Welche dieser Strategien wird man

    a) dem internen   und   b) dem externen

Wachstum zurechnen?

    Zu a) . . . .   Zu b) . . . .

--> LE 34
Seite 274

Zwischentest

1. Wie kann das interne Wachstum einer Unternehmung vor sich gehen?

   - ....

   - ....

2. Nennen Sie zwei wichtige Wachstumshemmnisse!

   - ....

   - ....

3. Nennen Sie einige besondere Ereignisse ("Meilensteine") im Verlauf des Unternehmenswachstums!

   - ....

   - ....

   - ....

4. Geben Sie ein Beispiel für einen Problembereich, dem der Unternehmer in Schrumpfungsphasen besonderes Augenmerk widmen muß!

5. Zählen Sie einige typische Möglichkeiten des Einsatzes von Spezialisten auf, die im Großbetrieb, in der Regel aber nicht im Kleinbetrieb beschäftigt werden können!

   - ....

   - ....

   - ....

   - ....

K 8/3 - Lebensabschnitte der Unternehmung
Besondere Finanzierungsvorgänge   Teil 3

Lebensabschnitte der Unternehmung
Besondere Finanzierungsvorgänge

Teil 3: Umwandlung, Kapitalerhöhung Fusion, Auseinandersetzung

	LE/S.
3. Umwandlung	45/289
3.1. Definition	45/289
3.2. Ursachen	46/293
3.2.1. Wachstum und Kapitalbeschaffung	46/293
3.2.2. Schrumpfung	48/295
3.2.3. Risikominderung durch Haftungsbeschränkung	49/297
3.2.4. Veränderung der Anteilsverhältnisse	50/299
3.3. Arten	51/301
3.3.1. Formwechselnde Umwandlung	51/301
3.3.2. Übertragende Umwandlung	52/303
4. Kapitalerhöhung	53/291
4.1. Definition	53/291
4.2. Verfahren	54/293
4.2.1. Kapitalerhöhung bei Einzelunternehmung und Personengesellschaften	54/293
4.2.1.1. Selbstfinanzierung	54/293
4.2.1.2. Zusätzliche Kapitaleinlagen	55/295
4.2.2. Kapitalerhöhung bei Kapitalgesellschaften	56/297
4.2.2.1. Effektive Kapitalerhöhung durch Ausgabe junger Aktien	57/299
4.2.2.2. Nominelle Kapitalerhöhung durch Auflösung von Rücklagen	60/290
5. Fusion	63/296
5.1. Definition	63/296
5.2. Verfahren	64/298
6. Auseinandersetzung	65/300
6.1. Definition	65/300
6.2. Verfahren	70/296
6.3. Folgen des Ausscheidens eines Gesellschafters	73/302
Zwischentest	304

3. Umwandlung

3.1. Definition

Unter Umwandlung versteht man den Wechsel der Rechtsform einer Unternehmung.

Beispiel: Eine GmbH wird in eine AG umgewandelt, die bisherigen GmbH-Gesellschafter werden Aktionäre.

Durch die Umwandlung ändern sich folgende Merkmale:

- Form der Eigenkapitalaufbringung,

- Haftungsmaß der Kapitalgeber,

- Kreditfähigkeit der Unternehmung,

- organisatorische Verfassung und betriebliche Willensbildung.

In der spezielleren Literatur wird oft eine Unterscheidung danach getroffen, ob eine formelle Liquidation mit Einzelübertragung der Aktiva und Passiva der umgewandelten Unternehmung *(Einzelrechtsnachfolge)* notwendig ist oder ob sich eine formelle Liquidation erübrigt (Umwandlung mit *Gesamtrechtsnachfolge*). Die Einzelrechtsnachfolge ist sehr umständlich und teuer, weil alle Vermögensgegenstände in der für den Rechtsübergang gesetzlich vorgeschriebenen Form übertragen werden müssen, was z. B. bei Grundstücken und Patenten mit vielen Formvorschriften verbunden ist. Jedoch ist eine Liquidation nur in wenigen Fällen, vor allem bei der Überführung einer Einzelunternehmung in eine Personengesellschaft, notwendig, so daß wir in der Folge auf diese Unterscheidung verzichten wollen.

--> LE 46

LE 60

4.2.2.2. Nominelle Kapitalerhöhung durch Auflösung von Rücklagen

Bei der nominellen Kapitalerhöhung fließt der Gesellschaft keine zusätzliche Liquidität in Gestalt des Erlöses für die neuen Aktien zu, vielmehr werden vorhandene Rücklagen aufgelöst und in Grundkapital überführt. In Höhe des Gegenwertes für die Grundkapitalerhöhung werden junge Aktien ausgegeben, damit die Summe der Nennwerte aller Aktien gleich dem Grundkapital bleibt. Man nennt eine solche nominelle Kapitalerhöhung auch *"Kapitalerhöhung aus Gesellschaftsmitteln"*.

Da die Empfänger der neuen Aktien dafür nicht bezahlen müssen, heißen diese Aktien *"Gratisaktien"*.

Wer erhält Ihrer Meinung nach die Gratisaktien? Etwa besonders verdiente Führungskräfte der AG?

....

....

--> LE 61

LE 67

Wie wir bereits im Kapitel "Rechtsformen der Unternehmung" dargestellt haben, ist die Aktiengesellschaft eine juristische Person. Ihr Fortbestand ist deshalb von einem Wechsel der Gesellschafter unabhängig. Will sich z. B. ein Aktionär "von der AG trennen", so braucht er nur seine Aktien zu verkaufen.

Da sich der Wert einer Aktie aus ihrem Börsenkurs ergibt und der Verkauf einer Aktie das Gesellschaftsvermögen nicht berührt, ist keine .... erforderlich.

--> LE 68

LE 46

Betrachten wir den Fall, daß eine OHG in eine GmbH umgewandelt wird. Welche Merkmale werden sich dabei ändern?

1. Die Haftung bei der OHG ist .... und ....
   Bei der GmbH ist die persönliche Haftung der Gesellschafter ausgeschlossen.

2. Organisatorische Verfassung und betriebliche Willensbildung sind Ihnen sowohl von der OHG als auch von der GmbH geläufig:

   OHG: Geschäftsführung und Vertretung üben ....
   (einzelne/alle) Gesellschafter aus.

   GmbH: Der (die) Geschäftsführer führt (führen) die Geschäfte.

--> LE 47

Sinngemäß: Formwechselnde Umwandlung: Die wirtschaftliche Identität der Unternehmung bleibt erhalten, es wird nur der rechtliche Rahmen geändert. Übertragende Umwandlung: Es findet eine Vermögensübertragung statt; es sind zwei nicht identische Gesellschaften beteiligt: Die übertragende und die übernehmende.

LE 53

4. Kapitalerhöhung

4.1. Definition

Wenn zusätzliches Kapital benötigt wird, könnte man an eine Erhöhung des Eigen- oder Fremdkapitals denken. In der Regel versteht man jedoch unter dem Begriff der Kapitalerhöhung nur die Erhöhung des *Eigenkapitals*.

--> LE 54

Natürlich erhalten die bisherigen Aktionäre die Gratisaktien im Verhältnis ihrer Beteiligung.

LE 61

Der Begriff "Gratisaktie" ist ein ausgesprochenes gesellschaftspolitisches Reizwort. Kritiker des kapitalistischen Systems, die betriebswirtschaftlich nicht vorgebildet sind, schimpfen etwa:

"Jetzt erhalten die Kapitalisten zu allem Überfluß ihre Aktien auch noch ohne Gegenleistung."

Wie würden Sie diese Aussage kommentieren?

....

....

Vergleichen Sie bitte Ihre Argumentation mit LE 62!

--> **LE 62**

Auseinandersetzung/Abrechnung über das Vermögen

LE 68

Bei Ausscheiden eines GmbH-Gesellschafters ist das Verfahren viel komplizierter. So hat z. B. ein Gesellschafter ein Anrecht auf Ermittlung und Auszahlung der stillen Reserven, was eine Reihe von Problemen mit sich bringt. Die Veräußerung des Geschäftsanteils kann im Gesellschaftsvertrag an gewisse Voraussetzungen, insbesondere die Genehmigung durch die Gesellschaft, geknüpft sein.

--> **LE 69**

unbeschränkt/solidarisch
alle (Gesellschafter)

LE 47

3.2. Ursachen

3.2.1. Wachstum und Kapitalbeschaffung

Expandiert z. B. eine Unternehmung stark, so muß das Kapital den veränderten Bedürfnissen angepaßt werden.

Beispiel:
Die Puma AG, Herzogenaurach, entstand durch Umwandlung aus einer KG. Bezweckt wurde damit, den im Zuge des Unternehmenswachstums steigenden Finanzierungsbedarf zu decken.

Hier war also das .... der Unternehmung die Ursache zur Umwandlung.

--> LE 48

LE 54

4.2. Verfahren

4.2.1. Kapitalerhöhung bei Einzelunternehmung und Personengesellschaften

4.2.1.1. Selbstfinanzierung

Bei der Selbstfinanzierung (auch Innenfinanzierung genannt) werden Teile des Unternehmensgewinns in der Unternehmung belassen.

Da Einzelunternehmungen und Personengesellschaften ein veränderliches Eigenkapitalkonto führen, werden diese nicht aus der Unternehmung entnommenen Gewinnteile am Ende eines Geschäftsjahres auf das .... gebucht.

--> LE 55

LE 62

Den Aktionären wächst mit einer Gratisaktie kein neues Vermögen zu, denn die Gratisaktien repräsentieren aufgelöste Rücklagen. Diese aber kann man als nicht ausgeschüttete Gewinne früherer Jahre begreifen, die ohnehin den Aktionären zustehen.

Außerdem fällt durch die Ausgabe von neuen Aktien der Kurs der alten Aktien, weil sich das Eigenkapital der AG (Grundkapital + Rücklagen) nun auf eine größere Zahl von Aktien verteilt.

--> LE 63

LE 69

Wie bei der Aktiengesellschaft ist aber auch bei der GmbH wegen ihrer Eigenschaft als Kapitalgesellschaft und juristische Person (vgl. LE 67) *keine* Auseinandersetzung im eigentlichen Sinn erforderlich.

Das Ausscheiden eines Gesellschafters erfolgt im Wege der Veräußerung seines Geschäftsanteils.

Daher spricht man in der Betriebswirtschaftslehre in der Regel nur bei Ausscheiden eines Gesellschafters aus einer ....-gesellschaft von einer Auseinandersetzung.

--> LE 70

Wachstum

LE 48

3.2.2. Schrumpfung

Es kann auch bei Verkleinerung einer Unternehmung zu einer Umwandlung kommen. Der Grund dafür könnte beispielsweise in der Beseitigung der kostspieligen, wegen des veränderten Kapitalbedarfs aber nicht mehr notwendigen Organisationsstruktur liegen.

Beispiel:

Ein Textilbetrieb in der Rechtsform einer AG mußte wegen starker ausländischer Konkurrenz die Produktion einstellen. Die Unternehmensleitung beschloß daraufhin die Umwandlung in eine GmbH, die sich nur noch als Vermögensverwaltungsgesellschaft betätigen sollte.

Die kostspielige Organisationsstruktur der AG war wegen der .... der Unternehmung nicht mehr notwendig, deshalb wurde in eine GmbH umgewandelt.

--> **LE 49**

Eigenkapitalkonto

LE 55

4.2.1.2. Zusätzliche Kapitaleinlagen

Zusätzliches Kapital kann bei einer Personengesellschaft entweder

- durch Aufstockung der Gesellschaftsanteile (Zuzahlung der Gesellschafter aus privaten Mitteln) oder
- durch Aufnahme neuer Gesellschafter

beschafft werden. Vor allem die Aufnahme neuer Gesellschafter bringt eine Reihe von Problemen mit sich. So ist z. B. zu prüfen, welche Auswirkungen eine Verschiebung der Anteilsverhältnisse auf die Meinungsbildung innerhalb der Gesellschaft (z. B. auf die Geschäftsführung) hat oder wie im Falle einer Liquidation der Gesellschaft die stillen Reserven aufzuteilen sind, wenn ein Teil schon vor Eintritt der neuen Gesellschafter vorhanden war.

Oben erwähnte Möglichkeiten gelten natürlich auch für die Einzelunternehmung: Der Einzelunternehmer kann Privatvermögen in die Unternehmung einbringen oder einen Gesellschafter aufnehmen, wodurch allerdings aus der Einzelunternehmung eine .... wird.

--> **LE 56**

LE 63

5. Fusion

5.1. Definition

Unter Fusion (Verschmelzung) wird ein *Konzentrationsvorgang* verstanden, bei dem wenigstens *eine* Unternehmung als rechtliche und wirtschaftliche Einheit untergeht: Zwei Vermögensmassen werden zu einer einzigen verschmolzen, zwei Bilanzen zu einer zusammengefaßt usw. Wir hatten diese Vereinigung in unserer Systematik des Kapitels K 6/1 "Unternehmenszusammenschlüsse" als Zusammenschluß der Stufe 3 bezeichnet (vgl. LE 13 und LE 14, S. 191 f.).

Eine Fusion liegt beispielsweise vor, wenn die Aktiengesellschaften A und B in der Weise verschmelzen, daß sowohl A als auch B ihr Vermögen und ihre Schulden auf die neu gegründete Gesellschaft C übertragen, wobei die A- und B-Aktionäre mit .... entschädigt werden.

Die Fusion bei Personenunternehmungen weist rechtlich wie wirtschaftlich weniger Probleme als die von Kapitalgesellschaften auf. Letztere bedarf einer genauen Regelung.

--> LE 64

Personen(gesellschaft)

LE 70

6.2. Verfahren

Wenn der Gesellschaftsvertrag keine anderen Vereinbarungen enthält, ist eine Personengesellschaft beim Ausscheiden eines Gesellschafters aufzulösen, d. h. zu liquidieren. (Wir werden uns später mit der Liquidation einer Unternehmung befassen.)

Ausnahme: Beim Tod eines Kommanditisten geht seine Beteiligung in das Eigentum der Erben über.

Meist wird jedoch der Gesellschaftsvertrag den Fortbestand der Unternehmung vorsehen und dann das Ausscheiden eines Gesellschafters eine Auseinandersetzung bedingen. In einem solchen Fall muß zur Ermittlung des Wertes der Beteiligung des Ausscheidenden das Vermögen der Gesellschaft abgerechnet werden.

--> LE 71

Schrumpfung

LE 49

3.2.3. Risikominderung durch Haftungsbeschränkung

Wollen z. B. *einige* Gesellschafter der OHG nicht mehr unbeschränkt haften, muß die Rechtsform gewechselt werden, da die Haftung in einer OHG nicht eingeschränkt werden kann. Es liegt nahe, die OHG in eine .... umzuwandeln.

--> **LE 50**

Personengesellschaft

LE 56

4.2.2. Kapitalerhöhung bei Kapitalgesellschaften

Bei den Kapitalgesellschaften ist die Kapitalerhöhung an bestimmte Formvorschriften gebunden. Wir werden in der Folge die wichtigsten besprechen, ohne jedoch auf Details eingehen zu können. Es ist außerdem der Hinweis notwendig, daß zwar einige Unterschiede zwischen GmbH und AG bestehen, diese jedoch im folgenden nicht behandelt werden.

Es werden meist die folgenden beiden Arten einer Kapitalerhöhung unterschieden:

- effektive Kapitalerhöhung,
- nominelle Kapitalerhöhung.

--> **LE 57**

C-Aktien

LE 64

5.2. Verfahren

- *Verschmelzungsvertrag:* Die Bevollmächtigten der fusionierten Gesellschaften müssen einen Verschmelzungsvertrag ausarbeiten, der einer notariellen Beurkundung bedarf.

- *Beschlußfassung:* Eine Fusion ist nur dann zulässig, wenn die Gesellschafter (bei AG: Hauptversammlung, bei GmbH: Gesellschafterversammlung) der beteiligten Gesellschaften sie mit Dreiviertelmehrheit des bei der Beschlußfassung vertretenen Kapitals beschließen. Hier erkennen wir erneut, welche Bedeutung einer Dreiviertelmehrheit zukommt. Erinnern Sie sich noch, in welchem Zusammenhang wir uns damit schon befaßt haben?

....

- *Kapitalerhöhung:* Da die aufnehmende Gesellschaft die Gesellschafter der übertragenden Gesellschaft "entschädigen" muß, ist gewöhnlich eine Kapitalerhöhung erforderlich.

--> LE 65

LE 71

Das schwierigste Problem in diesem Zusammenhang ist die Bewertung des Anteils. Der Wert ist nicht unmittelbar aus der Bilanz zu ersehen, da diese evtl. vorhandene .... Reserven nicht ausweist.

Je nach den Vertragsbestimmungen kann es notwendig werden, zunächst den Wert der Unternehmung als Ganzes zu bestimmen, um von dort auf den Wert des Anteils zurückzuschließen. Mit den dabei auftauchenden Problemen werden wir uns im Kapitel "Wert und Bewertung der Unternehmung" beschäftigen.

--> LE 72

Kommanditgesellschaft (KG)

LE 50

3.2.4. Veränderung der Anteilsverhältnisse

Tritt in der Zusammensetzung der Gesellschafter eine Änderung ein, so kann es auch zu einem Rechtsformwechsel kommen.

Beim Tod eines Gesellschafters einer OHG treten die Erben dieses Gesellschafters oftmals als Kommanditisten in die Gesellschaft ein, da man ihnen nicht die Übernahme der Haftung und/oder die Geschäftsführung zumuten kann. Die Gesellschaft wechselt ihre Rechtsform und wird zur ....

--> LE 51

LE 57

4.2.2.1. Effektive Kapitalerhöhung durch Ausgabe junger Aktien

Die Aktiengesellschaft gibt neue ("junge") Aktien aus und erhöht ihr Grundkapital. Dabei ist zu beachten, daß sich Verschiebungen der Wert- und Stimmrechtsverhältnisse ergeben. Mit ihnen wollen wir uns im folgenden befassen.

Fall 1: *Bezugsrecht*

Der Börsenkurs einer Aktie wird u. a. von den Rücklagen und stillen Reserven der Gesellschaft bestimmt. Werden im Rahmen einer Kapitalerhöhung neue Aktien, z. B. zum Nennwert, ausgegeben, so partizipieren die neuen Aktionäre an den bisherigen Rücklagen und der Börsenkurs wird höher als der Ausgabekurs der jungen Aktien. Umgekehrt sinkt der Kurs der alten Aktien.

Damit die bisherigen Aktionäre keinen Schaden erleiden, erhalten sie "Bezugsrechte" für die jungen Aktien. Diese Bezugsrechte können sie entweder selbst zum Kauf neuer Aktien verwenden oder aber auch an andere Interessenten verkaufen.

--> LE 58

Bei der Konzernbildung (vgl. Kap. 6/2, LE 61)

LE 65

6. Auseinandersetzung

6.1. Definition

Unter Auseinandersetzung ist das *Ausscheiden* von einem oder mehreren an einer Unternehmung Beteiligten bei *Fortsetzung der Unternehmung* durch den oder die verbleibenden Gesellschafter zu verstehen. Verbunden mit der Auseinandersetzung ist eine *Abrechnung* über das Vermögen der Gesellschaft.

Was könnte Ihrer Meinung nach zu einem Ausscheiden eines Gesellschafters führen?

Versuchen Sie aufgrund Ihres Wissens mindestens zwei Gründe anzuführen, und vergleichen Sie dann mit LE 66!

- ....

- ....

--> LE 66

---

stille (Reserven)

LE 72

Im Rahmen einer Auseinandersetzung stellt der ausscheidende Gesellschafter seine Gesellschaftsanteile zur Verfügung. Seine Beteiligung (einschließlich der anteiligen stillen Reserven) kann ihm in Form von

- Bargeld und/oder
- anderen materiellen Vermögensteilen der Unternehmung und/oder
- Forderungen und/oder
- immateriellen Werten (Patenten u. dgl.)

zurückerstattet werden.

--> LE 73

Kommanditgesellschaft (KG)

LE 51

3.3. Arten

3.3.1. Formwechselnde Umwandlung

Bei der formwechselnden Umwandlung bleibt die *wirtschaftliche Identität* der Unternehmung *erhalten*, es wird nur der rechtliche Rahmen gewechselt. Vermögen und Gesellschafterkreis ändern sich nicht, von evtl. kleineren Modifikationen, wie etwa dem Ausscheiden eines Strohmannes, abgesehen.

Beispiel:

Bei der Umwandlung einer AG in eine GmbH bleibt die Kapitalgesellschaft, also eine Gesellschaft mit eigener .... erhalten.

--> LE 52

LE 58

Vereinfachtes Beispiel:

Es werden 10.000 neue Aktien zum Nennwert ausgegeben.

Nennwert einer Aktie:	50 DM
Börsenkurs:	180 DM
Grundkapital vor Kapitalerhöhung:	2,0 Mio. DM (40.000 Aktien zu 50 DM)
Börsenkurswert der Unternehmung:	7,2 Mio. DM (40.000 x 180 DM)
Kapitalerhöhung (neu eingezahlt):	0,5 Mio. DM (10.000 junge Aktien zu 50 DM)
Neuer Gesamtwert:	7,7 Mio. DM (7,2 + 0,5 Mio. DM)
Neuer Wert pro Aktie:	154 DM (7,7 Mio. DM verteilt auf 50.000 Aktien)
Wert des Bezugsrechts je alte Aktie:	180 - 154 = 26 DM

Für den Kauf einer neuen Aktie sind in unserem Beispiel vier Bezugsrechte erforderlich, weil 40.000 alten 10.000 neue Aktien gegenüberstehen.

Wieviel muß ein neuer Aktionär demnach für eine Aktie bezahlen?

.... DM

--> LE 59

LE 66

Neben dem Fall, daß ein Gesellschafter stirbt oder freiwillig ausscheidet, z. B. weil er eine neue Unternehmung gründen möchte, gibt es auch den, daß ein Mitinhaber aufgrund eines gerichtlichen Urteils die Gesellschaft verlassen muß. Diese Situation kann eintreten, wenn ein Gesellschafter durch sein persönliches Auftreten oder kaufmännische Maßnahmen der eigenen Unternehmung Schaden zufügt und daraufhin seine Partner das Gerichtsurteil erwirken.

Was geschieht, wenn ein Anteilseigner einer AG "ausscheiden" will?

....

Vergleichen Sie bitte mit LE 67!

--> LE 67
Seite 290

LE 73

6.3. Folgen des Ausscheidens eines Gesellschafters

Scheidet ein Gesellschafter durch Tod oder Kündigung des Gesellschaftsvertrages oder Ausschluß aus, gehen seine Mitarbeit und seine *Kapitaleinlagen* für die Gesellschaft verloren.

Der Verlust der Kapitaleinlage (also die Schmälerung des *finanziellen* Fundaments) kann dann vermieden werden, wenn der kündigende Gesellschafter bereit ist, seinen Kapitalanteil in Form eines *Darlehens* der Unternehmung weiter zur Verfügung zu stellen, oder ein anderer Gesellschafter die Nachfolge antritt.

--> Zwischentest
Seite 304

Rechtspersönlichkeit

LE 52

3.3.2. Übertragende Umwandlung

Bei der übertragenden Umwandlung findet formal eine *Vermögensübertragung* zwischen zwei Rechtsträgern statt. Es bestehen vorübergehend zwei Gesellschaften, die übertragende und die übernehmende. Dieser Sachverhalt liegt z. B. bei der Umwandlung einer Gesellschaft mit eigener Rechtspersönlichkeit in eine ohne eigene Rechtspersönlichkeit vor.

Versuchen Sie nun, den wesentlichen Unterschied zwischen formwechselnder und übertragender Umwandlung herauszuarbeiten.

- Formwechselnde Umwandlung: ....

....

....

- Übertragende Umwandlung: ....

....

....

--> **LE 53**
Seite 291

---

154 DM (4 x 26 + 50)

LE 59

Fall 2: *Mehrheitsaktionär*

Ein Großaktionär hält 51 % des Grundkapitals einer AG. Es wird eine Kapitalerhöhung erforderlich. Der Großaktionär ist nicht in der Lage neue Aktien zu erwerben. Er würde daher nach der Kapitalerhöhung keine Mehrheit mehr besitzen.

In einem solchen Fall werden häufig *Vorzugsaktien* ausgegeben, d. h., diese Aktien werden bei der Gewinnausschüttung bevorzugt behandelt (z. B. in Form von höheren Dividendenzahlungen). Die neuen Aktionäre verzichten dafür auf ihr Stimmrecht. (So betrachtet, könnte man die Vorzugsaktien auch "Nachteilsaktien" nennen.)

Beispiel: Als die Henkel KGaA, eine typische Familiengesellschaft, im Jahr 1985 an die Börse ging, erhielten die Familienmitglieder weitere stimmberechtigte Stammaktien, fremde Aktionäre hingegen stimmrechtslose Vorzugsaktien, die mit einer etwas höheren Dividende bedient werden.

--> **LE 60**
Seite 290

Zwischentest

1. Welche Umwandlungsmotive kennen Sie?
   - ....
   - ....
   - ....

2. Welche Merkmale können sich bei einer Umwandlung ändern?
   - ....
   - ....
   - ....
   - ....

3. Welche beiden Arten der Kapitalerhöhung bei Aktiengesellschaften haben wir unterschieden?
   - ....
   - ....

4. Wann kommt es bei einer Kapitalgesellschaft zu einer Überschuldung?

5. Warum ist keine Auseinandersetzung im eigentlichen Sinn erforderlich, wenn ein Aktionär aus einer AG oder ein GmbH-Gesellschafter aus einer GmbH ausscheidet?

K 8/4 - Lebensabschnitte der Unternehmung
Besondere Finanzierungsvorgänge Teil 4

Lebensabschnitte der Unternehmung
Besondere Finanzierungsvorgänge

Teil 4: Sanierung, Vergleich, Konkurs, Liquidation

	LE/S.
7. Sanierung	74/307
7.1. Definition	74/307
7.2. Symptome	75/309
7.3. Verfahren	78/315
7.3.1. Bereinigung des Bilanzgerüstes	79/317
7.3.2. Verbesserung der Liquidität/Zuführung neuen Kapitals	80/319
7.3.3. Veränderungen in Führung und Organisation	81/321
8. Vergleich	82/307
8.1. Definition	85/315
8.2. Arten	86/317
8.2.1. Nach dem Inhalt	86/317
8.2.2. Nach der Abwicklung	87/319
8.3. Verfahren	89/323
8.3.1. Außergerichtlicher Vergleich	89/323
8.3.2. Gerichtlicher Vergleich	89/323
9. Konkurs	93/318
9.1. Definition	93/318
9.2. Verfahren	94/320
10. Liquidation	104/322
10.1. Definition	104/322
10.2. Verfahren	106/325
Zwischentest	326
Literaturverzeichnis	328

LE 74

7. Sanierung

7.1. Definition

Unter Sanierung im *weiteren Sinn* versteht man alle Maßnahmen organisatorischer und finanzieller Natur, die zur Gesundung einer kranken Unternehmung führen sollen.

Unter Sanierung im *engeren Sinn* begreift man nur die finanziellen Maßnahmen zur Wiederherstellung der Zahlungsbereitschaft und zur Tilgung der Schulden.

Wenn Sie keine Grundkenntnisse der Buchhaltung und Bilanzierung besitzen, können Sie die Abschnitte 7.2 und 7.3. (LE 75 - LE 80) nicht problemlos verstehen. Sie sollten diese dann nur durchlesen, nicht durcharbeiten.

--> LE 75

LE 82

8. Vergleich

Beispiel: Seit geraumer Zeit werden aus Asien billige Textilerzeugnisse in die Bundesrepublik Deutschland importiert. Durch diese harte ausländische Konkurrenz ist die Textilunternehmung Franz Schmidt, St. Jakob, in Zahlungsschwierigkeiten geraten.

Nur mit Mühe kann Schmidt seine Erzeugnisse absetzen. Er konnte wohl Löhne und Steuern pünktlich zahlen, hat jedoch gegenüber seinen Gläubigern F. Schiller und P. Mahler fällige Zahlungsverpflichtungen von zusammen 300.000 DM.

Schmidt lädt die Gläubiger zu einer Besprechung ein, in der er auf seine Lage hinweist. Er legt ihnen dar:

Vermögensteile		Berechtigte	
Gebäude	500.000 DM	Kapital	600.000 DM
Maschinen	280.000 DM	Verbindl. Schiller	200.000 DM
Warenvorräte	100.000 DM	Verbindl. Mahler	100.000 DM
Barmittel	20.000 DM		
Summe	900.000 DM	Summe	900.000 DM

--> LE 83

LE 90

Beispiel:

Gläubiger	X	Y	Z
Gläubigerforderung	110.000	200.000	90.000

Der Vergleichsvorschlag gilt als angenommen, wenn

- die Mehrheit der Gläubiger
- mit mindestens 75 % der Gläubigerforderungen

zustimmt.

Kann in diesem Beispiel der Vergleichsvorschlag angenommen werden, wenn die Gläubiger Y und Z zustimmen?

- Ja   --> **LE 91**

- Nein   --> **LE 92**
Seite 316

LE 97

Beispiele:

a) Frau Braun hat dem Schuldner ihren Lkw *geliehen*. Der Lkw steht im Eigentum von Frau Braun und wird daher aus dem Konkursvermögen

    - ausgesondert ....
    - abgesondert ....

b) Das Verwaltungsgebäude des Schuldners ist durch eine Bank hypothekarisch belastet. Die Bank kann die gesonderte Befriedigung aus dem Erlös verlangen, der bei einer Zwangsversteigerung für das Gebäude erzielt wird.

    Welcher Sachverhalt liegt vor?

        - Aussonderung ....
        - Absonderung ....

Kreuzen Sie bitte die entsprechenden Punkte an.

--> **LE 98**

LE 75

7.2. Symptome

Die Sanierungsbedürftigkeit ist an Zahlungsschwierigkeiten erkennbar und (oder) drückt sich in fortlaufenden Verlusten aus.

Bei einer Einzelunternehmung wie bei Personengesellschaften werden diese Verluste formlos vom Eigenkapitalkonto abgebucht.

Komplizierter ist das Verfahren bei Kapitalgesellschaften. Dem wollen wir uns in der Folge zuwenden.

--> LE 76

LE 83

Schmidt besitzt zwar ein Vermögen (= Reinvermögen nach Abzug der Schulden) von 600.000 DM, aber größtenteils nicht in bar. Er müßte seinen Betrieb liquidieren, falls seine Gläubiger auf Zahlung bestünden.

Eine Liquidation würde aber größere Verluste bringen, z. B. weil Schmidt unter Zeitdruck seine Vermögensgegenstände nicht zu den Preisen veräußern könnte, die unter normalen Umständen zu erzielen wären.

--> LE 84
Seite 313

LE 91

Die erste Bedingung "Zustimmung der Mehrheit der Gläubiger" ist erfüllt, da Y und Z zustimmen.

Wie steht es nun mit der zweiten Bedingung?

Die Forderungen von Y und Z betragen zusammen 290.000 DM, d. h., die erforderlichen .... % der Gesamtforderungen, also 300.000 DM, werden nicht erreicht. Der Vergleich kann daher nicht angenommen werden.

--> LE 93
Seite 318

Lkw: ausgesondert
Gebäude: Absonderung

LE 98

Nach der Aus- und Absonderung sind bei der Verteilung der Konkursmasse zunächst die *Masseschulden*, die *Massekosten* und die *"bevorrechtigten" Forderungen* zu berücksichtigen. Erst dann erfolgt die Befriedigung der nicht bevorrechtigten Gläubiger.

Unter *Masseschulden* versteht man jene Zahlungsverpflichtungen (Schulden), die durch Maßnahmen des Konkursverwalters entstanden sind. Außerdem fallen hierunter auch noch nicht gezahlte Löhne und Gehälter, soweit diese Verbindlichkeiten bei Konkurseröffnung nicht älter als sechs Monate sind.

Massekosten entstehen durch die Abwicklung des Konkurses (z. B. Kosten des Gerichtes).

Bevorrechtigte Forderungen sind insbesondere Löhne bzw. Gehälter, soweit diese Verbindlichkeiten bei Konkurseröffnung älter als sechs Monate sind, Beiträge zur Sozialversicherung und Steuern.

--> LE 99

LE 76

Die Kapitalgesellschaften müssen aufgrund des in seiner Höhe fixen Grund- bzw. Stammkapitals die Position *Bilanzverlust* ausweisen, wenn die Rücklagen aufgezehrt sind.

Der gesamte aufgelaufene Verlust ist als negativer Teil des Eigenkapitals auf der Passivseite der Bilanz aufzuführen (Position "Bilanzverlust"). Wenn der Gesamtverlust größer als das Eigenkapital ist, muß der das Eigenkapital übersteigende Betrag am Ende der Aktivseite der Bilanz als "*Nicht durch Eigenkapital gedeckter Fehlbetrag*" ausgewiesen werden, damit die Bilanzgleichung erfüllt bleibt. In diesem Fall sind die Schulden der Unternehmung höher als das gesamte Vermögen; man spricht dann von einer *Überschuldung*, und es muß ein Konkurs- oder gerichtliches Vergleichsverfahren eröffnet werden.

Beispiel: Bilanz der Firma Trostlos AG (in 1.000 DM)

AKTIVA		PASSIVA	
Anlagevermögen	1.000	Grundkapital	2.000
Umlaufvermögen	500	Bilanzverlust (soweit durch Grundkapital gedeckt)	?
Nicht durch Eigenkapital gedeckter Fehlbetrag	?	Schulden	1.800

Der gesamte Verlust beträgt 2,3 Millionen DM.

1. Wie hoch ist der ausgewiesene Bilanzverlust? .... TDM

2. Wie hoch ist der nicht durch Eigenkapital gedeckte Fehlbetrag? .... TDM

3. Addieren Sie zur Probe die beiden Bilanzseiten:
Die Bilanzsumme beträgt .... TDM

--> **LE 77**

LE 99

Beispiel:

Beim Konkurs der Feierabend GmbH stellt der Konkursverwalter unter anderem folgende Positionen fest:

Die vorläufig verteilbare Konkursmasse wurde auf 105.000 DM geschätzt.

Es sind folgende Verbindlichkeiten vorhanden:

1. Körperschaftsteuer	40.000 DM
2. Noch nicht gezahlte Löhne und Gehälter aus dem letzten Monat	45.000 DM
3. Rechnung der Autosattlerei Plüsch, bei der der Konkursverwalter den Direktionswagen neu polstern ließ, um ihn günstiger verkaufen zu können	2.000 DM
4. Sozialabgaben	5.000 DM
5. Gebühren für die Tätigkeit des Konkursverwalters	8.000 DM
6. Offene Lieferantenrechnungen	50.000 DM

Aufgaben:

1. In welche der in LE 98 behandelten Kategorien sind die sechs Posten einzuordnen?

   1. ....
   2. ....
   3. ....
   4. ....
   5. ....
   6. ....

2. Können alle Forderungen erfüllt werden?

   - Ja
   - Nein

Begründung: ....
....

--> LE 100

- 2.000 (TDM)
  300 (TDM)
1.800 (TDM)

LE 77

Nun wollen wir noch einen Grenzfall betrachten:

Beispiel: Bilanz der Firma Pech GmbH (in 1.000 DM)

AKTIVA		PASSIVA	
Anlagevermögen	1.300	Stammkapital	2.000
Umlaufvermögen	700	Bilanzverlust	- 2.000
		Schulden	2.000

Liegt eine Überschuldung vor?   - Ja
                                                  - Nein ....

Begründung: ....

....

--> LE 78

LE 84

Schmidt schlägt seinen Gläubigern daher folgendes vor: Sie mögen ihm 20 % der Schuld erlassen. Mit den restlichen 80 % würde er wie folgt verfahren: Die Hälfte zahle er binnen vier Wochen (nach Verkauf von Vorräten und einer Maschine), die übrigen 40 % nach einem Jahr.

Die Gläubiger nehmen diesen Vorschlag an.

Da sich Gläubiger und Schuldner *freiwillig* geeinigt haben, nennt man solche Vereinbarungen einen .... Vergleich.

--> LE 85

1. 1. Bevorrechtigte Forderung
   2. Masseschulden
   3. Masseschulden
   4. Bevorrechtigte Forderung
   5. Massekosten
   6. Nicht bevorrechtigte Forderung

2. Nein, die Lieferantenverbindlichkeiten können nur bis zu einem Betrag von 5.000 DM beglichen werden.

LE 100

Ist die Konkursmasse verwertet, kommt es zu einer Schlußverteilung, die an die Genehmigung des Gerichtes gebunden ist.

Bei einem Konkurs werden oft Vermögenswerte verschleudert. Ein Gut ist meist innerhalb einer Unternehmung mehr wert, als wenn es isoliert verkauft wird. Dies ist um so mehr der Fall, je besser die einzelnen Vermögensteile aufeinander abgestimmt sind (insbesondere bei hochautomatisierten Werken) und je mehr die Unternehmung ein integriertes System darstellt (z. B. im Zusammenhang mit integrierter Datenverarbeitung). Ein besonders krasses Beispiel sind Fertigungsbetriebe, die ihre betriebswirtschaftliche und technische Datenverarbeitung eng miteinander verzahnt und damit zahlreiche Rechenanlagen sowie Fertigungsautomaten miteinander integriert haben ("Computer Integrated Manufacturing", CIM).

Der Konkurs wird deshalb auch als die "teuerste Form der Schuldentilgung" verstanden.

Weil die Erlöse für die aus dem Betriebszusammenhang herausgerissenen Gegenstände des Anlage- und Umlaufvermögens oft verhältnismäßig niedrig sind und vor allem die größeren Gläubiger unter die Lieferanten sowie die Banken ihre Forderungen immer sorgfältiger durch Pfandrechte, Eigentumsvorbehalte u. ä. absichern, bleibt nach den Aus- und Absonderungen, nach der Bezahlung der Masseschulden und -kosten sowie nach dem Begleichen der bevorrechtigten Forderungen sehr oft für die nicht bevorrechtigten Gläubiger nichts mehr übrig. Die durchschnittlichen Forderungsausfälle der nicht bevorrechtigten Gläubiger lagen in den letzten Jahren über 90 %.

Geschädigt sind dann meistens die kleinen Gläubiger, beispielsweise Handwerksbetriebe, die nicht jede Forderung aus Warenlieferungen und Dienstleistungen, wie sie im laufenden Geschäftsverkehr mit ihren Kunden anfallen, umständlich .... können.

--> LE 101

Nein
Begründung: Das Vermögen (2.000) deckt noch die Schulden (2.000).

LE 78

7.3. Verfahren

Eine Sanierung besteht in der Praxis meist aus folgenden drei Aktivitäten:

- das *Bilanzgerüst* wird in Ordnung gebracht,

- neues *Kapital* wird zugeführt,

- Veränderungen der *Führung und Organisation* werden getroffen.

--> LE 79

---

freiwilligen

LE 85

8.1. Definition

Der Vergleich verfolgt den Zweck, durch Zugeständnisse und Teilverzichte seitens der Gläubiger eine Unternehmung vor dem finanziellen Zusammenbruch zu bewahren.

Der Vergleich stellt somit einen .... (auseinandersetzungsähnlichen/sanierungsähnlichen) Vorgang dar, wobei aber Opfer der Gläubiger verlangt werden.

Während also bei der *Sanierung* die Zuführung von neuem *Eigenkapital* eine wichtige Rolle spielt, geht es beim *Vergleich* um die Verminderung der Schuldenlast, d. h. des *Fremdkapitals*.

--> LE 86

LE 92

Richtig!

Obwohl zwei Gläubiger (Y und Z) zustimmen, machen doch die Forderungen von Y und Z nur 290.000 DM aus, was aber unter den verlangten .... % liegt.

Der Vergleich wird abgelehnt.

--> LE 93

---

absichern

LE 101

Häufig kann man unmittelbar nach der Anmeldung des Konkurses absehen, daß nicht einmal genug Vermögen vorhanden ist, die Massekosten zu decken. Dann lohnt es nicht, überhaupt einen Konkursverwalter zu bestellen, denn er könnte ja für seine Tätigkeit gar nicht bezahlt werden. In einem solchen Fall kann ein Konkurs *"mangels Masse"* nicht eröffnet werden. In den letzten Jahren ist die Zahl solcher Unternehmenszusammenbrüche rapide gestiegen.

Insgesamt wird die gesetzliche Regelung des Konkurses heute als überholt empfunden und eine Reform vorbereitet ("Konkurs des Konkurses").

--> LE 102

LE 79

7.3.1. Bereinigung des Bilanzgerüstes

Bei einer Einzelunternehmung bzw. bei Personengesellschaften wird der Verlust direkt vom Eigenkapital abgebucht. Bei Kapitalgesellschaften kann das Bilanzgerüst entweder

- durch Auflösung von Rücklagen (soweit noch vorhanden) oder

- durch eine Kapitalherabsetzung

in Ordnung gebracht werden.

Wir haben schon im Abschnitt "Kapitalerhöhung" den Grund erwähnt, warum bei den Kapitalgesellschaften keine formlose Vorgehensweise möglich ist. Der gleiche Grund trifft auch für die Kapitalherabsetzung zu. Welcher war es?

....

--> LE 80

---

sanierungsähnlichen

LE 86

8.2. Arten

8.2.1. Nach dem Inhalt

Stundungsvergleich: Die Gläubiger stunden die Zahlungen des Schuldners.

Erlaßvergleich: Unter Zusicherung einer Mindestquote werden die Verpflichtungen teilweise erlassen. Die Zahlung des Restes wird nach Maßgabe der Ertragsfähigkeit in Aussicht gestellt.

Liquidationsvergleich: Die Unternehmung wird liquidiert, die Gläubiger werden anteilig nach ihren Forderungen befriedigt.

In allen Fällen wird eine Einigung erzielt:

- Bei Stundung: Einigung über einen reinen Aufschub.
- Bei Erlaß: Einigung über einen unbestimmten Aufschub nach Erlaß eines bestimmten Teiles der Schuld.
- Bei Liquidation: Einigung über die Auflösung der Unternehmung, die aber meist allmählich und nicht überstürzt erfolgt.

--> LE 87

75 (%)

LE 93

9. Konkurs

9.1. Definition

Der Konkurs ist eine *besondere Art der Liquidation* (darüber werden wir in Abschnitt 10 noch ausführlich sprechen), die dann vorgenommen wird, wenn eine Unternehmung *zahlungsunfähig* geworden ist und weder eine Sanierung noch ein Vergleich durchgeführt werden kann.

Wie wird nun rechtlich der Konkurs betrachtet?

Der Konkurs bewirkt eine zwangsweise *Auflösung* einer Unternehmung und eine unter gerichtlicher Aufsicht stehende *Auseinandersetzung* zwischen dem *Schuldner* und seinen *Gläubigern*.

Zwei Tatbestände bestimmen also den Konkurs:

- .... einer Unternehmung,

- .... zwischen dem .... und seinen Gläubigern.

--> LE 94

LE 102

Weil der Verlauf und das Ergebnis von Konkursen in vieler Hinsicht unbefriedigend sind, versuchen neben den betroffenen Unternehmen auch andere Kräfte, Konkurse zu verhindern.

Das Interesse der *Gläubiger*, einem Vergleich zuzustimmen, wenn dadurch eine Auflösung des Unternehmens verhindert werden kann, hatten wir bereits kennengelernt (vgl. LE 82 - LE 84, S. 307 ff.).

Die *Gewerkschaften* bieten im Interesse der Erhaltung von Arbeitsplätzen zuweilen ebenfalls ihre Dienste an, z. B. bei der Vermittlung neuer Kredite. Auch der *Staat* hat - beispielsweise durch Übernahme von Bürgschaften und ähnliche Maßnahmen - schon bedeutende Unternehmen vor dem Zusammenbruch bewahrt, so z. B. die Saarstahl Völklingen GmbH (siehe auch Kapitel 8/2, LE 42) und den Krupp-Konzern in Essen.

Kreditinstitute helfen zuweilen einander im Notfall, weil ein Konkurs das Vertrauen der Öffentlichkeit in die gesamte Bankwirtschaft erschüttern würde. Oder denken Sie an die Maxhütte in Sulzbach-Rosenberg, für die nur durch die Zusammenarbeit der öffentlichen Hand, des Konkursverwalters, der IG Metall, des Betriebsrates und verschiedener Stahlkonzerne eine Nachfolgelösung (sog. "Maxhütte Neu") gefunden werden konnte.

--> LE 103

Sinngemäß: Das Grund- bzw. Stammkapitalkonto der Kapitalgesellschaften ist fest, es können nicht ohne weiteres Buchungen darauf vorgenommen werden.

LE 80

7.3.2. Verbesserung der Liquidität/Zuführung neuen Kapitals

Ist das Bilanzgerüst in Ordnung gebracht, besteht die Notwendigkeit, die Liquidität zu verbessern. Das geschieht in der Regel in Verbindung mit einer Zuführung neuen Kapitals. Es muß ein Kapitalgeber gefunden werden, der der Unternehmung "frisches Blut" zuführen kann.

Die Verbesserung der Liquidität kann aber auch durch Verkauf von Anlage- und Umlaufvermögen, ganzen Unternehmensteilen bzw. Tochtergesellschaften erfolgen. Beispielsweise hat der Elektrokonzern AEG im Zuge von Sanierungsmaßnahmen u. a. Anteile an so bekannten Unternehmen wie Deutsche Werft, Osram, Telefunken Computer, Kraftwerk Union, Transformatoren Union verkauft.

--> **LE 81**

LE 87

8.2.2. Nach der Abwicklung

Nach der Abwicklung unterscheidet man zwischen *außergerichtlichem* und *gerichtlichem* Vergleich, je nachdem, ob ein Gericht mitwirkt oder nicht.

Wie könnte man, nach der eben vorgenommenen Aufzählung der verschiedenen Arten, den in unserem Beispiel (LE 82 - LE 84, S. 307 ff.) gebrachten Vergleich einordnen?

- Nach dem Inhalt: - Stundungsvergleich   ....
  - Erlaßvergleich   ....
  - Liquidationsvergleich   ....

- Nach der Abwicklung: - Gerichtlicher Vergleich   ....
  - Außergerichtlicher Vergleich   ....

Kreuzen Sie bitte das Entsprechende an!

--> **LE 88**

Auflösung
Auseinandersetzung, Schuldner

LE 94

9.2. Verfahren

Das Konkursverfahren ist in der Konkursordnung geregelt, es erfaßt das gesamte Vermögen des Schuldners, die *Konkursmasse*.

Bei Einzelunternehmungen bzw. Personengesellschaften ist nur *Zahlungsunfähigkeit* Ursache für einen Konkurs. Wenn die Gesellschaft beschränkt zahlungsfähig ist, wird in der Regel kein Konkurs nötig sein. Die verschuldete Unternehmung wird versuchen, ihre Gläubiger im Wege des Vergleichs abzufinden.

Bei Kapitalgesellschaften führt schon die *Überschuldung* zur Eröffnung eines Konkursverfahrens. Eine Überschuldung im Sinne des Konkurs- und Vergleichsrechts liegt vor, wenn das Vermögen die Schulden nicht mehr deckt. Es kommt hier auch dann zur Eröffnung eines Verfahrens, wenn der Schuldner (die Kapitalgesellschaft) noch ....-fähig ist, d. h. seinen Zahlungsverpflichtungen kurzfristig nachkommen kann. (In günstigen Situationen kann an die Stelle des Konkurses ein gerichtliches Vergleichsverfahren (LE 89, S. 323) treten; diesen Fall wollen wir jedoch hier aussparen.)

--> LE 95

LE 103

Schließlich hat die Konzentrationswelle der letzten Jahre dazu geführt, daß "angeschlagene" Unternehmungen rechtzeitig an kapitalkräftige Großunternehmungen oder Konzerne verkauft und einige spektakuläre Konkurse vermieden werden konnten.

Ein Sonderfall ist der Kauf des Unternehmens durch seine bisherigen leitenden Angestellten, das sog. *Management buy out* (MBO). Diese wissen oft besonders gut, welche gravierenden Fehler der bisherige Eigentümer gemacht hatte und wie man den Betrieb wieder auf Erfolgskurs leiten kann.

Müssen die Manager den Kauf weitgehend über Kredite finanzieren, spricht man von einem leveraged MBO.

--> LE 104

LE 81

7.3.3. Veränderungen in Führung und Organisation

Schließlich müssen meist organisatorische Veränderungen getroffen werden.

Diese werden oft von personellen Konsequenzen begleitet, vor allem in der Führungsspitze. Andere Manager treten an die Spitze der Unternehmen, so daß ein "frischer Wind weht" bzw. "neue Besen" da sind, die bekanntlich gut kehren.

--> LE 82
Seite 307

Erlaßvergleich
Außergerichtlicher Vergleich

LE 88

Der Vergleich soll verhindern, daß eine Unternehmung zur Auflösung gezwungen wird, wenn sie sich nur in vorübergehenden, überwindbaren Schwierigkeiten befindet.

Bei einer überstürzten Auflösung müßten viele Vermögensteile weit unter dem Wert veräußert werden, den sie im Rahmen der Unternehmung darstellen (vgl. auch LE 100, S. 314).

Der Vergleich stellt damit insofern auch einen Vorteil für die .... (Gläubiger/Schuldner) dar, als ihre Forderungen bei Zustandekommen eines Vergleichs meist zu einem höheren Prozentsatz beglichen werden können, als dies bei der raschen Auflösung der Unternehmung der Fall sein würde.

--> LE 89

zahlungs(fähig)

LE 95

So wie bei einem gerichtlichen Vergleich ein Vergleichsverwalter bestellt wird, übernimmt diese Funktion bei einem Konkurs ein ....

Dieser nimmt das gesamte dem Schuldner gehörende Vermögen in Besitz und verwaltet es. Er hat unter anderem die Pflicht, eine Vermögensaufstellung und eine Konkursbilanz zu erstellen.

--> LE 96

LE 104

10. Liquidation

10.1. Definition

Eine Unternehmung ist nicht von "ewigem" Bestand. Hunderte von Unternehmungen werden jährlich aufgelöst, z. B. wegen schlechter Zukunftsaussichten, "Unternehmermüdigkeit" oder weil die Kinder des Unternehmers lieber Beamte werden als das anstrengende Unternehmerdasein führen wollen.

Infolge dieser Auflösung kommt es zur letzten Phase der Unternehmung, der Liquidation.

Die Liquidation besteht aus dem Verkauf aller Vermögensgegenstände und der Ausschüttung der hierbei erzielten Erlöse an die Kapitaleigner.

--> LE 105

8.3. Verfahren

8.3.1. Außergerichtlicher Vergleich

Der außergerichtliche Vergleich wird mit einzelnen Gläubigern abgeschlossen. Er ist für die übrigen Gläubiger nicht verbindlich.

8.3.2. Gerichtlicher Vergleich

Der gerichtliche Vergleich ist in der Vergleichsordnung geregelt. Ihre wichtigsten Bestimmungen sind:

1. Der Vergleichsvorschlag gilt im Normalfall als angenommen, wenn die Mehrheit der bei Gericht anwesenden Gläubiger (einschließlich der schriftlich zustimmenden) damit einverstanden ist *und* die Gesamtsumme der Forderungen der Gläubiger, die zustimmen, mindestens 75 % aller Forderungen beträgt.

2. Den Vergleichsgläubigern muß ein bestimmter Prozentsatz (mindestens 35 %) ihrer Forderungen zugesichert werden. Dieser Satz erhöht sich auf 40 %, wenn der Schuldner eine Zahlungsfrist von mehr als einem Jahr, von der Bestätigung des Vergleichs an gerechnet, beansprucht.

3. Das Gericht bestimmt einen Vergleichsverwalter und einen Vergleichstermin.

--> **LE 90**
Seite 308

Konkursverwalter

LE 96

Bei der Ermittlung der verteilbaren Konkursmasse sind folgende Posten in der angegebenen Reihenfolge auszuscheiden:

Aussonderung: Fremde Vermögensteile gehören nicht zur Konkursmasse und müssen daher ausgeschieden werden (z. B. Gegenstände, die dem Schuldner geliehen oder zur Aufbewahrung übergeben wurden).

Absonderung: Abtrennung von Vermögensteilen des Schuldners, die mit Hypotheken bzw. Pfandrechten belastet sind.

--> **LE 97**
Seite 308

LE 105

In Sonderfällen wird versucht, den rechtlichen Rahmen einer Unternehmung zu erhalten, ihn aber mit anderen Produktionsmitteln auszustatten.

Die Unternehmung versilbert das gesamte Betriebsvermögen oder einen Großteil davon, ohne jedoch ihren rechtlichen Rahmen zu wechseln.

Zum Teil wird auch der bei dieser Liquidationsart verbleibende "leere Firmenmantel" einer Unternehmung ohne materiellen Inhalt gehandelt. Dies geschieht z. B., um eine andere Unternehmung vom guten Ruf der liquidierten Unternehmung profitieren zu lassen. Ein Beispiel war der Verkauf des international bekannten Namens "Schuco" nach dem Zusammenbruch der Nürnberger Spielwarenunternehmung an einen englischen Interessenten.

--> **LE 106**
Seite 325

LE 106

10.2. Verfahren

Die Eröffnung der Liquidation geschieht bei Personengesellschaften z. B.

- durch Gesellschafterbeschluß,

- durch gerichtliche Entscheidung,

- durch den Tod oder die Kündigung eines Gesellschafters (es sei denn, der Gesellschaftsvertrag bestimmt etwas anderes) oder

- durch den Konkurs über das Vermögen eines Gesellschafters oder der Gesellschaft.

Bei Kapitalgesellschaften erfolgt die Liquidation insbesondere durch Ablauf der in der Satzung oder dem Gesellschaftsvertrag bestimmten Zeit, durch Eröffnung des Konkursverfahrens oder durch qualifizierten Beschluß (mindestens Dreiviertelmehrheit) der Hauptversammlung bzw. Gesellschafterversammlung.

--> **Zwischentest
Seite 326**

Zwischentest

1. In welchen Phasen verläuft in der Praxis die Sanierung?

   - ....

   - ....

   - ....

2. Welche Tatbestände können zur Eröffnung eines Konkursverfahrens führen?

   - Einzelunternehmungen und
     Personengesellschaften: ....

   - Kapitalgesellschaften: ....

3. Die Abtrennung fremden Vermögens aus der Konkursmasse nennt man

   - Absonderung   ....

   - Aussonderung   ....

4. Die Abtrennung von Vermögensteilen, die durch Pfand oder Hypothek belastet sind, bezeichnet man als

   - Absonderung   ....

   - Aussonderung   ....

5. Eine verschuldete OHG strebt einen Vergleich an. Es sind folgende Gläubigerforderungen vorhanden:

           A: 90.000 DM
           B: 180.000 DM
           C: 70.000 DM

   A und C stimmen dem Vergleich zu. Gilt er als angenommen?

       - Ja   ....
       - Nein   ....

6. Stellen Sie fest, ob es aufgrund der folgenden Bilanz einer AG zu einer Konkurseröffnung (oder einem gerichtlichen Vergleichsverfahren) kommt oder nicht.

AKTIVA		PASSIVA			
Anlagevermögen	6	Kapital	3	- Ja	
Umlaufvermögen	4	Bilanzverlust	-2		
		Schulden	9	- Nein	....

Begründung:

--> **Literaturverzeichnis**

Literaturverzeichnis

LV 1 - Albach, H., Zur Theorie des wachsenden Unternehmens, in: Krelle, W. (Hrsg.), Theorien des einzelwirtschaftlichen und des gesamtwirtschaftlichen Wachstums, Band 34 der Schriften des Vereins für Sozialpolitik, Berlin 1965.

LV 2 - Albach, H., Kritische Wachstumsschwellen in der Unternehmensentwicklung, Zeitschrift für Betriebswirtschaft 46 (1976), S. 683 ff.

LV 3 - Albach, H., Kritische Wachstumsschwellen in der Unternehmensentwicklung, Stuttgart 1985.

LV 4 - Baur, W., Sanierungen, 2. Aufl., Wiesbaden 1979.

LV 5 - Beckmann, L. und Pausenberger, E., Gründungen, Umwandlungen, Fusionen, Sanierungen, Wiesbaden 1961.

LV 6 - Bellinger, B., Gründung, in: Grochla, E. und Wittmann, W. (Hrsg.), Handwörterbuch der Betriebswirtschaft, 4. Aufl., Stuttgart 1974, Sp. 1722 ff.

LV 7 - Bussmann, K.F., Finanzierungsvorgänge, München 1955.

LV 8 - Hahn, O., Finanzwirtschaft, 2. Aufl., Landsberg/Lech 1983.

LV 9 - Heigl, A. und Woltmann, A., Umwandlung, in: Grochla, E. und Wittmann, W., Handwörterbuch der Betriebswirtschaft, 4. Aufl., Stuttgart 1976, Sp. 4017 ff.

LV10 - Kieser, A., Wachstum und Wachstumstheorien, in: Grochla, E. und Wittmann, W. (Hrsg.), Handwörterbuch der Betriebswirtschaft, 4. Aufl., Stuttgart 1976, Sp. 4301 ff.

LV11 - Martin, A., Management buy out, WiSt 5 (1988), S. 247 ff.

LV12 - Schneider, S., Investition und Finanzierung, 6. Aufl., Wiesbaden 1989.

LV13 - Senftner, G., Henze, M., Triller, H. und Hünerkopf, H., Wie gründet man eine Gesellschaft m.b.H. 23. Aufl., Heidelberg 1986.

LV14 - Steinmann, H., Das Großunternehmen im Interessenkonflikt, Stuttgart 1969.

LV15 - Süchting, J., Finanzmanagement, 5. Aufl., Wiesbaden 1989.

LV16 - Szyperski, N., Kritische Punkte der Unternehmensentwicklung, Zeitschrift für betriebswirtschaftliche Forschung 27 (1975), S. 366 ff.

LV17 - Szyperski, N. und Nathusius, K., Probleme der Unternehmensgründung, Stuttgart 1977.

LV18 - Thompson, A.A., Corporate Bigness - For better or for worse?, Sloan Management Review 17 (1975) 1, S. 37 ff.

LV19 - Vormbaum, H., Finanzierung der Betriebe, 7. Aufl., Wiesbaden 1986.

LV20 - Zahn, E., Das Wachstum industrieller Unternehmen, Wiesbaden 1971.

K 9 – Wert und Bewertung der Unternehmung

Wert und Bewertung der Unternehmung

	LE/S.
1. Wesen der Unternehmensbewertung.	1/331
2. Prinzipien der Unternehmensbewertung.	2/333
2.1. Werteinheit	3/337
2.2. Zukunftsbezogenheit	4/339
2.3. Berücksichtigung der Zeitstruktur von Zahlungsströmen	5/341
3. Substanzwert der Unternehmung	6/345
4. Zukunftserfolgswert der Unternehmung.	10/333
4.1. Parameter des Zukunftserfolgswertes	12/337
4.1.1. Zukunftserfolge	12/337
4.1.2. Kapitalisierungszinsfuß	13/339
4.1.3. Erfolgsdauer	13/339
4.2. Ertragswertmethode.	14/341
5. Berücksichtigung der Unsicherheit bei der Parameterschätzung	16/345
5.1. Modifikation der Parameter.	17/347
5.2. Verwendung von Hilfsgrößen.	21/336
5.2.1. Substanzwert als Hilfsgröße	21/336
5.2.2. Substanzwert und Geschäftswert als Hilfsgrößen	26/346
5.2.3. Börsenkurswert als Hilfsgröße	29/334
6. Subjektive Elemente in der Unternehmensbewertung.	30/336
7. Strategischer Unternehmenswert	32/340
8. Verhältnis von Wert und Preis der Unternehmung.	36/348
Zwischentest	351
Literaturverzeichnis	352

LE 1

1. Wesen der Unternehmensbewertung

Die Unternehmensbewertung, d. h. die Ermittlung des Wertes einer ganzen Unternehmung, ist eine *aperiodische Rechnung*.

Sie erfolgt also nicht in regelmäßigen zeitlichen Abständen, sondern dann, wenn außergewöhnliche Finanzierungsfälle, insbesondere Kauf und Verkauf der ganzen Unternehmung, Fusion, Auseinandersetzung, Aufnahme neuer Gesellschafter, auftreten. Auch zur Berechnung der Abfindungsansprüche von Aktionären - etwa beim Abschluß von Beherrschungsverträgen (vgl. LE 55, S. 235) - ist eine Unternehmensbewertung erforderlich.

In der Theorie wird die Unternehmensbewertung als *Spezialfall der Investitionsrechnung* betrachtet (man investiert in eine ganze Unternehmung wie sonst in eine Maschine).

--> LE 2

LE 9

Sie haben nur in dem Sonderfall recht, daß mit einer Unternehmung keine zukünftigen Erfolge zu erzielen sind. Dann besteht ihr Wert tatsächlich nur in der Summe der Einzelwerte ihrer Wirtschaftsgüter und Rechte. In welchem Lebensabschnitt der Unternehmung ist dies z. B. der Fall?

....

Wir wollen diesen Sonderfall in der Folge vernachlässigen und festhalten, daß der Substanzwert einer Unternehmung in der Regel *nicht* gleich dem Gesamtwert ist.

--> LE 10

LE 19

Sie haben recht!

Der Kapitalisierungszinsfuß entscheidet darüber, um wieviel ein Betrag, der erst in der Zukunft verfügbar ist, vermindert werden soll. Ein niedriger Zinsfuß bedeutet also, daß der zukünftige Geldbetrag nicht sehr viel weniger wert ist als ein gleicher Geldbetrag in der Gegenwart.

Die Herabsetzung des Kapitalisierungszinsfußes bewirkt deshalb, daß der Wert der Unternehmung *höher* wird als bei Ansatz des "normalen" Zinsfußes. Um den Gesamtwert einer Unternehmung zu vermindern, muß der Kapitalisierungszinsfuß .... werden.

Man ist heute der Meinung, daß Unsicherheiten bei der Schätzung der Zukunftserfolge auf keinen Fall durch Manipulation des Zinsfußes aufgefangen werden sollten. Vielmehr sollte man die G-Werte variieren.

--> **LE 21**
Seite 336

LE 28

Man kapitalisiert deshalb die Übergewinne nicht unter der Annahme einer unendlichen Reihe wie in LE 26 (vgl. auch LE 15, Seite 343), sondern nur über eine begrenzte Anzahl von Perioden.

Der Goodwill wird dadurch im Vergleich zur Kapitalisierung der Übergewinne bei unendlicher Reihe .... (vermindert/vermehrt).

Der Unternehmenswert wird als Summe von Substanzwert und Geschäftswert ermittelt.

Eine bekannte Variante dieser Methodengruppe ist das *Stuttgarter Verfahren*, das die Finanzverwaltung zur Bewertung von Kapitalanteilen, die an der Börse nicht notiert werden (z. B. GmbH-Anteile), entwickelt hat. Da es verhältnismäßig kompliziert ist, wollen wir es hier nur erwähnen und nicht näher beschreiben.

--> **LE 29**

LE 2

2. Prinzipien der Unternehmensbewertung

Wir legen hier der Unternehmensbewertung folgende drei Prinzipien zugrunde:

- Werteinheit,

- Zukunftsbezogenheit,

- Berücksichtigung der Zeitstruktur von Zahlungsströmen (Diskontierung der Zukunftserfolge).

Im nächsten Lernschritt soll nun das erste Prinzip der Unternehmensbewertung besprochen werden, nämlich das der Werteinheit.

--> **LE 3**
Seite 337

Bei Konkurs oder Liquidation

LE 10

4. Zukunftserfolgswert der Unternehmung

Nach dem Substanzwert beschäftigen wir uns mit einem weiteren, sehr wichtigen Begriff der Bewertungslehre: dem Zukunftserfolgswert. Dieser ist gleich der *Summe der kapitalisierten Zukunftserfolge*.

Als Zukunftserfolge wollen wir hier ohne weitere Diskussion die zukünftigen Periodengewinne heranziehen.

Kapitalisierte Zukunftserfolge sind diskontierte (abgezinste) Zukunftserfolge.

--> **LE 11**

LE 20

Mathematik dürfte nicht Ihre Stärke sein!

Rechnen wir daher unser Beispiel von LE 15 mit verschiedenen Zinssätzen durch:

$$12{,}5\ \%\ :\ W_E = \frac{100.000}{0.125} = 800.000\ \text{DM}$$

$$10\ \%\ \quad :\ W_E = 1.000.000\ \text{DM}\ \ (\text{wie vorne errechnet})$$

$$5\ \%\ \quad :\ W_E = \frac{100.000}{0{,}05} = 2.000.000\ \text{DM}$$

Hoffentlich haben Sie sich von diesen Zahlen überzeugen lassen.

Gehen Sie jetzt wieder zu LE 18 und wählen Sie die andere Möglichkeit!

$$\longrightarrow \text{LE 18}$$
$$\text{Seite 349}$$

---

vermindert

LE 29

5.2.3. Börsenkurswert als Hilfsgröße

Der Vollständigkeit halber möchten wir darauf hinweisen, daß in manchen Fällen auch der Kurswert einer Unternehmung an der Börse als Hilfsgröße zur Unternehmensbewertung herangezogen wird.

Auch dieser Wert, so wird zuweilen argumentiert, könne die Unsicherheit der Parameterschätzung vermindern.

$$\longrightarrow \text{LE 30}$$

LE 11

Der Unterschied zwischen Substanzwert und Zukunftserfolgswert ergibt sich aus nachstehender Übersicht:

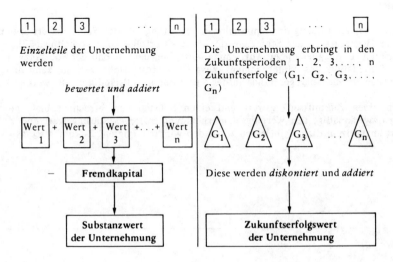

Verwechseln Sie bitte nicht Zukunftserfolge mit Zukunftserfolgswert. Die Zukunftserfolge sind gleich zukünftigen Gewinnen. Der Zukunftserfolgswert ist jedoch gleich der Summe der .... Zukunftserfolge.

--> LE 12

erhöht

LE 21

5.2. Verwendung von Hilfsgrößen

5.2.1. Substanzwert als Hilfsgröße

Wir hatten festgestellt, daß der Substanzwert im allgemeinen nicht mit dem Unternehmenswert gleichzusetzen ist.

Anhänger einer Abstützung der Unternehmensbewertung auf den Substanzwert argumentieren, daß er im Gegensatz zu der Schätzung der Zukunftserfolge noch verhältnismäßig einfach zu quantifizieren sei. Gegner dieser Auffassung verweisen darauf, daß der Substanzwert u. a. erst bei der Liquidation des Unternehmens zuverlässig festgestellt werden kann und daß die immateriellen Vermögensgegenstände in der Regel nur unvollständig erfaßt werden können.

Hat man einen Zukunftserfolgswert und einen Substanzwert errechnet bzw. geschätzt, so scheint es zweckmäßig, den Wert der Unternehmung *zwischen* Substanzwert und Zukunftserfolgswert anzusetzen; dies ergibt einen Wert, den wir "bereinigten" Zukunftserfolgswert nennen wollen.

--> LE 22

LE 30

6. Subjektive Elemente in der Unternehmensbewertung

Ausgehend von der Kritik an den traditionellen Verfahren der Unternehmensbewertung wird man sich auch zunehmend bewußt, daß jegliche Unternehmensbewertung besonders viele subjektive Elemente und Einflußgrößen enthält, die nicht an das "Objekt" Unternehmen, sondern an die Zielvorstellungen von Käufer und Verkäufer gebunden sind[1].

Zunächst sind die Schätzungen der *zukünftigen Erfolge* notwendigerweise subjektiver Natur. Diese Zukunftserträge hängen nur zum Teil vom Unternehmen, zu einem großen Teil aber auch davon ab, wie es der Erwerber führen wird (vgl. auch LE 27, S. 348).

---

[1] Vgl. Moxter, A., LV 11.

--> LE 31

LE 3

2.1. Werteinheit

Das Prinzip der Werteinheit verlangt, daß eine Unternehmung als Ganzes bewertet wird.

Dieses Ganze ist mehr als die Summe seiner Teile. Es genügt also nicht, die einzelnen Teile einer Unternehmung, wie z. B. Betriebsgebäude, Vorräte usw., zu bewerten und diese Werte zu addieren; die Unternehmung muß als Ganzes bewertet werden.

Dies entspricht dem Prinzip der ....

--> LE 4

---

kapitalisierten/diskontierten (Zukunftserfolge)

LE 12

4.1. Parameter des Zukunftserfolgswertes

Die beeinflussenden Faktoren (Parameter) des Zukunftserfolgswertes sind die Zukunftserfolge, der Kapitalisierungszinsfuß und die Erfolgsdauer der Unternehmung.

4.1.1. Zukunftserfolge

Wie Sie vielleicht aus dem Rechnungswesen wissen, ergeben sich bei der Abgrenzung der Periodengewinne oft erhebliche Einzelprobleme, mit denen man bei der Unternehmensbewertung in gleicher Weise zu kämpfen hat. Wir wollen hier nicht näher darauf eingehen.

--> LE 13

LE 22

Die Verwendung des Substanzwertes als Hilfsgröße soll die folgende Übersicht verdeutlichen (die Zahlen stellen eine willkürliche Annahme dar):

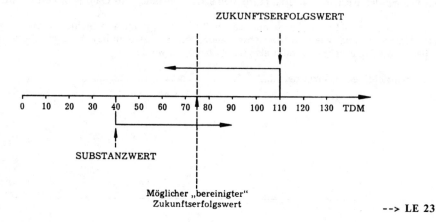

--> LE 23

LE 31

Hier noch drei weitere Beispiele für den subjektiven Charakter der Unternehmensbewertung:

- Ein Fußballstar sieht im Kauf einer großen Tennisanlage mit renovierungsbedürftigem Sporthotel und Tennisschule in einem Kurort die einmalige Chance, gleichzeitig seine Ersparnisse anzulegen, durch Ausnutzung von besonderen Abschreibungsmöglichkeiten Steuern zu sparen und die Weichen für die harmonische Verbindung von Beruf, Wohnung und Hobby nach Beendigung seiner Laufbahn als Fußballprofi zu stellen.

- Dem Inhaber einer regionalen Supermarktkette bietet sich die Möglichkeit, das Geschäft eines Konkurrenten zu kaufen, der ihn schon immer geärgert hat.

- Ein Unternehmer kann durch Zuerwerb eine empfindliche Lücke in seinem Produktionsprogramm oder bei seinen Absatzkanälen schließen (Synergieeffekt).

Alle Kaufinteressenten werden die Unternehmen hoch bewerten.

--> LE 32

Werteinheit

LE 4

2.2. Zukunftsbezogenheit

Das zweite Prinzip der Unternehmensbewertung ist das der Zukunftsbezogenheit. Es besagt, daß sich der Wert einer Unternehmung nach den zukünftig erzielbaren Erfolgen richtet.

Der Wert einer Unternehmung bestimmt sich nicht nach den ....
Erfolgen oder Gewinnen, sondern nach den zukünftigen.

--> LE 5

LE 13

4.1.2. Kapitalisierungszinsfuß

Wenn Sie beispielsweise 1000 DM mit einem hohen Zinssatz anlegen, so ist die Differenz zwischen dem Gegenwartswert (1000 DM) und dem Wert nach einigen Jahren relativ groß.

Ebenso bedingt ein hoher Kapitalisierungszinsfuß, daß zukünftige Gewinne in der Gegenwart weniger wert sind. Ein niedriger Kapitalisierungszinsfuß hingegen bedeutet, daß die Zukunftserfolge bei der Berechnung des Gegenwartswertes relativ ....
(stark/wenig) vermindert werden.

4.1.3. Erfolgsdauer

Je länger diese Zeitspanne ist, desto größer ist der Zukunftserfolgswert. Bei der Unternehmensbewertung wird meist von einer unendlichen Erfolgsdauer ausgegangen.

--> LE 14

LE 23

Das wichtigste Verfahren, das den Substanzwert als Hilfsgröße zur Unternehmensbewertung verwendet, ist die *Mittelwertmethode*.

Wenn der Zukunftserfolgswert sehr hoch über dem Substanzwert liegt, werden nämlich neue Konkurrenten auf den Markt gelockt, und der Ertrag - damit auch der Zukunftserfolgswert - wird vermindert.

Die Mittelwertmethode trägt diesem speziellen Konkurrenzrisiko mit einer sehr schematischen Lösung Rechnung: Es wird aus dem Zukunftserfolgswert und dem Substanzwert einfach das arithmetische Mittel gebildet.

Bezeichnen wir den Substanzwert mit W_S, den Zukunftserfolgswert (Ertragswert) mit W_E, dann lautet die Formel für den Unternehmenswert nach der ....-methode:

$$W_M = \text{..............................}$$

--> LE 24

LE 32

7. Strategischer Unternehmenswert

Die beiden letzten Beispiele beinhalten schon sehr stark strategische Überlegungen. Wenn man diese stärker strukturiert, gelangt man zu der neueren Methode der strategischen Unternehmensbewertung. Hierbei will man den Wert zukünftiger Wettbewerbsvorteile in das Kalkül einbeziehen.

--> LE 33

Sinngemäß: gegenwärtigen oder historischen

LE 5

2.3. Berücksichtigung der Zeitstruktur von Zahlungsströmen

Das dritte Prinzip der Unternehmensbewertung verlangt eine Diskontierung der Zukunftserfolge.

Wenn Sie vor die Wahl gestellt werden, 1000 DM sofort oder erst nach einem Jahr zu erhalten, werden Sie sicherlich die erste Möglichkeit bevorzugen. Wenn Sie nämlich die 1000 DM auf ein Sparkonto legen, erhalten Sie nach einem Jahr die 1000 DM und zusätzlich Zinsen. Verallgemeinernd kann man also sagen, daß ein Geldbetrag, der erst in einigen Jahren zur Verfügung steht, weniger wert ist als der gleiche Betrag in der Gegenwart.

Die Berechnung des Barwertes der Zukunftserfolge geschieht durch Diskontierung (Abzinsung) eines nach einem bestimmten Zeitraum fälligen Kapitals.

--> LE 6
Seite 345

---

wenig

LE 14

4.2. Ertragswertmethode

Das erste Verfahren zur Unternehmensbewertung, das hier erwähnt werden soll, ist die Ertragswertmethode. Dieses Verfahren setzt den Wert der Unternehmung gleich der *Summe der kapitalisierten Zukunftsgewinne*, dem *Zukunftserfolgswert*.

Die Erfolgsdauer der Unternehmung beträgt n Jahre. Die Gewinne der nächsten Jahre bezeichnet man mit G_1, G_2, ..., G_n. Der Zinsfuß wird mit i angegeben, der Liquidationserlös nach n Jahren beträgt L_n. Daraus ergibt sich die Formel:

$$W_E = \frac{G_1}{1+i} + \frac{G_2}{(1+i)^2} + \ldots + \frac{G_n}{(1+i)^n} + \frac{L_n}{(1+i)^n}$$

--> LE 15

Mittelwert(-methode)
$$\frac{W_S + W_E}{2}$$

LE 24

Die Wahl des arithmetischen Mittels beruht selbstverständlich nicht auf einem Naturgesetz, es sind auch andere "Mischungen" von Ertrags- und Substanzwert denkbar. In letzter Zeit scheint sich der Schwerpunkt stärker zugunsten des Ertragswertes zu verlagern. Dem kann man beispielsweise durch folgende Formel Rechnung tragen:

$$W_M = \frac{W_S + 3\,W_E}{4}$$

Wir können es Ihnen auch an dieser Stelle nicht ersparen, den Lernstoff zu problematisieren. Die Kombination von Substanzwert und Ertragswert, die in der Praxis nach wie vor eine gewisse Rolle spielt, wird theoretisch mit dem Argument kritisiert, daß ein Unternehmen entweder nur als Ganzes weiterbetrieben (dann kommt der Ertragswert in Betracht) oder liquidiert (dann ist der Substanzwert von Bedeutung) werden kann.

--> **LE 25**

LE 33

Ausgangspunkt ist die strategische Planung. Über die Ausarbeitung realisierbarer Marktstrategien gelangt man zur quantitativen Bestimmung zusätzlicher Absatzmengen und Gewinne. Diese werden schließlich in monetäre Werte übergeführt. Ergebnis ist ein *strategisch begründeter Unternehmenswert*. Die Abbildung in LE 34 zeigt die Verfahrensschritte der Methode.

--> **LE 34**

LE 15

Beispiel:

Den Rechengang der Ertragswertmethode soll das folgende Beispiel verdeutlichen:

Eine Unternehmung erwarte einen jährlichen Gewinn von 100.000 DM. Der Zinsfuß betrage 10%. Die Erfolgsdauer der Unternehmung sei unendlich.

Aufgrund der Annahme, daß die zukünftigen jährlichen Gewinne konstant sind, sowie aufgrund der unendlichen Erfolgsdauer der Unternehmung (da sie nicht liquidiert wird, fällt auch kein Liquidationserlös an) vereinfacht sich die Ertragswertformel

$$W_E = G \cdot \left(\frac{1}{1+i} + \frac{1}{(1+i)^2} + \ldots + \frac{1}{(1+i)^\infty}\right)$$

zu
$$\boxed{W_E = G \cdot \frac{1}{i}}$$

weil nach den Gesetzen der unendlichen Reihe:

$$\sum_{j=1}^{\infty} \frac{1}{(1+i)^j} = \frac{1}{i}$$

G beträgt 100.000 DM, i ist 0,10 (10 %), der Liquidationserlös nach unendlich vielen Jahren ist Null. Der Wert der Unternehmung beträgt daher nach der Ertragswertmethode .... DM.

--> LE 16

LE 25

Ein weiteres Verfahren, das den Substanzwert als Hilfsmittel der Unternehmensbewertung verwendet, ist die *Methode der Übergewinnkapitalisierung*.

Das Verfahren beruht auf der Trennung des jährlichen Zukunftserfolgs in zwei Teile: Ein Teil entspricht der "normalen" Verzinsung des Substanzwertes, die verbleibende Differenz sind die sogenannten Übergewinne. Man argumentiert nun folgendermaßen:

Übergewinne seien unsicher. Um diese Unsicherheit zu berücksichtigen, werden die Übergewinne mit einem höheren Zinsfuß abgezinst (diskontiert).

Dadurch wird der Gesamtwert der Unternehmung im Vergleich zum absoluten Zukunftserfolgswert .... (vermehrt/vermindert).

--> LE 26

LE 34

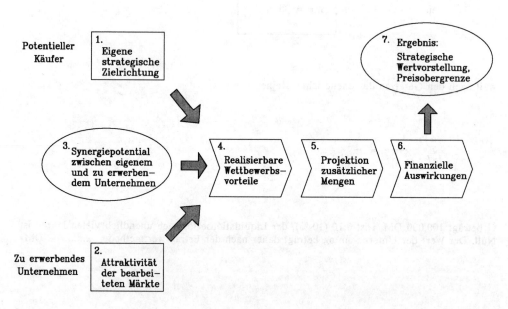

--> LE 35

LE 6

3. Substanzwert der Unternehmung

In der betrieblichen Bewertungslehre existiert eine ganze Reihe von Wertbegriffen. Einer der wichtigsten ist der Substanzwert.

Unter dem Substanzwert versteht man die *Summe der gegenwärtigen Werte* der das Vermögen ausmachenden Güter und Rechte einer Unternehmung.

Je nachdem, ob die Schulden (das Fremdkapital) subtrahiert sind oder nicht, spricht man vom *Netto-* oder vom *Brutto-Substanzwert*. Wir setzen in der Folge die Begriffe "Substanzwert" und "Netto-Substanzwert" gleich.

Der Substanzwert wird auch als der rein güterwirtschaftliche Wert einer Unternehmung bezeichnet.

Ist der Substanzwert gleich dem Gesamtwert einer Unternehmung?

      - Ja   --> LE 7

      - Nein   --> LE 8
                    Seite 349

---

1 Million DM

LE 16

5. Berücksichtigung der Unsicherheit bei der Parameterschätzung

Während bei der Ertragswertmethode die drei Parameter des Zukunftserfolgswertes geschätzt werden und daraus sofort der Wert der Unternehmung berechnet wird, berücksichtigen andere Verfahren, daß Schätzungen zu unsicheren Werten führen.

Dieser Unsicherheit soll durch eine Korrektur beim Ansatz der Parameter oder durch die Verwendung von Hilfsgrößen Rechnung getragen werden.

                                                        --> LE 17

vermindert

LE 26

5.2.2. Substanzwert und Geschäftswert als Hilfsgrößen

Zusätzlich zum Substanzwert wird auch der Geschäftswert (Firmenwert oder Goodwill) einer Unternehmung als Hilfsgröße zur Unternehmensbewertung herangezogen.

Dabei versteht man unter dem Geschäftswert die Differenz zwischen Zukunftserfolgswert und Substanzwert:

$$\textit{Geschäftswert = Zukunftserfolgswert - Substanzwert}$$

Man kann den Geschäftswert auch als *kapitalisierte Übergewinne* (vgl. LE 25, S. 344) definieren.

Für Virtuosen:

Beweisen Sie mit Hilfe der bisher eingeführten Symbole, daß die beiden obigen Definitionen des Geschäftswertes zum gleichen Ergebnis führen (der Geschäftswert sei W_G)!

--> LE 27

LE 35

Beispiel:

Die Stockholmer Swedish Match-Grupp erwarb 1987 das ertragsschwache Unternehmen Pegulan AG für 300 Millionen DM, um in Europa ihre führende Position für Fußböden und Beläge weiter zu verstärken.

Gründe für den Kauf waren:

- Ergänzung des Geschäfts in regionaler und produktbezogener Hinsicht,
- Kompensation stagnierender Nachfrage durch den Kauf von Wettbewerbern und der von ihnen gehaltenen Marktanteile.

In Europa führt die Aussicht auf den 1993 zu verwirklichenden Binnenmarkt zu Käufen von Betrieben in EG-Ländern durch Erwerber aus Nicht-EG-Ländern. Ausschlaggebend ist hierbei weniger der Substanz- oder Ertragswert dieser Unternehmen als vielmehr das Bestreben, auch unter den zukünftigen Wettbewerbsbedingungen auf alle Fälle im EG-Gebiet vertreten zu sein.

--> LE 36

LE 7

Wir haben den Substanzwert als Summe von gegenwärtigen Werten der Wirtschaftsgüter und Rechte (abzüglich Fremdkapital) erklärt. Vergleichen Sie nun diese Definition des Substanzwertes mit den Prinzipien der Unternehmensbewertung:

- Werteinheit,

- Zukunftsbezogenheit,

- Diskontierung von Zukunftserfolgen.

Kann der Substanzwert einer Unternehmung gleich ihrem Gesamtwert sein?

          - Ja   --> **LE 9**
                       Seite 331

          - Nein --> **LE 8**

LE 17

5.1. Modifikation der Parameter

Durch die Modifikation der Parameter Zukunftserfolge, Kapitalisierungszinsfuß und Erfolgsdauer soll vor allem erreicht werden, daß eine Unternehmung nicht zu hoch bewertet wird. Man spricht deshalb auch vom *Vorsichtsprinzip*.

Diese Parameter-Korrektur wird ziemlich willkürlich vorgenommen. Eine Möglichkeit wäre z. B., die Zukunftserfolge niedriger anzusetzen, eine andere, die Erfolgsdauer der Unternehmung bewußt zu kürzen.

In beiden Fällen wird der .... (Käufer/Verkäufer) begünstigt.

                                                            --> **LE 18**

Unsere erste Definition lautet: $W_G = W_E - W_S$

Unsere zweite Definition kann man so schreiben:

$$W_G = \frac{G - W_S \cdot i}{i} = \frac{G}{i} - W_S$$

(Im Zähler steht der Übergewinn als Differenz zwischen Gewinn und "normaler" Verzinsung des Substanzwertes; vgl. LE 25, Seite 344.)

Da $\frac{G}{i} = W_E$ ist (vgl. LE 15, Seite 343),

sind die beiden obigen Gleichungen identisch.

LE 27

Ein Verfahren, das auch den Geschäftswert als Hilfsgröße zur Unternehmensbewertung heranzieht, ist die *Methode der verkürzten Goodwillrentendauer*.

Der Geschäftswert oder Goodwill einer Unternehmung beruht beispielsweise auf der Konkurrenzsituation, dem guten Ruf des Unternehmens, einer schlagkräftigen Organisation u. a. m. Da sich dieser Goodwill nach Verkauf der Unternehmung im Laufe der Zeit vermindert, wenn man ihn nicht pflegt, lassen sich die zukünftigen Erfolge immer weniger auf das Wirken des ehemaligen Unternehmers, dessen Organisation usw. zurückführen. Der Goodwill wird daher nicht als dauerhaft angenommen, sondern nur für eine begrenzte Anzahl von Jahren berücksichtigt.

--> LE 28
Seite 332

LE 36

8. Verhältnis von Wert und Preis der Unternehmung

Wert und Preis der Unternehmung sind keineswegs dasselbe. Während man bei der Bewertung danach fragt, wieviel eine Unternehmung wert ist, bedeutet der Preis den Geldbetrag, der für die Unternehmung tatsächlich gezahlt wird.

Beispielsweise kann der Kaufpreis einer Unternehmung den von einem neutralen Gutachter nach einem der bisher besprochenen Verfahren errechneten Wert beträchtlich unterschreiten, wenn der Käufer bei den Kaufpreisverhandlungen eine wirtschaftliche Notlage des Verkäufers und das mangelnde Interesse anderer potentieller Käufer zu seinem Vorteil ausnutzt.

--> Seite 350

LE 8

Wir sind Ihrer Meinung. Der Substanzwert erfüllt nicht die Anforderungen, die wir an die Ermittlung des Gesamtwertes einer Unternehmung stellen. Insbesondere ist er nicht zukunftsbezogen.

In einem Sonderfall kann allerdings der Substanzwert gleich dem Gesamtwert sein, nämlich dann, wenn keine zukünftigen Erfolge zu erwarten sind und deshalb der Wert der Unternehmung tatsächlich nur in der Summe der Einzelwerte der Vermögensgegenstände liegt.

In welchem Lebensabschnitt der Unternehmung ist dies z. B. der Fall?

....

--> LE 10
Seite 333

Käufer

LE 18

Sehen Sie sich bitte nochmals die Formel in LE 15 (S. 343) an!

Wir betrachten nun eine Möglichkeit, "am Unternehmenswert zu drehen", die von Wissenschaftlern im allgemeinen abgelehnt wird: die Variation des Kapitalisierungszinsfußes.

Können Sie der Behauptung zustimmen, daß bei einer Verminderung des Kapitalisierungszinsfußes der Wert der Unternehmung steigt?

- Ja   --> LE 19
       Seite 332

- Nein   --> LE 20
         Seite 334

Sie haben schon bemerkt, daß Sie sich dem letzten Zwischentest nähern. Legen Sie also einen dynamischen Endspurt ein!

Apropos Dynamik:

> *Ein Malergeselle sollte die Berner Kirchturmuhr streichen. Am Abend fragt ihn sein Meister, wie weit er gelangt sei. Der Geselle: "Ich bin den ganzen Tag zu keinem Pinselstrich gekommen. Jedesmal, wenn ich den Pinsel gehoben habe, um zu malen, hat ihn mir der große Zeiger aus der Hand geschlagen!"*

(Falls Ihnen der Geselle sympathisch ist, legen Sie gleich eine Pause ein, und erwägen Sie, sich bei einer Behörde zu bewerben.)

--> **Zwischentest**

Zwischentest

1. Was versteht man unter dem Substanzwert einer Unternehmung?
   ....

2. Was versteht man unter dem Zukunftserfolgswert einer Unternehmung?
   ....

3. Nennen Sie vier Verfahren der Unternehmensbewertung!
   - ....
   - ....
   - ....
   - ....

4. Nennen Sie die Parameter des Zukunftserfolgswertes!
   - ....
   - ....
   - ....

5. Wie errechnet sich der Wert der Unternehmung nach der Ertragswertmethode, wenn konstante Zukunftserfolge und eine unendliche Erfolgsdauer angenommen werden?

   ┌───┐
   │   │
   │   │
   │   │
   │   │
   └───┘

6. Welche Hilfsgrößen werden in der Lehre von der Unternehmensbewertung zur Berücksichtigung der Unsicherheit der Parameterschätzung verwendet?
   - ....
   - ....
   - ....

--> **Literaturverzeichnis**

Literaturverzeichnis

LV 1 - Bellinger, B. und Vahl, G., Unternehmensbewertung in Theorie und Praxis, Wiesbaden 1984.

LV 2 - Busse von Colbe, W., Der Zukunftserfolg, Wiesbaden 1957.

LV 3 - Coenenberg, A.G. und Sieben, G., Unternehmensbewertung, in: Grochla, E. und Wittmann, W. (Hrsg.), Handwörterbuch der Betriebswirtschaft, 4. Aufl., Stuttgart 1974, Sp. 4062 ff.

LV 4 - Goetzke, W. und Sieben, G. (Hrsg.), Moderne Unternehmensbewertung und Grundsätze ihrer ordnungsgemäßen Durchführung, Köln 1977.

LV 5 - Großfeld, B., Unternehmens- und Anteilsbewertung im Gesellschaftsrecht, 2. Aufl., Köln 1987.

LV 6 - Helbling, C., Unternehmungsbewertung und Steuern, 5. Aufl., Düsseldorf 1989.

LV 7 - Institut der Wirtschaftsprüfer (Hrsg.), HFA 2 (1983), S. 173 ff.

LV 8 - Künnemann, M., Objektivierte Unternehmensbewertung, Frankfurt/Main 1985.

LV 9 - Matschke, M.J., Der Entscheidungswert der Unternehmung, Wiesbaden 1975.

LV 10 - Moxter, A., Grundsätze ordnungsmäßiger Unternehmensbewertung, 2. Aufl., Wiesbaden 1983.

LV 11 - Moxter, A., Über "Subjektivität" und "Objektivität" von Unternehmensbewertungen, Das Wirtschaftsstudium 7 (1978), S. 483 ff.

LV 12 - Münstermann, H., Wert und Bewertung der Unternehmung, 3. Aufl., Wiesbaden 1970.

LV 13 - Schneider, J., Ermittlung strategischer Unternehmenswerte, BFuP 40 (1988) 5, S. 247 ff.

LV 14 - Sieben, G., Der Substanzwert der Unternehmung, Wiesbaden 1963.

LV 15 - Viel, H., Bredt, O. und Renard, M., Die Bewertung von Unternehmungen und Unternehmensanteilen, Ein Leitfaden mit Bewertungsbeispielen, 5. Aufl., Zürich 1975.

Stichwortverzeichnis

A

Abgabenorientierung 107
abgestimmte Verhaltensweise 202
Abhängigkeitsbericht 221
Absatzgenossenschaft 180
Absatzgenossenschaften 183
Abwehraussperrung 248
Akkordlohn 32, 36, 42
Aktien 159, 160
Aktien, junge 290
Aktiengesellschaft 164
Aktiengesellschaft (AG) 166
Angriffsaussperrung 248
Anpassung, intensitätsmäßige 64
Anpassung, quantitative 62, 67
Anpassung, selektive 62, 67, 69
Anpassung, zeitliche 71
Arbeit, dispositive 35
Arbeitgeberverbände 247
Arbeitsbedingungen, äußere 33
Arbeitskampf 246
Arbeitskampf, Ablauf des 250
Arbeitsleistung 33
Arbeitsleistung, ausführende 25, 27, 31
Arbeitsleistung, dispositive 25, 31
Arbeitsleistung, menschliche 21, 25, 33
Arbeitswissenschaft 35
Arbeitszeitgestaltung 37
Arbeitszeitverkürzung 253
Außenhandelskartelle 200
außergerichtlicher Vergleich 319, 323
Aufbauorganisation 117, 121, 132
Aufsichtsrat 169, 171
Aufsichtsrat (AG) 162
Aufsichtsrat (GmbH) 162
Auseinandersetzung 300
Aussonderung 324
Aussperrung 248

B

Bearbeitungszentrum 63
Bedürfnisschichten 23
beherrschte Unternehmung 223
Beherrschungsvertrag 235
Berufsaus- und -weiterbildung 238

Beschaffung 127
Betrieb 81
Betriebsgröße 86, 87
Betriebsmittel 47, 49, 51, 58, 62
Betriebsmittel, Nutzungsdauer der 72
Betriebsmitteleinsatz 51
Betriebsstoffe 75
Betriebstechnische Elastizität 55
bevorrechtigte Forderungen 310
Bezugsrecht 299, 301
Bilanzverlust 311
Börsenkurswert 334
Branchen 95
Brückenkopfgedanke 227
Buchhaltung 133
Bundesverband der Deutschen Industrie (BDI) 230

C

CNC-Maschine 63
Computer Integrated Manufacturing (CIM) 314
Computergestützte Textverarbeitung 33
Controller 117

D

Dezentralisierung 128, 130
Dienstleistungen 19
Dienstleistungsorientierung 108
Differenzierte Arbeitszeit 39
Divisionsorganisation 127
DNC-Maschine 61
Durchführbarkeitsstudie 261

E

effektive Kapitalerhöhung 299
Eigenkapital 141
Eigenkapitalbeschaffung 267
Eignungspotential 27
Einkauf 127, 134
Einmann-GmbH 268

Einzelrechtsnachfolge 289
Einzelunternehmung 139, 141, 145, 147, 153
Elastizität 280
Entrepreneur 130
Entscheidungsorientierte Betriebswirtschaftslehre 17
Erfolgsbeteiligung 34
Erlaßvergleich 317
Erwerbsbetriebe 184
Expertensysteme 33
Exportkartelle 200

F

Fabrik 81
fahrerlose Transportsysteme (FTS) 59
Faktischer Konzern 221
Finanzen und Rechnungswesen 133
Firma 81, 264
Firmenwert 346
Flexible Arbeitszeit 39
Flexible Fertigungssysteme 57
Flexible Fertigungszelle 66
Flexibles Fertigungssystem 66
Forderungen, bevorrechtigte 310
Förderungsgenossenschaften 183
formwechselnde Umwandlung 291
Forschung und Entwicklung 118, 123
Fremdkapital 139, 141
Funktionalbereiche 121
funktionale Autorität 129
funktionsorientierte Organisation 121
Fusion 296

G

Geld- und Kreditwesen 238
Geldakkord 38
Gemeinkostenwertanalyse (GWA) 62
Gemeinschaftsunternehmen (GU) 211
Gemeinschaftswerbung 198
gemischt gegliederte Konzerne 231
Generalstreik 246
Generalversammlung (Genossenschaften) 179
Genossenschaften 179
gerichtlicher Vergleich 323
Gesamtrechtsnachfolge 289
Geschäft 81

Geschäftsanteil 294
Geschäftsanteil der GmbH 160
Geschäftseinheiten, strategische 122, 126
Geschäftsführer (GmbH) 162
Geschäftsführung 124, 143, 148, 152
Geschäftswert 346
Gesellschaft 143, 144
Gesellschaft mit beschränkter Haftung (GmbH) 175, 264
Gesellschaft, atypische stille 148
Gesellschaft, stille (StG) 144
Gesellschaft, typische stille 148
Gesellschafterversammlung (GmbH) 162
Gesellschaftsvertrag 145, 151
Gesellschaftsverträge 264
Gesetz der Massenproduktion 282
Gesetz gegen Wettbewerbsbeschränkungen (GWB) 212
Gewerbefreiheit 265
Gewerkschaften 247
Gewichtsverlustmaterial 107, 109
Gewinnabführungsvertrag 237
Gewinnverantwortung 126
Gleichordnungskonzerne 223
GmbH & Co. KG 168
Goodwill 346
Gratisaktien 290
Größendegression 282
Großunternehmung 191
Gründung 263
Gründungsberichte 262
Gründungsbilanz 260
Gründungskapital der AG 165
Gründungskapital der GmbH 168
Gründungsplanung 269
Gründungsprüfung 262, 266

H

Hafteinlage 142
Haftung 154
Haftung, beschränkte 152
Haftung, persönliche 140, 142
Haftung, solidarische 141, 153
Haftung, unbeschränkte 147
Handelsgesellschaft, offene (OHG) 141
Handelsregister 260, 262, 264-266, 268
Handwerkskammern 232
Hauptversammlung 169
herrschende Unternehmung 223, 225

High Tech 126
Hilfsstoffe 75
Holding 223
Horizontal gegliederte Konzerne 227

I

Importkartelle 200
Incentive-Aktionen 36
Independent Business Units (IBU) 126
Industrie- und Handelskammern (IHK) 232
Innenfinanzierung 293
innerbetriebliches Transportsystem 59
Instandhaltung, vorbeugende 50
Intensitätsmäßige Anpassung 62, 64
internes Wachstum 275
Intrapreneurship 130
Investitionshilfen 105
Investivlohn 42
IRWAZ 39

J

Job Enlargement 29
Job Enrichment 29
Joint Venture 213
Juristische Person 159, 268

K

Kalkulationsverfahrenskartelle 203
Kapazität 72, 74
Kapazitätspolitik 70
Kapital 120
Kapital, gebundenes 124
Kapitalbasis 153
Kapitalbeschaffung 133
Kapitaleinlage 142
Kapitalerhöhung 291, 297
Kapitalerhöhung aus Gesellschaftsmitteln 290
Kapitalerhöhung, effektive 299
Kapitalerhöhung, nominelle 290
Kapitalfehlleitung 273
Kapitalgesellschaften 145, 159
Kapitalherabsetzung 317
Kartell 197

kartellähnliche Zusammenschlüsse 197
Know-how 21
Kommanditgesellschaft (KG) 142, 264
Kommanditgesellschaft auf Aktien (KGaA) 174
Kommanditisten 144
Komplementäre 144
Konditionenkartelle 201
Konglomerat 231
Konjunkturkrisenkartelle 202
Konkurs 318
Konkursbilanz 322
Konkursmasse 320
Konkursordnung 320
Konsortium 210
Konzern 221
Konzern, faktischer 221
Konzern, gemischt gegliederter 231
Konzern, horizontal gegliederter 227
Konzern, multinationaler 226, 228
Konzern, vertikal gegliederter 229
Koordinationskonzern 223
Kostenrechnung 133
Kreditwürdigkeit 153
Künstliche Intelligenz 33
Kurzarbeit 73

L

Lager 127
Lagerhaltung 119
Leistungsanreize 23
Leistungsfähigkeit 37
Leistungskurve, arbeitsphysiologische 21
Leistungslohn 22
Leistungspotential 19, 23, 39, 41
Linieninstanzen 125
Liquidation 322
Liquidationsvergleich 317
Liquidität 319
Logistik 119
Lohnkostenniveau 103
Lohnsysteme 18

M

Macht, wirtschaftliche 278
Management by out 320
marktbeherrschende Stellung 229
Maschinenpark, Planung des 70

Massekosten 310
Massenproduktion, Gesetz der 282
Masseschulden 310
Materialwirtschaft 127
Matrixorganisation 122, 124
midlife crisis 283
Mikrocomputer 126, 131
Mindesteinzahlung 260
Mindestkapital 260, 262
Minimierung der Materialverluste 50
Mitarbeiterauswahl 31
Mittelwertmethode 340
Motivationstheorien 23
Multinationale Konzerne 226, 228
Multinationales Unternehmen 226
Muttergesellschaft 225, 235

N

NC-Maschine 61
nominelle Kapitalerhöhung 290
Normierung 54
Normierungskartell 192
Notstandskartelle 202
Nutzungsdauer der Betriebsmittel 72
Nutzungsdauer, technische technischen 72
Nutzungsdauer, wirtschaftliche 72, 74

O

Obergesellschaft 225
Offene Handelsgesellschaft (OHG) 141, 262
Öffentlich-rechtliche Betriebe 180
oligopolistische Strukturen 278
optimale Unternehmensgröße 283
optimaler Ersatzzeitpunkt 48
optimales Instandhaltungsintervall 52
Organisation 117
Organisation, dezentralisierte 128
Organisation, funktionale 123
Organisation, funktionsorientierte 121
Organisation, produktorientierte 119, 125
Organisation, räumliche 132
Organisation, regional orientierte 119
Organisation, zentralisierte 134

Organisationsform 126
Organisationslehre 125
Organisationsplan 133
Ortskartelle (Gewerkschaften) 254

P

Parallelverhalten 202
Personalwesen 131
Personengesellschaften 141
Planung der Industriebauten 57
Planung des Betriebsmitteleinsatzes 53
Planung des innerbetrieblichen Transportsystems 59
Planung des Maschinenparks 70
Prämienlohn 18, 30
Preiskartelle 207
primärer Sektor 83
Produkt 19
Produktion 119, 126, 129
Produktionsfaktoren 21
Produktionsprozeß 21, 127
Produktivität 36, 37, 41
Produktmanager 122, 124
produktorientierte Organisation 119
produktorientierten Organisation 123
Profit-Center-Organisation 127
Prozeßrechner 133
Publikumsgesellschaften 159
Publizitätspflicht 166–168, 172

Q

Quantitative Anpassung 62, 67
Quotenkartell 196

R

Rabattkartelle 205
Rationalisierungskartelle 215
räumliche Organisation 132
Rechtliche Selbständigkeit 201
Rechts- und Steuerfragen 238
Rechtsformen 139, 145
regional orientierte Organisation 119
Reinvermögen 309
Rentabilität 127
Rentabilitätskennzahl 133
Reservekapazität 70

Roboter 49, 51
Rohstoffe 75
Rückwärtsintegration 285

S

Sacheinlagen 262, 264
Sachgründung 264
Sanierung 307
Satzung 268
Schachtelbeteiligung 237
Schlußverteilung 314
Schrumpfung 274
"Schütt-aus-hol-zurück"-Politik 172
Schwerpunktstreik 246, 248
Sektor 83
Sektor, primärer
Sektor, sekundärer 83
Sektor, tertiärer
Selbständigkeit, rechtliche 201
Selbständigkeit, wirtschaftliche 201
Selektive Anpassung 67, 69
Solidarhaftung 141
Soziallohn 20
Sozialpartnerschaft 245
Sparte 131
Sperrminorität 237
Stabsstellen 125, 129
Stammkapital 264
Standort 103, 107
Standortwahl, Bedeutung der 103
Standortwahl, internationale 103
Stille Gesellschaft (StG) 144
Strategische Führung 35
Strategische Geschäftseinheiten (SGE) 126
Strategischer Unternehmenswert 340
Streik 246
Strukturkrisenkartelle 206
Stückakkord 38
Stundungsvergleich 317
Stuttgarter Verfahren 332
Submissionskartelle 211
Subordinationskonzerne 233
Subventionen 105, 109
Syndikate 198
Synergieeffekte 233

T

Taktische Führung 35
Tarifvertragsparteien 245
Technologietransfer 238

tertiärer Sektor 83
Textverarbeitung, computergestützte 33
Tochtergesellschaft 225
Top Management 119
Transportsystem, innerbetriebliches 59
Typisierung 54
Typisierungskartelle 192

U

Übergewinnkapitalisierung 344
Überschuldung 311, 320
Umwandlung 289
Umwandlung, formwechselnde 301
Umwandlung, übertragende 291, 303
Untergesellschaft 225
Unternehmen, multinationales 226
Unternehmensbewertung 331, 344
Unternehmensgröße 88, 91
Unternehmensgröße, optimale 283
Unternehmensgründung 238
Unternehmensverbände 236
Unternehmenszusammenschluß 191
Unternehmenszusammenschlüsse der Stufe 1 203
Unternehmenszusammenschlüsse der Stufe 2 209
Unternehmenszusammenschlüsse der Stufe 3 191
Unternehmung 81, 347
Unternehmung, beherrschte 223
Unternehmung, herrschende 223
Unterordnungskonzern 223

V

Variierte Arbeitszeit 41
veränderliches Eigenkapitalkonto 293
Vergleich 307
Vergleich, außergerichtlicher 323
Vergleich, gerichtlicher 323
Vergleichsverwalter 323
Verhaltensweise, abgestimmte 202
Vermögensbeteiligung 34
Verschmelzungsvertrag 298
vertikal gegliederte Konzerne 229
Vertragskonzern 233
Vertrieb 119, 123, 125
Vorsichtsprinzip 347
Vorstand (AG) 169

Vorwärtsintegration 285
Vorzugsaktien 303

W

Wachstum 273
Wachstum, externes 277
Wachstum, internes 275
Wachstumshemmnisse 277
Wachstumsimpuls 275, 283
Wachstumsimpulse 275, 279
Wachstumsschwellen 279, 283
Wachstumsstrategie 283
Wachstumsstrategien 285
Wachstumsverläufe 279
Warenbezugsgenossenschaften 183
Werk 81, 132, 134
Wertanalyse 62
Werteinheit 337
Wertkette (Value Chain) 128
Wertschöpfung 90

Wettbewerbsbeschränkungen, Gesetz gegen (GWB) 212
wilde Streiks 246
wirtschaftliche Macht 278
wirtschaftliche Selbständigkeit 201
Wirtschaftsbeobachtung und -statistik 238
Wirtschaftsfachverbände 238
Wirtschaftsförderung 238
Wirtschaftszweige 95

Z

Zahlungsunfähigkeit 320
Zeitakkord 38, 40
Zeitliche Anpassung 62, 71
Zentralisierung 128
Zentralverband des Deutschen Handwerks 230
Zukunftserfolgswert 333
Zulagen 30
Zuschußbetriebe 184

Hilfsblatt 1: Einzelunternehmung und Personengesellschaften

Merkmale	Einzelunternehmung (EU)	Offene Handelsgesellschaft (OHG)	Kommanditgesellschaft (KG)	Stille Gesellschaft (StG)
Eigen-kapital-geber				
Haftung				
Geschäfts-führung				
Vorteile				
Nachteile				

Hilfsblatt 1

Hilfsblatt 2: Kapitalgesellschaften

	Aktiengesellschaft (AG)	Gesellschaft mit beschränkter Haftung (GmbH)
Merkmale		
Haftung der Gesellschafter		
Geschäftsführung und Vertretung		
Wichtigste Vorteile		Gegenüber Personengesellschaften: Gegenüber AG:
Wichtigste Nachteile		Gegenüber Personengesellschaften: Gegenüber AG:

Hilfsblatt 2

Hilfsblatt 3: Genossenschaften

Merkmale: – Gesellschaft von ....
....

– Führung eines ....
– Ziel ist die Förderung ....
....

– Alle Genossen sind ....

– Das .... steht nicht im Vordergrund, es dient insbesondere der .... von Maßnahmen zur Anpassung an technische und wirtschaftliche Entwicklungen.

Haftung: Zunächst haftet das .... Nachschußpflicht im Konkursfall, die ....
.... werden kann.

Organe: – ....
– ....
– ....

Arten:

1. .... -genossenschaften

   1.1. .... -genossenschaften

      1.1.1. Bezugsgenossenschaften der ....
      1.1.2. Einkaufsgenossenschaften des ....
      1.1.3. Bezugsgenossenschaften der ....
      1.1.4. Konsumvereine oder .... -genossenschaften

   1.2. .... -genossenschaften (vor allem in der Landwirtschaft)

2. .... -genossenschaften
3. .... -genossenschaften
4. .... -genossenschaften

Hilfsblatt 3

Hilfsblatt 4: Einteilung der Unternehmenszusammenschlüsse

Unternehmens-zusammenschlüsse der...	Zusammenschluß (Entstehung) durch...	Wichtigste Zusammenschluß-formen	Bleibt a) die rechtliche b) die wirtschaftliche Selbständigkeit der beteiligten Unternehmungen erhalten?	
			a)	b)
Stufe 1:				
Stufe 2:				
Stufe 3:				

Hilfsblatt 4

Hilfsblatt 5: Arten von Kartellen

1. Kartelle, die die Verkaufs- bzw. Geschäftsbedingungen regeln:
   ....

2. Kartelle, die die Preisermittlung bzw. Preisfestsetzung regeln:
   2.1. ....
   2.2. ....
   2.3. ....
   2.4. ....

3. Kartelle, die die Produktion regeln:
   3.1. ....
      3.1.1. ....
      3.1.2. ....
   3.2. ....

4. Kartelle, die die Verkaufstätigkeit regeln:
   ....

Besonderheiten

1. ....-kartelle:
   1.1. ....-kartelle
   1.2. ....-kartelle

2. ....-kartelle:
   2.1. ....-kartelle
   2.2. ....-kartelle

Hilfsblatt 5